A Via Expressa para Novas Competências

A Via Expressa para Novas Competências
Cursos Superiores de Curta Duração na América Latina e Caribe

María Marta Ferreyra, Lelys Dinarte Díaz, Sergio Urzúa e Marina Bassi

 **GRUPO BANCO MUNDIAL**

Conteúdo

Quadros

Figuras

Mapa

Tabelas

Prefácio

A pandemia de COVID-19 desencadeou uma crise sem precedentes na América Latina e Caribe (ALC) — um choque severo para uma região que vinha lutando para recuperar o equilíbrio após a queda dos preços das commodities em 2013. A crise teve forte efeito sobre o emprego e produção agregados e levou milhões de pessoas à pobreza. No entanto, embora a crise tenha destruído muitos empregos e empresas, também criou outros. No ano passado, máquinas e plataformas eletrônicas substituíram os trabalhadores de alguns setores e também vimos pessoas com habilidades analíticas se saindo bem durante a pandemia. Embora essas tendências já fossem evidentes antes da pandemia, elas se intensificaram no ano passado.

Nesse contexto, investir em habilidades para os empregos do futuro se tornou uma questão crítica e urgente. Já está claro que a pandemia trouxe mudanças irreversíveis para os mercados de trabalho. Muitos dos empregos que desapareceram podem não voltar. Ao retomarem as contratações, muitas empresas estarão em busca de novas habilidades. Agregar novas competências e requalificar a população será fundamental - não apenas para a recuperação e transformação econômica, mas também em termos de equidade e inclusão.

O desenvolvimento de capital humano qualificado é uma peça fundamental dos sistemas de ensino superior. Será que os sistemas da ALC estão à altura desse desafio? Será que conseguirão acompanhar as transformações estruturais atuais e atender às necessidades do novo mercado de trabalho, ou manterão o foco no mercado de trabalho do passado? Será que conseguirão responder com flexibilidade e rapidez ou levarão muitos anos para se adaptar?

Este estudo postula que os cursos superiores de curta duração (CSCDs) - um tipo de curso de ensino superior - respondem bem a esses desafios. Esses cursos - muitas vezes deixados de lado, até certo ponto, pelos pesquisadores e formuladores de políticas - têm um foco claro nos mercados de trabalho e em ajudar os alunos a conseguirem empregos. Uma grande vantagem desses cursos é o desenvolvimento de capital humano qualificado em apenas dois ou três anos.

As evidências apresentadas neste livro mostram que esses cursos, em média, oferecem bons resultados acadêmicos e no mercado de trabalho. Além disso, os seus provedores respondem com agilidade às necessidades de mercados de trabalho locais; muitos CSCDs implementam práticas específicas que contribuem para os bons resultados dos alunos. Embora nem todos os CSCDs tenham o mesmo nível de qualidade, uma política clara e vigorosa pode mitigar as deficiências dos CSCDs e ajudá-los a cumprir sua promessa.

Um estudo do Banco Mundial de 2017 sobre o ensino superior na região, intitulado *"At a Crossroads: Higher Education in LAC"*, observou que o ensino superior passa agora por um momento de definição, já que o modelo predominante não proporcionava o que a região queria e precisava - uma educação capaz de promover o crescimento, a inovação e a inclusão.

Em um momento em que a região busca melhorar e adequar cada vez mais os seus sistemas de ensino superior, este relatório defende novas ações e ideias respaldadas por evidências para superar a crise atual e também lançar as bases para uma economia mais produtiva e uma sociedade mais justa.

As conclusões deste relatório podem ajudar a criar um ambiente com bons cursos disponíveis para alunos em toda a região - essa é uma questão crítica dada a necessidade urgente da ALC qualificar, aprimorar e requalificar sua população. Os CSCDs podem ser extremamente valiosos: sua orientação é o mercado de trabalho e competências e ocupações específicas e seus provedores são flexíveis e se adaptam com facilidade a novas realidades. Além disso, o custo total e o tempo exigido dos alunos são menores do que nos cursos de bacharelado.

À medida que a ALC emerge da pandemia de COVID-19, a região tem a oportunidade de traçar um novo futuro com crescimento econômico mais justo e sustentável. Construir capital humano com as competências necessárias para os empregos do futuro é fundamental. Este relatório traz novas evidências e ideias sobre como os CSCDs podem ajudar a atingir esse objetivo.

Carlos Felipe Jaramillo, Vice-Presidente
Região da América Latina e Caribe
Grupo Banco Mundial

Agradecimentos

Este relatório foi elaborado pela equipe liderada por María Marta Ferreyra. A equipe principal também incluiu Marina Bassi, Lelys Dinarte Díaz e Sergio Urzúa, e se beneficiou da excelente assistência de pesquisa de Andrea Franco, Manuela Granda, Angelica Sánchez e Gabriel Suárez. O trabalho foi realizado sob a orientação geral de Martín Rama, atual Economista-Chefe para a Região da América Latina e Caribe (ALC) do Banco Mundial, e Carlos Végh, ex-Economista-Chefe para a ALC do Banco Mundial, com contribuições importantes de Rita Almeida, ex-gerente de prática em exercício para a ALC da Prática Global de Educação do Banco Mundial, e Emanuela Di Gropello, atual gerente de prática para a LAC da Prática Global de Educação do Banco Mundial.

A elaboração do livro foi respaldada por uma série de documentos de referência. Autores desses documentos de referência que ainda não foram citados incluem Juan Esteban Carranza, Stephanie Cellini, Camila Galindo, Ana Gazmuri, Hernando Grueso, Macarena Kutscher e Tatiana Melguizo. O trabalho empírico que informou a elaboração do livro envolveu uma extensa pesquisa junto a diretores de cursos de curta duração na ALC - a Pesquisa de Cursos Superiores de Curta Duração do Banco Mundial (WBSCPS), desenvolvida pela equipe e conduzida pela SIMO Consulting sob a liderança de Mayra Benítez e Azucena Cháidez. A equipe agradece a Diego Angel-Urdinola, Ciro Avitabile, Marcelo Becerra, Sebastián Burgos, Pedro Cerdán, Veronica Díaz, Eric Jardim, Ildo Lautharte, André Loureiro, Carlos Medina, Rafael Santos e Alexandria Valerio, que facilitaram os contatos com órgãos de governo e prestaram informações institucionais. Pelo acesso às informações administrativas e apoio à WBSCPS, a equipe é grata aos Ministérios da Educação do Brasil, Colômbia e Peru; ao Ministério da Fazenda, Planejamento e Desenvolvimento (República Dominicana); e ao SENESCYT do Equador. O SENA da Colômbia forneceu dados administrativos. O INEP (Brasil) proporcionou acesso a dados restritos, utilizados por Renato Vieira para realizar estimativas *in loco*.

A equipe contou com os excelentes conselhos e orientações de três revisores renomados: Omar Arias, Nina Arnhold e Kevin Stange. Embora a equipe principal seja muito grata pelas orientações recebidas, esses revisores não são responsáveis por quaisquer erros remanescentes, omissões ou interpretações. A equipe também é grata pelas informações adicionais prestadas por Matías Busso, Jean-François Houde, Renata Lemos, Hugo Ñopo, Di Xu, Juan Esteban Saavedra e outros participantes de um workshop realizado online nos dias 27, 29 e 30 de outubro de 2020.

Na elaboração deste livro, a equipe se valeu de conversas com Susan Ambrose, Martin Borchardt, Anthony Carnevale, Ruth Graham, Karen Kelly, C.J. Libassi, Armando Mendoza, Angelica Natera, Juan Carlos Navarro, Christopher Neilson, Ricardo Paredes, Lino Pujol, Grant Taylor, Jorge Téllez, Daniel Toro e Jaime Torrado. A equipe agradece os comentários de Andres Bernasconi e Pablo Landoni; aos participantes da Conferência CACES em Guayaquil (novembro de 2019); e aos participantes dos eventos online da APICE e Laspau-Banco Mundial (novembro e dezembro de 2020, respectivamente). A equipe é grata pelo apoio e considerações da alta administração da Prática Global de Educação do Banco Mundial, incluindo não apenas Reema Nayar, mas também o Diretor Global Jaime Saavedra e o Diretor Regional Luis Benveniste.

Sandra Gain editou o manuscrito. Patricia Katayama (editora de aquisições), Mary Fisk (editora de produção) e Deborah Appel-Barker (coordenadora de impressão), do Programa de Publicação Formal do Banco Mundial, foram responsáveis pela gestão do design, composição e impressão do livro. Shane Kimo Romig, Carlos Molina e Gonzalo Villamizar contribuíram para o design e a comunicação. Esta publicação foi traduzida para o espanhol por Sara Horcas-Rufián e para o português por Leonardo Padovani. Por último (mas não menos importante), a equipe agradece a Jacqueline Larrabure por seu apoio administrativo infalível.

Sobre os Autores

María Marta Ferreyra é economista sênior do Escritório do Economista-Chefe para a América Latina e Caribe (ALC) do Banco Mundial. Suas pesquisas se especializam em economia da educação. Já realizou pesquisas sobre escolha de escola, responsabilização (*accountability*) e finanças nos ensinos fundamental e médio dos Estados Unidos (EUA); mercados de cuidado infantil nos EUA; ensino superior na ALC; e cidades na ALC. Suas pesquisas foram publicadas em revistas acadêmicas como a *American Economic Review*, o *Journal of Public Economics* e o *American Economic Journal — Economic Policy*. É autora principal de *At a Crossroads: Higher Education in Latin America and the Caribbean* (Banco Mundial, 2017) e coautora principal de *Raising the Bar for Productive Cities in Latin America and the Caribbean* (Banco Mundial, 2018). Antes de ingressar no Banco Mundial, foi membro do corpo docente da Tepper School of Business da Universidade Carnegie Mellon. Possui PhD em economia pela Universidade de Wisconsin-Madison.

Lelys Dinarte Díaz é economista pesquisadora da Equipe de Desenvolvimento Humano do Grupo de Pesquisa em Desenvolvimento do Banco Mundial. Seus principais campos de pesquisa são a economia do desenvolvimento e a economia da educação e do crime. Uma vertente de sua agenda de pesquisa combina abordagens experimentais e não experimentais para estudar como as intervenções educacionais implementadas em países em desenvolvimento podem alterar o desempenho dos jovens em situação de risco, incluindo o desempenho acadêmico, habilidades socioemocionais e comportamentos violentos. Também realiza pesquisas sobre os determinantes da qualidade no ensino superior na ALC. Suas pesquisas atuais compreendem projetos em vários países da América Latina, incluindo El Salvador, Guatemala, Honduras, Jamaica, México e Peru. Possui PhD e mestrado em Economia pela Pontifícia Universidade Católica do Chile.

Sergio Urzúa é professor associado do departamento de economia da Universidade de Maryland, onde leciona economia do trabalho e econometria aplicada. Também é Pesquisador Internacional *Fellow* da Clapes UC, pesquisador associado do Escritório Nacional de Pesquisa Econômica (NBER, National Bureau of Economic Research), pesquisador do IZA e diretor de pesquisa da RIDGE. As áreas de enfoque de sua pesquisa são a economia do trabalho, desenvolvimento e econometria aplicada. Seu trabalho já foi amplamente publicado nas principais revistas científicas revisadas por pares (mais de 40 publicações). Também é ex-editor-chefe da *Economia*. Tem três livros publicados, incluindo *At a Crossroads: Higher Education in Latin America and the Caribbean*. Atualmente, coordena a Rede de Trabalho da Associação Econômica do Caribe e da América Latina (LACEA). Atuou como membro do comitê gestor do programa infantil NBER e como membro do comitê executivo da LACEA. Recebeu seu PhD pela Universidade de Chicago em 2007.

Marina Bassi é economista sênior da Prática Global de Educação do Banco Mundial para a África Oriental e Austral. Antes de ingressar no Banco Mundial em 2017, trabalhou no Banco Interamericano de Desenvolvimento, com foco em trabalho operacional e analítico em educação na ALC. Seu trabalho já foi publicado em revistas científicas e livros em diversas áreas, como práticas de ensino, lacunas de gênero na educação, habilidades e avaliação de impacto de programas educacionais. É coautora de *Disconnected: Education, Skills and Employment in Latin America* (Banco Interamericano de Desenvolvimento, 2012). Possui PhD em economia pela Universidade da Califórnia em Los Angeles.

Siglas

ALC	América Latina e Caribe
APICE	Associação Pan-Americana de Instituições de Crédito Educacional (*Asociación Panamericana de Instituciones de Crédito Educativo*)
BID	Banco Interamericano de Desenvolvimento
CACES	Conselho de Garantia de Qualidade do Ensino Superior (*Consejo de Aseguramiento de la Calidad de la Educacion Superior*) (Equador)
CAQ	Certificação de alta qualidade
Cedefop	Centro Europeu de Desenvolvimento da Formação Profissional
CEDLAS	Centro de Estudos Distributivos, Laborais e Sociais (*Center for Distributive, Labor and Social Studies*)
CEFET	Centros Federais de Educação
CFT	Centro de formação técnica (*Centros de formacion tecnica*) (Chile)
CINDA	Centro Interuniversitário de Desenvolvimento (*Centro Interuniversitario de Desarrollo*)
CPC	Conceito Preliminar de Curso (Brasil)
CSCD	Curso Superior de Curta Duração
ENADE	Exame Nacional de Desempenho dos Estudantes (Brasil)
ENEM	Exame Nacional de Ensino Médio (Brasil)
FIES	Fundo de Financiamento Estudantil (Brasil)
FUNDAPEC	Fundação Ação Pró-Educação e Cultura [APEC] de Crédito Educacional (*Fundación Acción Pro Educación y Cultura [APEC] de Crédito Educativo*) (República Dominicana)
ICETEX	Instituto Colombiano de Crédito Educacional e Estudos Técnicos no Exterior (*Instituto Colombiano de Crédito Educativo y Estudios Técnicos en el Exterior*) (Colômbia)
IES	Instituição de Ensino Superior
IF	Instituto Federal (Brasil)

IGC	Índice Geral de Cursos (Brasil)
INEP	Instituto Nacional de Estudos e Pesquisas Educacionais Anísio Teixeira (Brasil)
IP	Institutos profissionais (*institutos profesionales*) (Chile)
ISCED	Classificação Internacional Normalizada da Educação (*International Standard Classification of Education*)
LASSO	Menor contração absoluta e operador de seleção (*Least absolute shrinkage and selection operator*)
MESCyT	Ministério de Ensino Superior, Ciência e Tecnologia (República Dominicana)
MRI	Ressonância magnética (*magnetic resonance imaging*)
nini	Nem estuda nem trabalha (*no estudia, ni trabaja*)
OLE	Observatório do Trabalho para a Educação (*Obsevatorio Laboral para la Educación*) (Colômbia)
PAA	Prova de Aptidão Acadêmica (*Prueba de Aptitud Académica*) (República Dominicana)
PIA	População em idade ativa
PIB	Produto interno bruto
POMA	Prova de Orientação e Medição Acadêmica (*Prueba de Orientación y Medición Académica*) (República Dominicana)
PPC	Paridade de poder de compra
PRONABEC	Programa Nacional de Bolsas de Estudo e Crédito Educacional (*Programa Nacional de Becas y Crédito Educativo*) (Peru)
SABRE	Abordagem Sistêmica para Melhores Resultados na Educação (*Systems Approach for Better Education Results*)
SEDLAC	Banco de Dados Socioeconômicos para a América Latina e o Caribe (*Socio-Economic Database for Latin America and the Caribbean*)
SENA	Serviço Nacional de Aprendizagem (*Servicio Nacional del Aprendizaje*) (Colômbia)
SENATI	Serviço Nacional de Capacitação em Trabalho Industrial (*Serviço Nacional de Adiestramiento en Trabajo Industrial*) (Peru)
SENESCYT	Secretaria de Ensino Superior, Ciência, Tecnologia e Inovação (Equador)
SIES	Serviço de Informações sobre o Ensino Superior (Chile)
SIGETI	Sistema de Gestão de Diplomas (*Sistema de Gestion de Titulos*) (Peru)
SNIES	Sistema Nacional de Informação do Ensino Superior (*Sistema Nacional de Informação da Educação Superior*) (Colômbia)

SP	São Paulo (Brasil)
STEM	Ciência, tecnologia, engenharia e matemática (*Science, technology, engineering, and mathematics*)
TAG	Tempo Adicional para Graduação Tecnológica (Brasil)
UNESCO	Organização das Nações Unidas para a Educação, Ciência e Cultura
WBSCPS	Pesquisa de Cursos Superiores de Curta Duração do Banco Mundial (*World Bank Short-Cycle Program Survey*)

Visão geral

Após o colapso dos preços das commodities no início da década de 2010, os países da América Latina e do Caribe (ALC) passaram a buscar novos motores de crescimento que, além de impulsionar a produtividade, preservassem e aumentassem os ganhos de capital obtidos na década anterior. Ao desenvolver capital humano qualificado, o ensino superior pode ser um motor formidável de progresso econômico e social.

Um tipo específico de curso superior — os chamados Cursos Superiores de Curta Duração (CSCDs) — forma capital humano qualificado relativamente rápido. Ao contrário dos cursos de bacharelado (que geralmente têm a duração de cinco ou seis anos na ALC), os CSCDs são curtos (dois ou três anos de duração) e eminentemente práticos e têm o objetivo claro de formar os alunos para o trabalho em um tempo relativamente curto. Os CSCDs são semelhantes aos cursos técnicos e profissionalizantes de curta duração pós-médio em seu enfoque prático, mas diferentes por constituírem uma forma de ensino superior, serem mais longos (pelo menos dois anos de duração) e proporcionarem uma formação mais ampla.[1] Os CSCDs são conhecidos por diferentes nomes na região, tais como *programas técnicos y tecnológicos, carreras técnicas, tecnicaturas, carreras terciarias, carreras de nivel técnico superior, cursos tecnológicos, cursos técnico-profesionales, carreras profesionales* e *cursos superiores de tecnologia*. Alguns CSCDs priorizam áreas tradicionais como publicidade, hospitalidade, fisioterapia, logística, design gráfico e eletrônica. Outros são voltados para áreas mais recentes e inovadoras, como design de aplicativos, animação digital, big data, web design, segurança cibernética e redes sociais.

Os CSCDs são atraentes para uma grande variedade de indivíduos, inclusive aqueles que não têm condições de cursar um bacharelado devido a outras responsabilidades ou falta de preparação acadêmica; aqueles que podem ter êxito em um curso de bacharelado, mas não estão dispostos a investir tempo e recursos; e aqueles que já têm um bacharelado, mas buscam formação curta e específica em sua ampla área de conhecimentos (por exemplo, um cientista da computação interessado em estudar animação digital) ou em outra área (por exemplo, um historiador interessado em marketing). De forma mais geral, os CSCDs podem ajudar os indivíduos a aprimorar suas habilidades em uma ocupação semelhante ("aperfeiçoamento") ou adquirir novas habilidades para uma ocupação diferente ("requalificação"). Como as empresas e a economia requerem uma série de habilidades – como as de engenheiros, técnicos e economistas, além de especialistas em marketing -, por meio dos CSCDs o sistema de ensino superior pode oferecer um leque maior de opções do que aquelas limitadas a cursos de bacharelado.

A grande atratividade dos CSCDs contrasta com a visão predominante na região, onde os CSCDs carregam o estigma de opção inferior de ensino superior. Se bem elaborados, os CSCDs têm o potencial de se tornar uma ferramenta crucial para o desenvolvimento da força de trabalho no novo mundo do trabalho, onde se espera que indivíduos mudem de ocupação — e eventualmente até de carreira — várias vezes ao longo de sua vida, e onde a formação precisa ser rápida, eficiente e estreitamente conectada com o mercado de trabalho.

Embora a ALC tenha necessitado de capital humano qualificado nos últimos anos -particularmente desde o fim da sua "Década de Ouro"- essa necessidade tornou-se decididamente urgente após a pandemia de Covid-19.[2] Mesmo antes da pandemia, as máquinas já vinham substituindo os humanos em tarefas rotineiras por meio da automação; a internet vinha substituindo a interação pessoal por meio de plataformas eletrônicas; e a produtividade e o valor de mercado de trabalhadores que produzem valor agregado intangível, como pesquisadores, programadores e designers, já estava em ascensão. Em vez de criar novas tendências, a pandemia simplesmente acelerou as já existentes.[3]

Embora a pandemia tenha prejudicado o emprego e a produção agregados, nem todas as empresas e trabalhadores tiveram o mesmo destino. Muitos empregos e empresas foram destruídos, mas vários outros surgiram. Ao mesmo tempo, os empregos que desapareceram provavelmente não voltarão. Para recuperar a empregabilidade, esses indivíduos precisarão adquirir as habilidades relevantes para o novo mundo do trabalho, a fim de realizar tarefas não rotineiras e complexas, que não podem ser automatizadas ou executadas por plataformas eletrônicas. A recuperação da crise de Covid-19 dependerá substancialmente do aperfeiçoamento e da requalificação da força de trabalho para apoiar a transformação econômica.

Uma vez que os governos estão enfrentando restrições fiscais extremamente severas, o desenvolvimento da força de trabalho dificilmente poderá contar com recursos adicionais. Por definição, os CSCDs devem estar aptos a atender às necessidades de qualificação com rapidez e eficiência, mas apenas na medida em que puderem fornecer alta qualidade e responder de forma flexível às demandas do mercado. É por esse motivo que este estudo investiga os resultados, a qualidade e a oferta de CSCDs na ALC. O foco em CSCDs é novo, visto que nem os formuladores de políticas nem os pesquisadores lhes dedicaram muita atenção até agora.

O estudo mostra que os CSCDs têm vários pontos fortes, mas também deficiências. Em média, apresentam bons resultados acadêmicos e no mercado de trabalho, e muitos implementam práticas ou têm insumos associados a bons resultados. Além disso, seu mercado é dinâmico, e seus provedores respondem com agilidade às necessidades do mercado de trabalho. No entanto, os resultados e as práticas dos CSCDs variam muito, e os provedores geralmente oferecem cursos de baixo custo e pouco valor.

Até certo ponto, essas deficiências podem ser decorrentes de políticas deficientes. A formulação séria de políticas e sua implementação diligente podem atenuar essas deficiências, concretizando, assim, o potencial dos CSCDs neste momento de grande necessidade. Como mostra um estudo recente na ALC,[4] o ensino superior está em uma encruzilhada, com formuladores de políticas, instituições, empresas e estudantes em busca de um novo tipo de ensino superior mais eficaz, que se ajuste às realidades atuais e promova o crescimento, a inovação e a inclusão. Mas esse novo tipo de ensino superior requer novas ações. As evidências apresentadas neste estudo podem subsidiar as ações novas e ousadas, tão necessárias neste momento crítico.

O restante desta visão geral começa descrevendo os novos dados coletados para responder às novas perguntas do estudo e apresenta o panorama geral dos CSCDs na ALC — do ponto de vista tanto institucional como econômico. O texto também resume várias medidas de resultados e qualidade dos CSCDs e descreve diferentes aspectos da oferta de CSCDs, tais como ingresso em novos cursos, concorrência e criação de cursos, seguidos das principais constatações do trabalho analítico que busca identificar as características, os insumos e as práticas dos cursos que contribuem para os bons resultados dos alunos. Algumas considerações de política são apresentadas na conclusão.

Novos Dados para Responder a Novas Perguntas

Consideremos um curso que seja "bom", no sentido de apresentar bons resultados, após levar em conta as características dos alunos. O que o torna bom? Que práticas específicas são usadas? Por exemplo, ele se comunica frequentemente com empresas locais para avaliar suas necessidades de habilidades, atualiza o currículo em resposta ao feedback do setor ou contrata professores com experiência no setor?

Entrar na "caixa preta" da qualidade dos cursos é fundamental para a criação e a replicação de cursos de alta qualidade. No entanto, a capacidade para fazê-lo é severamente limitada por conjuntos de dados padrão, que não informam as práticas dos cursos. Para superar essa limitação, o estudo criou e implementou a Pesquisa de Cursos Superiores de Curta Duração do Banco Mundial (*World Bank Short-Cycle Program Survey* — WBSCPS) no Brasil (nos estados de São Paulo e Ceará), na Colômbia, na República Dominicana, no Equador e no Peru (para cursos autorizados). Esses cinco países representam 54 por cento de todos os alunos de CSCDs na ALC. A pesquisa foi realizada por telefone, pela internet e pessoalmente, obtendo uma taxa de resposta excepcionalmente alta (70 por cento em média), para um total de aproximadamente 2.100 entrevistas efetivas.

A pesquisa abrange uma ampla gama de temas, incluindo demografia e preparação dos alunos para o curso; requisitos de ingresso e conclusão; características, contratação e avaliação do corpo docente; currículo e formação prática;

infraestrutura; ensino a distância; custos e financiamento; supervisão e regulação; governança institucional; interação com a indústria; assistência na busca de emprego; concorrência; e resultados acadêmicos e no mercado de trabalho.

Até onde sabemos, essa é a primeira tentativa de conhecer as práticas e características dos CSCDs de forma sistemática, seja na ALC ou em outras regiões. Essa riqueza de informações permitiu caracterizar o setor de CSCDs muito além do que havia sido possível anteriormente e aprofundar a questão do que faz um curso ser bom.

Panorama Geral dos CSCDs na ALC

No novo milênio, o ensino superior na ALC experimentou uma expansão grande e rápida, com as taxas brutas de matrícula subindo de 23 para 52 por cento em menos de 20 anos (Figura O.1, painel a). No entanto, ao longo dessa expansão, as matrículas cresceram mais rapidamente em cursos de bacharelado do que em CSCDs. Como resultado, a proporção atual de alunos do ensino superior matriculados em CSCDs é menor na ALC (9 por cento) do que na maioria das outras regiões (Figura O.1, painel b).

Os CSCDs são um acréscimo relativamente tardio ao panorama do ensino superior na ALC, e a proporção de matrículas nesses cursos varia amplamente

Figura O.1 Na ALC, as matrículas no ensino superior cresceram rapidamente, mas há relativamente poucos alunos em CSCDs

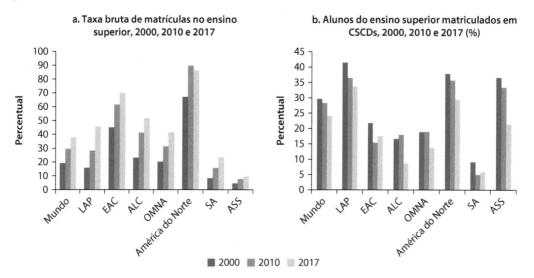

Fonte: Indicadores de Desenvolvimento Mundial, com base em dados da Organização das Nações Unidas para a Educação, a Ciência e a Cultura e do Centro Nacional de Estatísticas da Educação dos Estados Unidos (2000 e 2010).

Nota: No painel a, a taxa bruta de matrícula é o número de alunos matriculados no ensino superior em relação à população total na faixa etária relevante (geralmente 18 a 23 anos). O painel b mostra a proporção de alunos de CSCDs em relação a todos os alunos do ensino superior. Em cada painel, o indicador do nível da região é uma média ponderada entre os países da região. ALC = América Latina e Caribe; ASS = África Subsaariana; CSCD = Curso Superior de Curta Duração; EAC = Europa e Ásia Central; LAP = Leste Asiático e Pacífico; OMNA = Oriente Médio e Norte da África; SA = Sul da Ásia.

entre os países (Figura 2, painel a). Também há variação entre os países nos tipos de instituições autorizadas a oferecê-los (universitárias, não universitárias ou ambas). Em média, cerca de metade (48 por cento) dos alunos de CSCDs estão matriculados em Instituições de Ensino Superior (IESs) privadas na ALC, mas a proporção de matrículas em instituições privadas varia muito em toda a região (Figura O.2, painel b).

Os CSCDs geralmente estão inseridos no âmbito de competência do Ministério da Educação, que autoriza a abertura de cursos e assegura sua garantia de qualidade (credenciamento). Embora muitos CSCDs ofereçam nominalmente caminhos (ou créditos) para cursos mais avançados, na realidade esses caminhos não são eficazes e apenas poucos alunos de CSCDs buscam cursos mais longos. Essa qualificação de "beco sem saída" dos CSCDs pode ter contribuído para a sua estigmatização.

Em média, os alunos de CSCDs são desfavorecidos e menos tradicionais do que os de cursos de bacharelado (Tabela O.1). Também são um pouco mais velhos, vêm de famílias de menor renda e tendem a ser casados e a trabalhar enquanto estudam. Os alunos ingressam na maioria dos CSCDs com sérios déficits em matemática, leitura e escrita. Como resultado, a grande maioria desses cursos oferece atividades corretivas.

A despeito de serem desfavorecidos, os alunos de CSCDs obtêm, em média, resultados acadêmicos e no mercado de trabalho positivos. No lado acadêmico, eles se formam a taxas mais altas do que os alunos de bacharelado (57 por cento contra 46 por cento; ver Figura O.3). Do lado do mercado de trabalho, embora

Figura O.2 A proporção de matrículas em CSCDs e a participação do setor privado variam amplamente entre os países da ALC

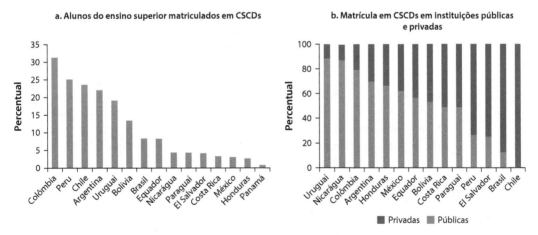

Fonte: Cálculos do Banco Mundial baseados na Base de Dados Socioeconômicos para a América Latina e o Caribe (SEDLAC) e dados administrativos para Brasil e Colômbia (ver Anexo 1A do livro).
Nota: O painel a mostra o percentual de indivíduos de 18 a 24 anos matriculados em um CSCD em relação a todos os indivíduos de 18 a 24 anos matriculados no ensino superior, por volta de 2018. O painel b mostra o percentual de todos os alunos de CSCDs, independentemente da idade, matriculados em IESs públicas ou privadas, por volta de 2018. No caso da Colômbia, "público" inclui o *Servicio Nacional de Aprendizaje* (SENA).
ALC = América Latina e Caribe; CSCD = Curso Superior de Curta Duração; IES = instituição de ensino superior;

Tabela O.1 Na ALC, os alunos de CSCDs são desfavorecidos e menos tradicionais do que os de cursos de bacharelado

	Alunos de bacharelado	Alunos de CSCDs
Mulheres (%)	54,4	63,1
Idade (anos)	24,0	24,9
Urbanos (%)	90,3	80,8
Casados (%)	14,5	22,6
Empregados (%)	41,8	43,6
Renda Q1 (%)	8,9	14,4
Renda Q2 (%)	13,1	17,0
Renda Q3 (%)	19,0	23,5
Renda Q4 (%)	23,9	25,9
Renda Q5 (%)	35,0	19,3

Fonte: Cálculos do Banco Mundial com base na Base de Dados Socioeconômicos para a América Latina e o Caribe (SEDLAC).
Nota: A tabela mostra médias de características dos alunos matriculados em cursos de bacharelado e Cursos Superiores de Curta Duração (CSCDs), independentemente da idade, circa 2018. São apresentadas médias simples dos países da ALC. "Urbanos" denota o percentual de alunos residentes em áreas urbanas. "Empregados" denota se o aluno trabalha, seja em tempo integral ou meio período. Um trabalhador de meio período (tempo integral) trabalha menos de (no mínimo) 40 horas por semana. "Tempo integral" denota o percentual de alunos que trabalha em tempo integral, condicionada ao trabalho. "Renda Q1" denota o percentual de alunos no quintil 1 da distribuição de renda (20 por cento inferiores) e similarmente para os quintis restantes. Os quintis da distribuição de renda correspondem à renda familiar total (ingreso total familiar). As diferenças nas características médias entre alunos de CSCDs e de bacharelado são significativamente diferentes de zero. ALC = América Latina e Caribe. Os países incluídos são Argentina, Bolívia, Chile, Costa Rica, El Salvador, Honduras, México, Nicarágua, Panamá, Peru e Uruguai.

ganhem salários menores do que os egressos de cursos de bacharelado – como esperado –, seus resultados são melhores do que os de alunos que abandonaram cursos de bacharelado (Figura O.4). Sua taxa de desemprego é menor (3,8 por cento contra 6,1 por cento), sua taxa de emprego formal é maior (82 por cento contra 67 por cento) e seus salários são mais altos (13 por cento). Uma vez que os alunos que abandonam cursos de bacharelado respondem, em média, por 49 por cento de todos os alunos do ensino superior, esses resultados favoráveis para os CSCDs são um ponto de partida promissor para a análise mais detalhada apresentada nas próximas seções.

Os custos dos cursos para os alunos são um elemento importante do panorama de CSCDs. Os formuladores de políticas subsidiam as IESs públicas tanto para CSCDs quanto para cursos de bacharelado, o que resulta em uma mensalidade média bem abaixo do custo (Figura O.5, painel a). Em contrapartida, não concedem financiamento a IESs privadas ou aos seus alunos. Alguns formuladores de políticas concedem, garantem ou subsidiam empréstimos estudantis, mas estes cobrem apenas uma pequena fração de estudantes na grande maioria dos países. Como resultado, os alunos pagam a mensalidade principalmente do próprio bolso. Além disso, o subsídio do formulador de políticas para um aluno de CSCD é menor do que para um aluno de bacharelado (Figura O.5, painel b), embora o primeiro seja mais desfavorecido. A diferença só é maior quando se considera o subsídio total por aluno, uma vez que os cursos de bacharelado são mais longos do que os CSCDs.

Figura O.3 Na ALC, os CSCDs têm taxas de conclusão mais altas do que os cursos de bacharelado

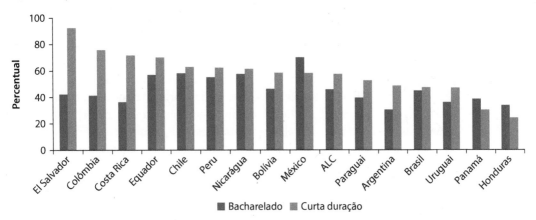

Fonte: Cálculos do Banco Mundial com base na SEDLAC e dados administrativos para Brasil e Colômbia.
Fonte: Cálculos do Banco Mundial com base na Base de Dados Socioeconômicos para a América Latina e o Caribe (SEDLAC) e dados administrativos para Brasil e Colômbia.
Nota: Para cada país, a figura mostra as taxas de conclusão dos alunos matriculados em cursos de bacharelado e Cursos Superiores de Curta Duração (CSCDs), por volta de 2018. As taxas de conclusão são estimadas como a razão do número de indivíduos de 25 a 29 anos que concluíram um curso superior e o número de indivíduos de 25 a 29 anos que alguma vez ingressaram em um curso superior. Para cada país, a diferença entre as duas taxas de conclusão é significativamente diferente de zero. Para Colômbia e Brasil, as taxas de conclusão de cursos de bacharelado são a razão entre a média de graduados em 2014, 2015 e 2016 e o número de alunos que ingressaram em 2010; as taxas de conclusão para CSCDs são a razão entre a média de graduados em 2012, 2013 e 2014 e o número de alunos que ingressaram em 2010. "ALC" indica a média simples de todos os países representados na figura.

Figura O.4 Na ALC, egressos de CSCDs obtêm resultados melhores no mercado de trabalho do que alunos que abandonam cursos de bacharelado

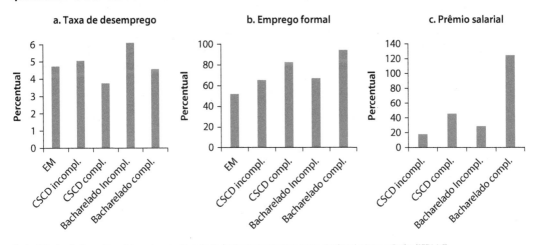

Fonte: Cálculos do Banco Mundial com base na Base de Dados Socioeconômicos para a América Latina e o Caribe (SEDLAC).
Nota: As figuras apresentam os resultados médios no mercado de trabalho, por volta de 2018, para a população em idade ativa, definida como indivíduos entre 25 e 65 anos, conforme a escolaridade. Bacharelado completo inclui indivíduos com pós-graduação. Para cada grau de escolaridade, a barra correspondente mostra o resultado médio simples nos países. O painel a mostra a taxa de desemprego (percentual de desempregados em relação à força de trabalho). O painel b mostra o percentual de indivíduos com emprego formal. Trabalhadores informais incluem trabalhadores assalariados em empresas com até cinco empregados, autônomos com no máximo um diploma de ensino médio e trabalhadores sem renda declarada. No painel c, o prêmio em cada categoria reflete o percentual em que o salário médio (por hora) na categoria excede o salário médio (por hora) para egressos do ensino médio. A diferença entre os resultados para CSCD completo e bacharelado incompleto é significativamente diferente de zero nos painéis a, b e c. A diferença entre os resultados para CSCD completo e bacharelado completo é significativamente diferente de zero no painel c, mas não nos painéis a ou b. ALC = América Latina e Caribe. EM = Ensino Médio; compl. = completo; incompl. = incompleto; CSCD = curso superior de curta duração.

Em termos financeiros, os CSCDs são relativamente mais acessíveis em alguns países e menos em outros (Figura O.6 painéis a, b). Para um indivíduo que ganha o salário-mínimo mensal, o custo anual médio das mensalidades é inferior a 15 por cento dos salários anuais na República Dominicana e no Equador, mas é superior a 50 por cento no Peru e no Brasil, onde a oferta pública é relativamente pequena. Não é de surpreender que 75 por cento dos diretores de cursos que responderam à WBSCPS tenham declarado que o principal motivo para a evasão verificada nesses cursos é a dificuldade financeira (Figura O.6, painel c). Mesmo quando as mensalidades são relativamente acessíveis, a luta financeira – e a vulnerabilidade geral – desses alunos e de suas famílias é um grande obstáculo para a acumulação de capital humano.

Resultados no Mercado de Trabalho para Egressos de CSCDs

Os resultados favoráveis no mercado de trabalho para CSCDs descritos acima podem não ser devidos aos cursos em si, mas sim às características e ao esforço dos seus alunos. Após considerar as características observadas dos alunos, os resultados favoráveis no mercado de trabalho persistem: em média, os egressos de CSCDs na ALC ganham 60 por cento a mais do que os egressos do ensino médio (Figura O.7, painel a) e 25 por cento a mais do que os alunos que abandonam cursos de bacharelado (Figura O.7, painel b). Esses retornos (mincerianos) vêm

Figura O.5 Nos países da ALC, os subsídios públicos para alunos de CSCDs são menores do que para alunos de bacharelado.

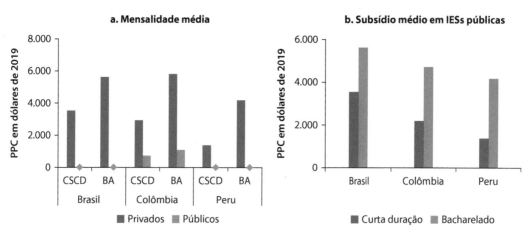

Fontes: Informações administrativas dos países (ver Anexo 1A do livro).
Nota: Todas as médias são médias simples sobre cursos. No painel a, os diamantes cor de laranja indicam mensalidade média zero. No caso da Colômbia, a mensalidade média nas instituições públicas inclui cursos do *Servicio Nacional de Aprendizaje* (SENA), que cobram mensalidade zero. No painel b, para um determinado país, o subsídio médio em IESs públicas para cursos de bacharelado equivale à mensalidade média em IESs privadas – mensalidade média em IESs públicas, e da mesma forma para CSCDs. A figura inclui todos os estados do Brasil e todos os cursos (autorizados ou não) no Peru. Todos os valores monetários são em dólares (PPC de 2019). ALC = América Latina e Caribe; BA = Bacharelado; CD = Curta Duração; CSCD = Curso Superior de Curta Duração; IES = instituição de ensino superior; PPC = paridade do poder de compra.

Figura O.6 As mensalidades médias dos CSCDs variam entre os países da ALC, mas a dificuldade financeira é o principal motivo para a evasão em todos eles

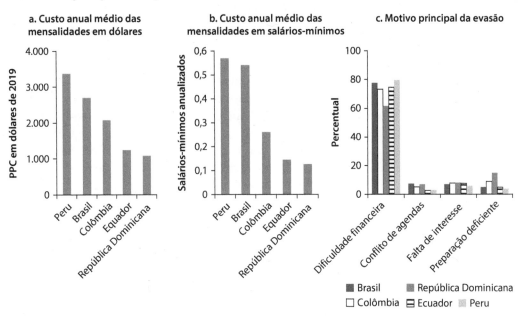

a. Custo anual médio das mensalidades em dólares

b. Custo anual médio das mensalidades em salários-mínimos

c. Motivo principal da evasão

Fonte: Dados administrativos para os painéis a e b (ver Anexo 1A do livro); Pesquisa de Cursos Superiores de Curta Duração do Banco Mundial (WBSCPS) para o painel c.

Fonte: O valor mostra o custo anual médio das mensalidades (simples) do curso, expressa em 2019, ou como proporção do salário-mínimo anual do país, equivalente a 12 vezes o salário-mínimo mensal (painel b). O painel c mostra a porcentagem de diretores de cursos que declaram cada motivo como o principal para explicar a evasão dos CSCDs ("outros motivos" são omitidos da figura). A WBSCPS inclui apenas São Paulo e Ceará no Brasil, e cursos autorizados no Peru. PPC = paridade do poder de compra.

Figura O.7 Os CSCDs acarretam um prêmio diferente, geralmente positivo em todos os países da ALC

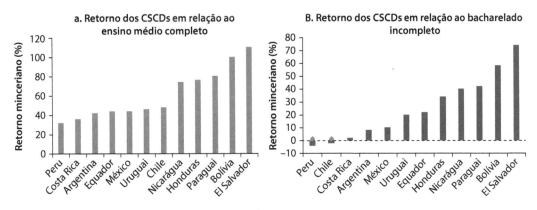

a. Retorno dos CSCDs em relação ao ensino médio completo

B. Retorno dos CSCDs em relação ao bacharelado incompleto

Fonte: Kutscher e Urzúa (2020), documento de apoio para este livro, baseado na Base de Dados Socioeconômicos para a América Latina e o Caribe (SEDLAC).

Nota: O painel apresenta o retorno minceriano para um diploma de CSCD em relação à alternativa de um diploma de ensino médio no final da década de 2010. É calculado com base em coeficientes de regressão, que representam a diferença média de (ln) salários mensais entre trabalhadores com diploma de CSCD e trabalhadores com diploma de ensino médio, controlando por sexo, idade e seu quadrado, indicadores de área urbana e indicadores regionais por país. Os retornos são, então, computados como a função exponencial do coeficiente menos 1. A estimativa considera o potencial impacto da auto seleção no emprego. O painel b apresenta o retorno minceriano para um CSCD em relação a um curso de bacharelado incompleto; a estimativa é semelhante à do painel a. Os diamantes acima das estimativas para Peru e Chile no painel b indicam que as estimativas não são significativamente diferentes de zero. ALC = América Latina e Caribe; CSCD = Curso Superior de Curta Duração.

diminuindo desde o início dos anos 2000 para cursos de bacharelado, mas aumentaram para CSCDs em mais da metade dos países.

Além dos retornos mincerianos, medidas adicionais de qualidade dos CSCDs contam uma história consistente: em média, os retornos dos CSCDs são positivos e relativamente altos, mas sua variação — entre áreas acadêmicas, instituições, alunos e regiões – também é alta. Para um aluno com pouca informação, essa variação alta representa um risco considerável. Levando em conta os custos (custos diretos, como mensalidades, e custos indiretos de ganhos anteriores), os CSCDs têm, em média, um retorno líquido positivo em relação ao ensino médio. Em outras palavras, propiciam salários mais altos ao longo do ciclo de vida do que um diploma de ensino médio. Os retornos líquidos ao longo da vida variam muito entre CSCDs e cursos de bacharelado — entre e dentro de áreas acadêmicas e tipos de IES: de altos e positivos, a negativos (Figura O.8). Como resultado, alguns CSCDs propiciam retornos mais altos do que muitos cursos de bacharelado. Parte do estigma dos CSCDs, assim, pode se dever à falta de informação dos alunos sobre seus retornos.

Da mesma forma, os CSCDs variam substancialmente em seu valor agregado, ou seja, no quanto contribuem para os resultados de um aluno no mercado de trabalho, acima e além da contribuição feita pelo aluno ou seus pares (Figura O.9). O valor agregado de cada curso varia entre as áreas, mas varia muito mais dentro das áreas — dependendo, por exemplo, das características da instituição e do próprio curso.

Figura O.8 Apesar das boas médias, os retornos líquidos dos CSCDs na ALC variam muito entre cursos – assim como os retornos dos cursos de bacharelado

Retorno líquido ao longo da vida no Chile (%)

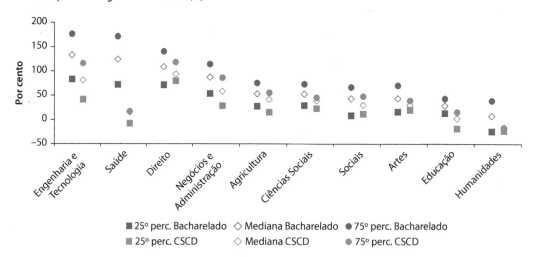

Fontes: Cálculos do Banco Mundial com base em dados individuais do Ministério da Educação do Chile, Serviço de Informações sobre o Ensino Superior (SIES) e *Mi Futuro*.
Nota: A figura mostra a média, o 25º percentil e o 75º percentil da distribuição (média) de retornos líquidos dos cursos por área acadêmica. "Perc": percentil. Retorno líquido do curso ao longo da vida = [(valor atual descontado dos ganhos ao longo da vida como egresso de um curso de bacharelado, isento de mensalidades/ valor atual descontado dos ganhos ao longo da vida como egresso do ensino médio) – 1] * 100.
ALC = América Latina e Caribe; CSCD = Curso Superior de Curta Duração.

Figura O.9 Os CSCDs variam substancialmente em sua contribuição para os resultados dos alunos na ALC – especialmente dentro das áreas acadêmicas

Contribuição de valor agregado do curso para o salário na Colômbia, por área

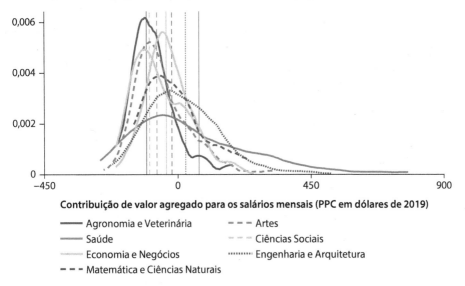

Contribuição de valor agregado para os salários mensais (PPC em dólares de 2019)

——— Agronomia e Veterinária   – – – Artes
——— Saúde   – – – Ciências Sociais
——— Economia e Negócios   ·········· Engenharia e Arquitetura
– – – Matemática e Ciências Naturais

Fonte: Ferreyra et al. 2020, documento de apoio para este livro.
Nota: A figura mostra a distribuição do valor agregado aos salários por curso e área acadêmica. Os salários são expressos em dólares (PPC de 2019). As contribuições de cada curso são os efeitos fixos do valor agregado do curso, ajustados para características de alunos e pares, estimados na regressão apresentada no Quadro 2.4 do livro. Sua média geral é zero. Inclui CSCDs ministrados pelo *Servicio Nacional de Aprendizaje* (SENA). ALC = América Latina e Caribe; CSCD = Curso Superior de Curta Duração; PPC = paridade do poder de compra.

Além disso, os retornos dos CSCDs variam entre os alunos, dependendo do que escolheriam caso não cursassem um CSCD (ou seja, sua "reserva" ou segunda melhor opção) e das suas características históricas. Para alunos do sexo masculino com preparação acadêmica deficiente, oriundos de famílias desfavorecidas em municípios de pequeno ou médio porte, os CSCDs proporcionam resultados melhores de emprego e salário do que a alternativa de um curso de bacharelado. Para estudantes do sexo feminino de famílias desfavorecidas e grandes, os CSCDs proporcionam resultados melhores no mercado de trabalho do que a alternativa de não cursar o ensino superior. Em outras palavras, ao proporcionar uma variedade de ofertas de qualidade, incluindo CSCDs, bem como cursos de bacharelado, um sistema de ensino superior permite aos indivíduos encontrar o que lhes é mais conveniente e produtivo e, ao mesmo tempo, atender às necessidades dos empregadores.

A demanda por egressos de CSCDs é alta em relação à demanda por egressos de bacharelados, conforme ilustrado pelas vagas publicadas em portais online (Tabela O.2). No entanto, a demanda por egressos de CSCDs varia entre setores econômicos e localizações geográficas. Os mesmos dois setores da economia concentram a maioria das vagas para egressos de CSCDs e de cursos de bacharelado —administração, negócios, finanças e computação, engenharia e ciências. Isso pode

Tabela O.2. Na ALC, egressos de CSCDs são empregáveis e estão em alta demanda
Grau mínimo de escolaridade exigido em vagas publicadas online, por país

Grau mínimo de escolaridade exigido	Argentina	Chile	Colômbia	México	Peru
Fundamental	0,03	0,02	0,03	0,04	0,01
Médio completo	0,40	0,60	0,56	0,58	0,53
CSCD completo	0,20	0,14	0,26	0,08	0,25
Bach. completo	0,12	0,07	0,04	0,09	0,04
Pós-graduação	0	0	0,01	0,01	0,01
Sem informação	0,25	0,15	0,11	0,20	0,16
Número de vagas	580.820	1.148.359	1.896.277	2.032.132	1.290.437

Fonte: Galindo, Kutscher e Urzúa (2021), trabalho de apoio para este livro, com base no conjunto de dados do Projeto de Vagas de Emprego da Associação Econômica da América Latina e Caribe — Banco Interamericano de Desenvolvimento.
Nota: Para cada país, a tabela mostra a proporção do total de vagas publicadas online por grau mínimo de escolaridade exigido. As proporções somam 1 (100%) por país. ALC = América Latina e Caribe; Bach. = Bacharelado; CSCD = Curso Superior de Curta Duração.

indicar mercados de trabalho segmentados onde, por exemplo, um cientista da computação e um especialista em manutenção de rede executam tarefas diferentes com base em suas habilidades distintas. Mas também pode indicar que, em tempos de desemprego alto, a pirâmide de trabalho poderia se inverter — com um cientista da computação, por exemplo, executando manutenção de rede. Além disso, a maior área (mais populosa) de cada país concentra as maiores proporções de vagas e recém-formados de CSCDs (demanda e oferta de egressos de CSCDs, respectivamente; ver Figura O.10). No entanto, a demanda é mais concentrada do que a oferta. Em outras palavras, pode não haver egressos de CSCDs suficientes em relação aos empregos nas áreas maiores, enquanto pode haver muitos nas áreas menores. Como resultado, muitos egressos de CSCDs em áreas menos populosas podem não encontrar um emprego adequado às suas habilidades, enquanto as empresas que procuram egressos de CSCDs em áreas mais populosas podem não encontrar candidatos que atendam às suas necessidades.

No geral, as evidências dos resultados de CSCDs indicam que, em média, esses cursos são capazes de aumentar o capital humano dos indivíduos e atender às necessidades dos empregadores — mas não todos na mesma medida. No contexto atual, apenas alguns CSCDs merecem ser apoiados, ampliados ou emulados.

Oferta de CSCDs

Para que os CSCDs formem habilidades para e além do contexto atual, é fundamental que respondam de forma ágil e rápida às necessidades do mercado de trabalho. Na ALC, a oferta de CSCDs é de fato dinâmica — mais do que a dos cursos de bacharelado — uma vez que CSCDs entram e saem do mercado ("movimentam-se") com mais frequência do que cursos de bacharelado (Tabela O.3). Ao decidir se abrem um novo curso em uma determinada localidade e área

Figura O.10 Nos países da ALC, a demanda e a oferta de CSCDs pelos países variam – e podem não ser iguais – por localidade

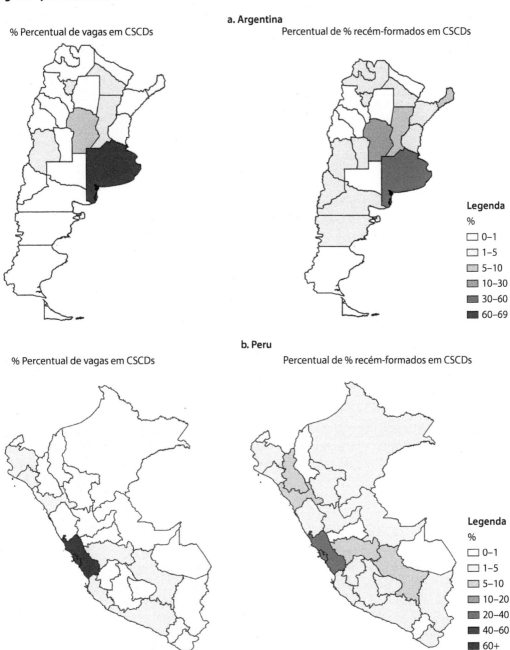

a. Argentina

% Percentual de vagas em CSCDs   Percentual de % recém-formados em CSCDs

Legenda
%
☐ 0–1
☐ 1–5
▨ 5–10
▨ 10–30
▨ 30–60
■ 60–69

b. Peru

% Percentual de vagas em CSCDs   Percentual de % recém-formados em CSCDs

Legenda
%
☐ 0–1
☐ 1–5
▨ 5–10
▨ 10–20
▨ 20–40
■ 40–60
■ 60+

Fonte: Galindo, Kutscher e Urzúa (2021), trabalho de apoio para este livro, baseado no conjunto de dados do Projeto de Vagas de Emprego da Associação Econômica da América Latina e Caribe — Banco Interamericano de Desenvolvimento, Anais Estatísticos da Educação Superior da Argentina (2018) e Banco de Dados de Diplomas Registrados (2019) do Peru.

Nota: No painel a, a figura mostra, para a Argentina, o percentual de vagas que exigem diploma de CSCD, publicadas por empresas de cada local (mapa da esquerda), e o percentual de indivíduos de cada localidade que concluíram um CSCD em 2017–18 (mapa da direita). Ambos os percentuais são relativos a todo o país. A localidade é a divisão administrativa nível 1. O painel b mostra informações semelhantes para o Peru. ALC = América Latina e Caribe; CSCD = Curso Superior de Curta Duração.

Tabela O.3 A oferta de CSCDs na ALC é dinâmica, com muita "movimentação" entre cursos

	Colômbia		Chile	
	CSCDs	Cursos de bacharelado	CSCDs	Cursos de bacharelado
Vida média do curso (anos)	7,5	13,7	11,3	19,6
Novos cursos por ano (%)	20,8	7,2	12,0	5,9
Cursos extintos por ano (%)	18,0	5,5	10,3	4,7

Fonte: Carranza et al. (2021), trabalho de apoio para este livro, baseado no Serviço de Informações sobre o Ensino Superior (SIES), de 2005 a 2018 para o Chile, e Sistema Nacional de Informações do Ensino Superior (SNIES), de 2003 a 2017, para a Colômbia.

Nota: A tabela mostra as médias dos países para as variáveis listadas nas linhas; as médias são tomadas sobre cursos e anos. ALC = América Latina e Caribe; CSCD = Curso Superior de Curta Duração.

acadêmica, as IESs respondem às condições econômicas locais, tais como o nível de atividade em diversos setores da economia e a demanda por egressos da área (Figura O.11, painel a). No entanto, nem todas as IESs respondem da mesma forma. IESs privadas e IESs não universitárias são mais sensíveis às necessidades do mercado de trabalho (Figura O.11, painéis b e c). De forma geral, a capacidade dos CSCDs de responder aos mercados de trabalho locais sugere que podem se adaptar de forma ágil às necessidades atuais.

As instituições também levam em conta seus custos ao decidir se abrem novos cursos, acrescentando cursos em áreas acadêmicas onde estes já existem ou oferecendo cursos de baixo custo. Os custos são particularmente relevantes para as IESs privadas, que dependem quase que inteiramente da receita de suas mensalidades. Em contrapartida, as transferências do governo permitem às IESs públicas oferecer cursos relativamente caros, como computação ou tecnologia. As instituições têm maior probabilidade de abrir novos cursos quando gozam de maior poder de mercado, devido a um número menor de cursos concorrentes ou a uma maior proporção de matrículas no mercado local da área acadêmica. Do ponto de vista das políticas públicas, a preocupação é que algumas IESs possam abrir cursos de baixo valor apenas por serem lucrativos.

Os CSCDs não estão distribuídos igualmente no espaço, visto que a oferta de cursos superiores é muito maior nas cidades grandes do que nas menores. Cursos à distância e online recentemente mitigaram essa desigualdade, expandindo as opções em cidades pequenas para além dos cursos presenciais. No entanto, ainda persiste a preocupação de que os mercados de CSCDs em cidades pequenas sejam menos competitivos do que em cidades maiores, uma vez que as primeiras têm menos provedores e, talvez, seus alunos estejam menos familiarizados com o ensino superior.

A presença de instituições públicas e subsidiadas em alguns países molda decisivamente a estrutura de mercado, especialmente com instituições de grande porte e cobertura nacional (por exemplo, o Serviço Nacional de Aprendizagem da Colômbia, *SENA)*. As IESs privadas, embora dificilmente tenham condições de competir com as IESs públicas em termos de mensalidades, podem diferenciar

Figura O.11 Nos países da ALC, a abertura de CSCDs responde à economia local

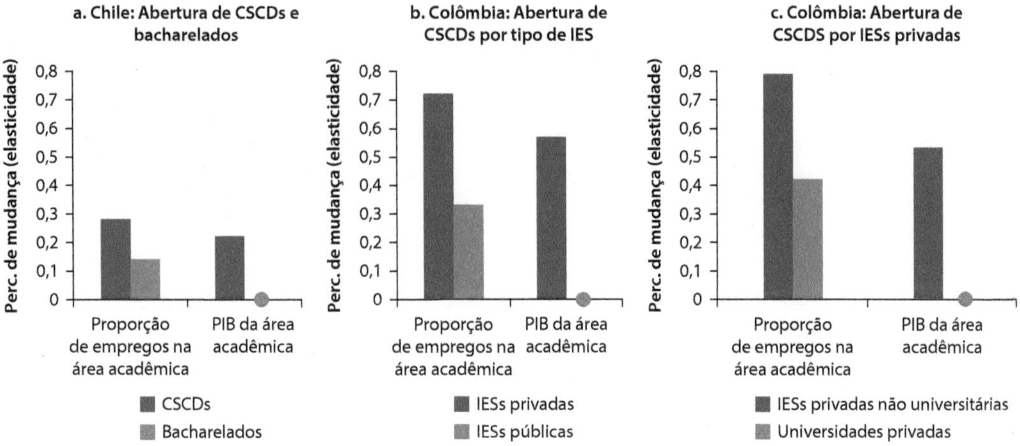

a. Chile: Abertura de CSCDs e bacharelados

b. Colômbia: Abertura de CSCDs por tipo de IES

c. Colômbia: Abertura de CSCDS por IESs privadas

Legenda:
- CSCDs
- Bacharelados
- IESs privadas
- IESs públicas
- IESs privadas não universitárias
- Universidades privadas

Fonte: Cálculos do Banco Mundial baseados em Carranza et al. (2021), documento de apoio para este livro.

Nota: O número mostra a variação percentual média na probabilidade de que uma IES abra pelo menos um novo curso em sua localidade geográfica (departamento na Colômbia e região no Chile) em uma determinada área acadêmica. A probabilidade está associada a um aumento de 1 por cento no PIB da área acadêmica (defasado) ou na proporção de empregos na área acadêmica para a referida localidade e área acadêmica. Um ponto no eixo horizontal indica que a estimativa correspondente não é significativamente diferente de zero. O painel a compara a abertura de CSCDs e cursos de bacharelado no Chile. O painel b compara a abertura de CSCDs por IESs públicas e privadas na Colômbia (IESs públicas não incluem o *Servicio Nacional de Aprendizaje* (SENA)). O painel c compara a abertura de CSCDs entre as IESs privadas (universidades e IESs não universitárias). O PIB da área acadêmica é a parcela do PIB da localidade que pode ser associada à área acadêmica; a associação é proporcional à parcela de egressos da área acadêmica por setor econômico; com isso é obtido o total dos setores. A proporção de empregos na área acadêmica é a parcela de egressos de CSCDs empregados que concluíram um curso na área acadêmica, em relação a todos os egressos de CSCDs empregados. ALC = América Latina e Caribe; CSCD = Curso Superior de Curta Duração; IES = instituição de ensino superior; PIB = Produto Interno Bruto.

seu produto de outras formas, tais como conteúdo dos cursos, cobertura geográfica, competências ensinadas, serviços prestados ao aluno e, em geral, "desenho de produtos".

A WBSCPS oferece uma riqueza de dados para investigar o desenho de produtos. O curso médio na WBSCPS tem 222 alunos. Coerentes com seu dinamismo, os provedores de CSCDs são instituições jovens, a maioria delas crida nos últimos 30 ou 40 anos. Os cursos são novos e frequentemente atualizados. Em média, os cursos têm as características desejáveis — mas também variações substanciais (Tabela O.4). Seu currículo é principalmente fixo, com pouco espaço para disciplinas eletivas, o que é preferível a um currículo mais flexível, como mostra a experiência dos EUA com as Instituições Comunitárias de Ensino Superior (ICESs).[5] Os CSCDs ensinam competências cognitivas e socioemocionais e oferecem ensino corretivo (aulas de reforço) antes e/ou durante o curso. Em média, enfatizam substancialmente a formação prática e geralmente exigem estágios obrigatórios e têm uma boa infraestrutura em termos de oficinas e laboratórios. No entanto, 66 por cento dos cursos não ministravam aulas a distância antes da pandemia de Covid-19 e, entre os cursos à distância, a qualidade não é uniforme, sendo melhor, por exemplo, em cursos síncronos. Assim, ajustar-se ao

Tabela O.4 Em média, os CSCDs na ALC têm um currículo, uma infraestrutura e um corpo docente bons – mas com muita variação

Característica Programática	Mediana	D.P.
Currículo fixo	70,19	45,75
Ensinam competências cognitivas	79,34	40,49
Ensinam competências socioemocionais	94,69	22,42
Oferecem ensino corretiva durante o curso	57,55	49,44
Porcentagem de tempo dedicado à formação prática	46,70	16,86
Estágios fora da instituição são obrigatórios	57,75	49,41
Número de alunos por laboratório ou oficina	59,43	133,25
Não ministravam aulas a distância antes da pandemia	65,64	47,50
Relação corpo discente-corpo docente	13,30	23,28
Percentual de professores de meio período	61,54	30,28
Percentual de professores com 5+ anos de experiência	55,74	33,12
Percentual de professores que trabalham na indústria	42,13	30,92
Percentual dos professores com bacharelado	82,11	29,50
Avaliam professores pelo menos uma vez por ano	86,32	34,37
Quase todos /todos os professores receberam treinamento profissional no ano anterior	54,83	49,78
As IESs têm um conselho de administração além de um reitor/diretor	89,13	31,13

Fonte: Pesquisa de Cursos Superiores de Curta Duração do Banco Mundial (WBSCPS).
Nota: A tabela mostra a mediana e o desvio médio e padrão de algumas características dos cursos relacionadas com currículo e formação, infraestrutura, corpo docente e governança, conforme informados pelos diretores de cursos. A WBSCPS inclui apenas São Paulo e Ceará no Brasil, e cursos autorizados no Peru. ALC = América Latina e Caribe; CSCD = Curso Superior de Curta Duração; D.P. = Desvio Padrão; IES = instituição de ensino superior.

ensino a distância pode ter representado um desafio significativo para os cursos na região.

Em geral, os cursos apresentam uma baixa proporção entre corpo discente e corpo docente. A maioria dos instrutores trabalha meio período e tem experiência substantiva na indústria e boas qualificações acadêmicas. A maioria é avaliada pelo menos uma vez por ano com base em vários critérios, incluindo avaliação por alunos, avaliação por pares e avaliação do planejamento de aulas. Cerca de metade dos curso ofereceu treinamento profissional a todo ou quase todo o seu corpo docente no ano anterior. A maioria dos cursos é ministrada por IESs que têm um conselho de administração, além do reitor/diretor, dando voz a várias partes interessadas, como professores, alunos e empresas.

Em média, os cursos trabalham com a indústria e auxiliam os alunos na busca de emprego (Figura O.12), designando uma pessoa específica (membro da diretoria, diretor de curso ou funcionário) para interagir com as empresas. Tendem a manter contratos de estágios com empresas privadas, que muitas vezes fornecem equipamentos para a prática, treinam professores, colaboram na elaboração do currículo ou na avaliação de alunos e mantêm convênios para contratar egressos de cursos. Os cursos se comunicam com as empresas para identificar suas necessidades e solicitar feedback sobre contratações recentes de seus egressos.

Figura O.12 Em média, cursos superiores de curta duração da ALC engajam o setor produtivo e ajudam os seus alunos a encontrar um emprego

Fonte: Pesquisa de Cursos Superiores de Curta Duração do Banco Mundial. (WBSCPS).
Nota: O gráfico mostra a mediana da amostra de algumas características dos cursos relacionadas ao engajamento com o setor produtivo e assistência aos alunos na busca de emprego, conforme relatado por diretores de cursos. "Frequentemente" significa mais de uma vez ao ano. A WBSCPS inclui somente São Paulo e Ceará para Brasil, e cursos autorizados para o Peru. ALC = América Latina e Caribe; CSCD = Curso Superior de Curta Duração.

Os cursos apoiam a procura de emprego dos alunos de várias maneiras, embora a mais comum seja relativamente passiva — fornecendo informações sobre o mercado de trabalho. Menos comuns são os serviços de utilidade mais imediata, tais como providenciar entrevistas de emprego, trazer recrutadores para o campus ou preparar os alunos para a procura de emprego. E, embora a grande maioria dos cursos avalie o desempenho de alunos e professores mais de uma vez por ano, os cursos se envolvem com menos frequência em atividades relacionadas com os resultados dos alunos no mercado de trabalho, como, por exemplo, solicitar a opinião das empresas sobre seus ex-alunos, investigar as necessidades de habilidade das empresas ou coletar dados sobre a colocação e o emprego dos seus egressos.

Nos países pesquisados os CSCDs tendem a acreditar que os alunos dão mais valor à qualidade do treinamento oferecido (Figura O.13, painel a), o que pode explicar por que os cursos parecem prestar mais atenção à grade curricular, corpo docente e treinamento prático que à busca de emprego e resultados dos alunos no mercado de trabalho. Quem sabe seja por isso que os cursos tendem a se achar superiores aos seus concorrentes em qualidade do treinamento, mas não em resultados no emprego (Figura O.13, painel b). Isso sugere que embora os

Figura O.13 O emprego pode não ser a principal prioridade para alunos ou provedores de CSCDs na ALC

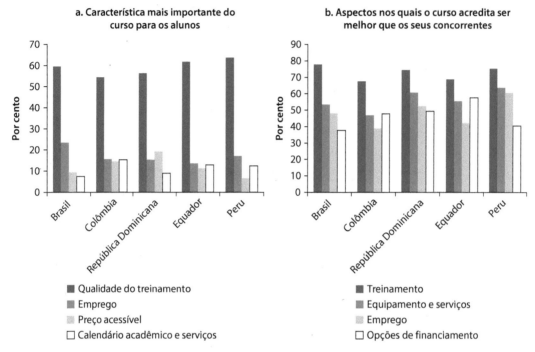

a. Característica mais importante do curso para os alunos

b. Aspectos nos quais o curso acredita ser melhor que os seus concorrentes

Qualidade do treinamento
Emprego
Preço acessível
Calendário acadêmico e serviços

Treinamento
Equipamento e serviços
Emprego
Opções de financiamento

Fonte: World Bank Short-Cycle Program Survey (WBSCPS).

Nota: O Painel a mostra a porcentagem de cursos que relatam cada característica como sendo a mais importante para os seus alunos. As características incluem qualidade do treinamento, preço acessível, calendário acadêmico e serviços para os alunos e emprego. O Painel b mostra o percentual de programas que se consideram melhores que CSCDs semelhantes em cada uma das seguintes categorias: treinamento, emprego, equipamento e atendimento e opções de financiamento. "Qualidade do treinamento" inclui qualidade do corpo docente, treinamento prático e qualidade acadêmica; "Preço acessível" inclui custos do curso e auxílio financeiro por parte da IES; "Calendário acadêmico" inclui o cronograma de aulas e a qualidade do atendimento aos alunos; "Emprego" inclui as perspectivas de emprego após a formatura, oportunidades de estágio, assistência na busca de emprego e vinculação da IES com potenciais empregadores; "Equipamento e atendimento" inclui infraestrutura e serviço de atendimento acadêmico ao estudante. Um curso pode se considerar melhor que os seus concorrentes em mais de um aspecto. Para o Brasil foram incluídos somente São Paulo e Ceará, e para o Peru apenas cursos autorizados. ALC = América Latina e Caribe; CSCD = Curso Superior de Curta Duração.

CSCDs respondam à economia local e tentem, em média, oferecer um bom treinamento, podem precisar de incentivos para colocar mais ênfase nos resultados dos seus alunos no mercado de trabalho.

O Que Torna um Curso "Bom"?

Os dados ricos coletados por meio da WBSCPS permitem a identificação de práticas (por exemplo, a relação do curso com o setor produtivo), insumos (por exemplo, laboratórios para aulas práticas) e características (por exemplo, tempo de existência do curso) dos CSCDs que estão associadas a bons resultados dos alunos, ajustando para as características dos alunos. A análise concentra-se em quatro resultados: taxa de abandono, tempo até o diploma, e emprego formal e rendimentos do trabalho dos egressos. Os determinantes de qualidade foram agrupados em seis áreas: infraestrutura; grade curricular e treinamento; custo e financiamento; engajamento com o setor produtivo (incluindo assistência na busca de emprego); corpo docente; e práticas relacionadas à admissão, graduação e governança. Embora os dados não permitam afirmar os impactos causais dos determinantes da qualidade, as suas associações com os resultados são informativas.

Com base na análise estatística, a taxa de abandono e o tempo até a obtenção do diploma são mais baixos em cursos que adotam uma grade curricular, avaliam o corpo docente mediante avaliação de pares, e contratam corpo docente com experiência no setor produtivo (Figura O.14). Maior acesso a empregos formais e rendimentos mais elevados são alcançados quando os cursos contam com dotação suficiente de infraestrutura para o treinamento prático, acesso à internet no local, ensino de competências numéricas, aulas de reforço durante o curso, uma agência de empregos, corpo docente com experiência no setor produtivo e oferta de bolsas ao alunos da IES. A realização de provas de admissão e existência de conselho diretor (além do diretor ou reitor), também estão associadas a um melhor desempenho acadêmico e melhores resultados no mercado de trabalho. O mesmo vale para mensalidades mais caras, que podem pressionar os alunos a ser formarem logo, ou assegurar insumos de melhor qualidade. Ao mesmo tempo, algumas práticas parecem prejudicar os resultados dos alunos. Por exemplo, exigir uma tese de formatura atrasa a formatura, e certos tipos de envolvimento do setor produtivo (como acordos em que empresas fornecem equipamentos ou contratam egressos) parecem prejudicar os salários.

Existe, naturalmente, uma grande variação entre as práticas e insumos dos cursos (Tabela O.4, coluna "D.P."). Esses resultados sugerem que alguns cursos poderiam melhorar os resultados dos alunos com a adoção de práticas e insumos associados a bons resultados, o que poderia ajudar a reduzir a preocupante variabilidade na qualidade dos cursos — a brecha entre os cursos "bons" e "ruins".

Cabe aqui fazer uma ressalva importante. Para medir os resultados a análise contou com os resultados médios dos cursos conforme relatados à WBSCPS pelos diretores dos CSCDs. Idealmente a análise utilizaria dados administrativos dos alunos — dados pessoais e formação, CSCD concluído e resultados do mercado de trabalho. Na maioria dos países da ALC, esse tipo de dados não existe ou não está disponível para pesquisas. Assim, embora a WBSCPS tenha contribuído para avançar na definição do que faz um curso ser "bom", a ausência de dados dificulta qualquer avanço adicional. Conforme mostramos a seguir, a disponibilização desses dados ajudaria não só os pesquisadores, como *todas* as partes interessadas.[6]

Políticas Públicas para Realizar o Potencial dos CSCDs

Juntos, os resultados deste estudo indicam que embora pareçam promissores, os cursos superiores de curta duração também têm deficiências causadas até certo ponto por falhas nas políticas públicas. Por exemplo, as agências reguladoras podem achar que alguns cursos tiram proveito dos alunos, mas podem não ter as informações necessárias para identificar esses cursos ou a disposição para tomar uma atitude contra eles. Também podem achar que os alunos não deveriam escolher cursos de baixo retorno, mas podem não coletar e divulgar as informações que os alunos precisam para fazer boas escolhas. E podem ainda reconhecer as dificuldades financeiras dos seus alunos, mas não estar dispostos a realocar recursos

Figura O.14 CSCDs com bons resultados apresentam insumos, práticas e características específicas

Categorias	Determinantes de qualidade	Taxa de abandono	Tempo até a formatura	Emprego formal	Rendimentos do trabalho
Infraestrutura	Internet disponível no local para professores e alunos			▨	
	Materiais suficientes para as aulas práticas			▨	▨
Treinamento e grade curricular	Grade curricular fixa	▨			
	Ensina competências numéricas				▨
	Oferta de créditos para graduações mais longas				▨
	Oferta de aulas de reforço durante o curso			▨	
	Exigência de tese ou pesquisa para a formatura		▰		
Custos	Custo anual das mensalidades	▨			▨
	Pelo menos alguns alunos recebem bolsa de estudos da IES			▨	
Vínculo com o setor produtivo	A IES tem uma agência de empregos			▨	▨
	O setor produtivo empresta/fornece equipamentos para o treinamento dos alunos			▰	
	Acordos com empresas para a contratação de egressos				▰
Corpo docente	Avaliação de pares para o corpo docente	▨			
	Planos de aula tem grande peso na avaliação do corpo docente			▨	
	Percentual do corpo docente trabalhando no setor produtivo	▰			
	Percentual de mulheres no corpo docente		▨		
	Percentual do corpo docente com 5+ anos de experiência		▨		
	Percentual do corpo docente < 40 anos de idade			▰	
Outras práticas	Admissão mediante prova de conhecimentos gerais ou específicos	▨			▨
	Admissão mediante entrevista			▨	
	IES tem conselho diretor além de reitor/diretor	▨		▨	

Fonte: Cálculos do Banco Mundial com base no documento de referência de Dinarte et al. (2021) para este relatório.

Nota: A tabela apresenta um resumo dos resultados sobre as correlações entre os determinantes de qualidade e os resultados acadêmicos e no mercado de trabalho dos cursos (estimativa descrita no Capítulo 4 deste livro); os determinantes de qualidade e resultados médios no mercado de trabalho dos cursos foram reportados pelos seus diretores. Verde (vermelho) indica que a característica melhora (piora) o resultado. CSCD = Curso Superior de Curta Duração; IES = instituição de ensino superior.

públicos para os mais necessitados. É possível que sejam favoráveis à ideia de que CSCDs concedam créditos para cursos de bacharelado, mas não se informem de como isso funciona na prática. Podem endossar a ideia de caminhos acadêmicos flexíveis entre vários diplomas, porém aplicando regras excessivamente rígidas.

Em vez de dispensar os CSCDs ou colocá-los em segundo plano — como pode ter sido a tendência no passado — os formuladores de políticas poderiam optar por lidar com as políticas falhas que levaram às deficiências dos CSCDs, e fornecer um ambiente no qual as instituições ofereçam bons cursos, os alunos fazem escolhas informadas, e as necessidades de indivíduos, empresas e a economia sejam atendidas. Neste momento crítico, e considerando a necessidade urgente de habilidades na região, realizar o potencial dos cursos superiores de curta duração surge como uma questão fundamental a resolver por meio de políticas públicas.

O estudo concentra-se em quatro categorias de políticas públicas: informação, financiamento, supervisão e regulação, e caminhos para o desenvolvimento de habilidades. Optar por um único instrumento de política pública não é viável; para enfrentar as múltiplas deficiências serão necessários múltiplos instrumentos, complementando os pontos fortes dos instrumentos e mitigando possíveis efeitos não intencionais advindos de cada instrumento em particular.

Informações comparativas sobre os cursos são necessárias para os formuladores de políticas — que precisam regular o setor e responsabilizar os CSCDs, e para os alunos — que precisam fazer escolhas informadas. Essas informações devem incluir salários médios dos egressos e taxas de emprego formal, bem como custos, opções de financiamento e requisitos acadêmicos. Devem ainda ser facilmente disponibilizadas, por exemplo em um site. Contudo, novas evidências indicam que a mera disponibilização de informação não basta para afetar as escolhas dos alunos, que precisam ser engajados diretamente (mediante orientação acadêmica ou sites interativos, por exemplo) para assegurar que recebam e processem informações relevantes, oportunas e úteis.

Será preciso corrigir as desigualdades no financiamento, tanto para restaurar a equidade de acesso ao ensino superior, quanto para aproximar a economia a uma composição e nível de habilidades otimizados. Dadas as atuais restrições orçamentárias, esse objetivo poderá ser alcançado mediante a redistribuição do financiamento entre alunos com diferentes níveis de renda, tipos de curso (CSCDs e bacharelados) e tipos de instituição (IESs públicas e privadas), com o objetivo global de fornecer a maior assistência para os alunos mais necessitados. Considerando que o financiamento público pode não ser suficiente, empréstimos com amortizações contingentes à renda cuidadosamente projetados, concedidos por instituições públicas ou privadas, poderiam ser uma opção viável para conseguir recursos adicionais. Em última análise, o financiamento de CSCDs — e o desenvolvimento de habilidades em geral — podem ser vistos como um componente contracíclico do sistema de proteção social, que cresce em períodos de recessão para ajudar as pessoas a encontrar um novo posto de trabalho.

Supervisão e regulação são fundamentais para eliminar os cursos de pior qualidade e promover um ambiente onde sejam ofertados apenas cursos de boa qualidade. A agência reguladora deverá estabelecer normas de responsabilização baseadas em resultados — por exemplo, uma regra de "primeiro não faças dano", segundo a qual os resultados dos alunos no mercado de trabalho sejam bons o bastante para que, em média, os alunos não percam dinheiro com o curso. Também deverá fazer uma triagem dos novos cursos com intenção de entrar no mercado, autorizando apenas aqueles com bons resultados esperados, além de monitorar os cursos periodicamente (por exemplo, anualmente) usando normas de responsabilização baseadas em resultados, e publicar os achados. E o mais importante, deverá fechar os cursos de baixo desempenho. De fato, uma meta realista em termos de regulação — e a "primeira linha de ataque" — poderia ser simplesmente a eliminação dos cursos de pior desempenho.

Para facilitar a aquisição de habilidades em blocos ou módulos como parte da aprendizagem ao longo da vida, devemos incentivar a implementação de caminhos flexíveis. Ao concluir um bloco o aluno receberia uma credencial que contaria em direção a um diploma. Entre os caminhos flexíveis nos Estados Unidos estão transferências de CSCDs para bacharelados, certificados empilháveis, distintivos digitais, e uma abordagem baseada em certificados primeiro.[7] Embora todas as alternativas acima mereçam ser exploradas, talvez seja mais importante ajustar os cursos de bacharelado para absorver os alunos de CSCDs que ajustar os CSCDs para permitir o ingresso a bacharelados. A experiência negativa das instituições comunitárias de ensino superior nos Estados Unidos, que conferem a maior flexibilidade para facilitar a transferência para cursos de bacharelado, sugere que tornar os CSCDs mais flexíveis pode não ser a resposta.[8] Considerando os bons resultados médios sendo alcançados por CSCDs na ALC, parece que são os bacharelados — e não necessariamente CSCDs — que precisam de mais flexibilidade. Tornar os cursos mais enxutos é outra maneira de injetar flexibilidade no ensino superior, já que muitos cursos — particularmente bacharelados — podem simplesmente ser longos demais.

Voltando à questão do estigma dos CSCDs, é realmente justo e realista à luz das evidências? Embora CSCDs tenham deficiências que podem ter contribuído ao estigma que paira sobre eles — inclusive, possivelmente, a baixa qualidade dos cursos de pior desempenho — também têm pontos fortes que é possível que muitos alunos desconheçam. As políticas descritas neste relatório devem ajudar a mitigar o estigma dos cursos superiores de curta duração. Campanhas informativas para promover os CSCDs também devem ajudar — particularmente se colocarem empresas privadas como "defensoras" dos CSCDs —.[9] Mas talvez precisemos também de uma nova maneira de pensar o ensino superior, que valorize a oferta de uma variedade de cursos para que cada aluno possa encontrar o que melhor se encaixa com as suas necessidades.[10] O formulador de políticas não deve objetivar a maximização do número de bacharéis, mas a maximização do potencial de cada aluno mediante cursos superiores de qualidade, independentemente do tipo de curso. Do mesmo modo, o objetivo do aluno não deve ser a obtenção de um diploma de bacharelado a qualquer custo, mas sim a conclusão de um curso compatível com as suas necessidades, preparo acadêmico e interesses.

CSCDs ingressaram no cenário do ensino superior na ALC relativamente tarde e não alcançaram um papel de destaque nesta região onde os bacharelados são considerados como a melhor chave para a mobilidade econômica, ou até mesmo a única. Apesar disso, no contexto atual CSCDs podem ser de extrema utilidade para superar a crise de desemprego e produção gerada pela pandemia de COVID-19, bem como para preparar as pessoas para o mundo do trabalho de hoje. O sucesso nesta conjuntura geraria uma nova percepção pública dos CSCDs, que deixariam de ser vistos como a opção menos desejável e passariam a ser considerados a opção certa neste momento de grande necessidade. A hora dos cursos superiores de curta duração é agora. Se não agora, quando?

Notas

1. A Organização das Nações Unidas para a Educação, a Ciência e a Cultura inclui os CSCDs na Classificação Padrão Internacional de Educação (Isced) 5, que é um tipo de ensino superior. Cursos e certificados de menor duração são classificados como Isced 4.
2. A "Década de Ouro" (2003-13) da ALC foi caracterizada pelos altos preços das commodities e pelas taxas de crescimento. Após esse período, tanto os preços das commodities quanto as taxas de crescimento caíram, sem jamais terem retornado aos níveis anteriores.
3. Beylis et al. (2020).
4. Ferreyra et al. (2017).
5. Bailey, Jaggars e Jenkins (2015).
6. Durante o período em este livro foi redigido, Brasil foi o único país a disponibilizar dados administrativos. O Capítulo 4 mostra os resultados do Brasil usando essas dados.
7. Para mais detalhes sobre esses caminhos, veja o Capítulo 5.
8. Instituições comunitárias de ensino superior asseguram a maior flexibilidade possível permitindo que os alunos escolham as disciplinas com quase total liberdade ("estilo buffet"), mas a maioria dos alunos que tentam uma transferência não consegue, e muitos abandonam o curso (Bailey, Jaggars e Jenkins, 2015).
9. Para exemplos dessas campanhas, veja o Capítulo 5.
10. Isso está de acordo com Ferreyra et al. (2017), que indicam três características de um bom sistema de ensino superior — qualidade, variedade e equidade.

Referências

Bailey, T., S. Jaggars, and D. Jenkins. 2015. *Redesigning America's Community Colleges: A Clearer Path to Student Success.* Cambridge, MA: Harvard University Press.

Beylis, G., R. Fattal-Jaef, R. Sinha, M. Morris, and A. Sebastian. 2020. *Going Viral: COVID-19 and the Accelerated Transformation of Jobs in Latin America and the Caribbean.* World Bank Latin American and Caribbean Studies. Washington, DC: World Bank.

Carranza, J. E., J. M. Ferreyra, A. Gazmuri, A. Franco. 2021. "The Supply Side of Short-Cycle Higher Education Programs." Unpublished manuscript. World Bank, Washington, DC.

Dinarte, M. M. Ferreyra, M. Bassi, and S. Urzúa. 2021 "What Makes a Program Good? Evidence from Short Cycle Higher Education Programs in Latin America and the Caribbean." World Bank, Washington, DC.

Ferreyra, M., T. Melguizo, A. Franco, and A. Sanchez. 2020. "Estimating the Contribution of Short-Cycle Programs to Student Outcomes in Colombia. "Policy Research Working Paper 9424, World Bank, Washington, DC. Ferreyra, M., C. Galindo, and

S. Urzúa. 2020. "Labor Market Effects of Short-Cycle Programs: Challenges and Evidence from Colombia." World Bank, Washington, DC.

Galindo, C., M. Kutscher, and S. Urzúa. 2021. "Online Job Vacancies and Short-Cycle Programs in Latin America." Background paper for this book, World Bank, Washington, DC.

Kutscher, M., and S. Urzúa. 2020. "An Economic Argument for Short-Cycle Programs in Latin America and the Caribbean." World Bank, Washington, DC.

Introdução

Após o colapso dos preços das commodities no início de 2010, os países da América Latina e Caribe (ALC) têm buscado novos motores de crescimento que, além de elevar a produtividade, preservem e potencializem os ganhos patrimoniais alcançados na década anterior. Graças à sua capacidade de desenvolver capital humano qualificado, o ensino superior pode ser um motor formidável de progresso econômico e social.

Um tipo específico de ensino superior conhecido como curso superior de curta duração (CSCD) forma capital humano qualificado em dois ou três anos. Diferentemente dos cursos de bacharelado (com duração usual de cinco ou seis anos na ALC), CSCDs são curtos e de cunho marcadamente prático, tendo o claro objetivo de treinar os alunos para o trabalho em um espaço de tempo relativamente curto. Interessados em atrair alunos, os provedores de tais cursos têm incentivos para acompanhar os novos desenvolvimentos no mercado de trabalho e incorporar novas tecnologias, práticas e conhecimentos em suas grades curriculares.

Sendo um tipo de treinamento que ocorre após o ensino médio, os CSCDs atraem um público bastante variado. A primeira categoria consiste em pessoas que não podem cursar um bacharelado por causa do trabalho ou responsabilidades familiares, ou devido ao preparo acadêmico insuficiente. A segunda categoria consiste em aqueles que poderiam ter bons resultados no bacharelado, mas não estão dispostos a gastar o tempo ou recursos necessários, optando ao invés disso por uma capacitação mais curta e prática, e talvez mais bem remunerada. Uma terceira categoria são aqueles que talvez já tenham um diploma de bacharelado, mas estão buscando um treinamento curto e específico em sua área de conhecimento (por exemplo, um cientista da computação interessado em aprender animação por computador), ou em outra área (por exemplo, um historiador interessado em marketing).

De forma mais ampla, pessoas com interesse em melhorar as suas habilidades atuais para aplicar em uma ocupação semelhante (aperfeiçoamento ou "*upskilling*") ou adquirir novas habilidades para aceder a uma nova ocupação (requalificação ou "*reskilling*") podem gravitar em direção aos cursos superiores de curta duração.

O amplo poder de atração dos CSCDs contrasta com a visão que prevalece na região, onde os CSCDs arcam com o estigma de ser a opção menos desejável de ensino superior. Quando bem projetados, esses cursos têm o potencial de tornar-se uma ferramenta crucial para a desenvolvimento profissional da força de trabalho no novo mundo do trabalho — onde a expectativa é que as pessoas mudem de ocupação, e até mesmo de carreira, várias vezes ao longo da vida,[1] precisando ser treinadas de forma rápida, eficiente, e em contato próximo com o mercado de trabalho.

CSCDs não interessam apenas aos indivíduos, mas também aos empregadores, que enfrentam dificuldades para encontrar mão de obra qualificada. De acordo com a Pesquisa do Banco Mundial sobre Empresas (*World Bank Enterprise Survey*) de 2019, 24 por cento das empresas no mundo relatam que consideram uma força de trabalho com escolaridade inadequada como uma grande limitação. Na ALC, contudo, esse número sobe para 32 por cento, o maior de todas as regiões. Oferecer a variedade de habilidades exigidas pelo mercado de trabalho — de engenheiros a técnicos; de médicos a técnicos de raio-x — é uma função vital de um sistema de ensino superior funcional e dinâmico.[2]

Embora a necessidade de capital humano qualificado na região da ALC já exista há alguns anos — particularmente desde o final da "Década de Ouro" — a necessidade tornou-se absolutamente urgente com a pandemia de COVID-19.[3] No entanto, por mais séria que esteja sendo a crise econômica em consequência da pandemia, ela não fez mais que acelerar as mudanças estruturais do mercado de trabalho que já estavam em andamento (Beylis et al., 2020). Antes mesmo da pandemia, máquinas já vinham substituindo seres humanos em tarefas de rotina mediante a automação, e a internet vinha substituindo a interação pessoal mediante o crescimento das plataformas eletrônicas. A produtividade e o valor de mercado de trabalhadores que produzem valor agregado intangível, como pesquisadores, analistas, programadores e designers, já vinha aumentando graças a novas tecnologias e ao aumento da concorrência.

A pandemia meramente aprofundou essas tendências. Diante da quarentena e dos requisitos de distanciamento social, algumas empresas substituíram os trabalhadores por máquinas para tarefas repetitivas, ou por plataformas eletrônicas para tarefas de muito contato. Em contrapartida, trabalhadores que produzem valor agregado intangível têm enfrentado um aumento na demanda (e tem conseguido fazer teletrabalho). Outros trabalhadores que não podem ser substituídos por uma máquina ou pela internet, como trabalhadores da área de saúde, também tem enfrentado uma demanda crescente. Em outras palavras, embora a pandemia tenha prejudicado o emprego e o produto agregado, os resultados não foram iguais para todas as empresas e trabalhadores. Muitas empresas e postos de trabalho foram destruídos, mas apareceram muitos outros.

É pouco provável que os empregos que desapareceram voltem. Para encontrar uma nova ocupação, essas pessoas precisam adquirir habilidades relevantes para o novo mundo do trabalho. Isso inclui tanto habilidades cognitivas (como pensamento crítico, capacidades analíticas, e capacidade de resolver problemas), quanto habilidades interpessoais (como trabalho em equipe, comunicação e gerenciamento), permitindo que os trabalhadores desempenhem tarefas complexas, não rotineiras, que não possam ser automatizadas ou executadas por plataformas eletrônicas. No rescaldo da crise da COVID-19, a recuperação dependerá crucialmente no aperfeiçoamento e requalificação da força de trabalho para apoiar a transformação econômica.

Crises econômicas recentes na ALC fornecem um motivo adicional para que as habilidades tenham um lugar de destaque na jornada de recuperação da crise atual. Após essas crises, alguns trabalhadores conseguiram recuperar o emprego ou os rendimentos do trabalho bastante bem, enquanto outros ficaram permanentemente "marcados" ou incapacitados, nunca conseguindo alcançar o nível prévio de emprego ou renda (Silva et al., 2021). Ocorre que foi possível constatar que a probabilidade de ficar marcado para sempre é maior para trabalhadores sem ensino superior. Na crise atual, a qualificação desses trabalhadores em CSCDs — uma forma particularmente conveniente de ensino superior — poderia muni-los das habilidades necessárias para se recolocar rapidamente no mercado de trabalho guardando poucas marcas, ou até mesmo nenhuma.

Considerando as graves restrições orçamentarias enfrentadas atualmente pelos governos, a qualificação da força de trabalho dificilmente poderá contar com recursos adicionais. Utilizar os recursos disponíveis com eficiência é, portanto, fundamental. Por serem curtos e eminentemente práticos, CSCDs poderiam qualificar os trabalhadores de forma rápida e eficiente, constituindo uma promessa, um sinal de esperança em um panorama de outro modo desolador.

Definindo os CSCDs

É importante estabelecer o que são cursos superiores de curta duração e o que não são. Na definição de CSCDs, este livro segue a Classificação Internacional Normalizada da Educação (CINE) da Organização das Nações Unidas para a Educação, a Ciência e a Cultura (UNESCO), que descreve CSCDs (CITE 5) como cursos projetados para fornecer aos alunos conhecimentos, habilidades e competências profissionais; orientados a ocupações especificas; curtos, mais práticos e menos teóricos que os bacharelados; cujo objetivo principal é preparar o aluno para o mercado de trabalho.

CSCDs são cursos de ensino superior com duração de pelo menos dois anos, e geralmente de dois a três anos. Apesar de serem mais curtos que cursos de bacharelado, são longos o bastante para serem considerados cursos de ensino superior, motivo pelo qual *não* incluem cursos vocacionais ou treinamentos técnicos curtos (com duração de algumas semanas ou meses, por exemplo).[4] Na região são conhecidos por diversos nomes, entre os quais *programas técnicos y tecnológicos, carreras técnicas, tecnicaturas, carreras terciarias, carreras de nível técnico superior, cursos tecnológicos, cursos técnico-profesionales, carreras profesionales,* e cursos superiores de tecnologia.

Neste livro um curso é definido como uma combinação de instituição-diploma-área de estudo.[5] Exemplos de diplomas de CSCDs vão de higienista dental, fisioterapeuta e enfermeiro, a técnico de rede, especialista em marketing, técnico de design e especialista em gerenciamento. Em diversos países incluem a docência. Embora alguns CSCDs se concentrem em campos bastante tradicionais, como publicidade, hospitalidade, enfermagem, fisioterapia, logística, design gráfico e eletrônica, outros surgiram em campos mais recentes e inovadores, como design de aplicativos, animação digital, big data, web design, cibersegurança e redes sociais.

Afinal o que é um "Bom" CSCD?

Para atender as necessidades de pessoas, empregadores e formuladores de políticas os CSCDs da ALC precisam ser "bons", qual seja, de alta qualidade. A pergunta então é como podemos saber se um curso é bom.

O ensino superior pode beneficiar uma pessoa de várias maneiras. Pode aumentar as suas habilidades, melhorar suas perspectivas de emprego e assegurar um salário maior. Pode ainda aumentar a sua rede social, expor a pessoa a pontos de vista alternativos e enriquecer a sua vida cultural. O ensino superior não só beneficia o indivíduo, como também a sociedade como um todo. Por exemplo, uma pessoa com nível de escolaridade elevado pode ter um envolvimento maior com a sua comunidade local e contribuir para uma troca mais rica de ideias e informações.

No entanto, muitos desses benefícios pessoais e sociais são extremamente difíceis de medir. Além disso, no caso dos CSCDs o objetivo imediato — conforme a definição da UNESCO — é treinar a pessoa para o mercado de trabalho. Assim, este livro concentra-se essencialmente em resultados no mercado de trabalho, como emprego e rendimentos do trabalho. Também examina os resultados acadêmicos que intermediaram esses resultados, como proporção de graduados e tempo até o diploma.

Um programa é considerado bom quando produz bons resultados, ajustando pelas características e formação dos alunos. Essa ressalva é importante. Considerem, por exemplo, um recém-formado que consegue um salário inicial elevado após a formatura. Será que é porque a pessoa já era altamente qualificada ou bem-preparada antes de começar o curso, ou por que o curso aumentou consideravelmente o seu nível de qualificação? Neste exemplo, um bom curso seria um curso que contribuísse consideravelmente para qualificar a pessoa e ajudá-la a alcançar um salário elevado independentemente da sua formação inicial. Em outras palavras, cursos bons (ou de qualidade elevada) tem alto valor agregado.

Para medir o valor agregado de um curso, o padrão-ouro seria a realização de um experimento em grande escala — designando aleatoriamente algumas pessoas para o curso e outras para um grupo de controle (por exemplo, um grupo que não cursasse nenhum curso de ensino superior). Caso os participantes do primeiro grupo obtivessem melhores resultados que os do segundo, seria possível concluir que o curso teve um valor agregado positivo, contribuindo positivamente para os resultados dos alunos.

No entanto, experimentos randomizados são raros. Além disso não são práticos, entre outros, para estimar o valor agregado das centenas ou milhares de cursos de um país. Mesmo que seja possível explorar cenários experimentais que não precisem de randomização, esses cenários nem sempre estão disponíveis. Considerando a necessidade de construir a análise utilizando sobretudo dados não experimentais, a medição do valor agregado exigirá informações comparativas dos alunos — como características de base, preparo acadêmico para o curso, características dos seus pares, e resultados —que não estão disponíveis ou são extremamente difíceis de obter. E embora os conjuntos de dados possam até conter informações sobre a situação socioeconômica dos alunos, geralmente não registram outros aspectos importantes, como motivação ou hábitos de trabalho.

Dependendo da disponibilidade de dados e do assunto específico de interesse, este estudo usa vários substitutos para a qualidade do CSCD, como dados agregados de emprego e rendimentos do trabalho, retornos mincerianos, retornos líquidos do curso ao longo da vida, abertura de postos de trabalho (vagas), resultados médios do curso, valor agregado do curso, e retornos (efeitos do tratamento) em comparação com a segunda melhor opção do aluno, que pode ser não cursar o ensino superior ou cursar um bacharelado.

Pesquisa de Cursos Superiores de Curta Duração do Banco Mundial (WBSCPS)

Consideremos um curso tido como "bom". O que faz com que ele seja bom? Quais são as práticas específicas que utiliza para render bons resultados, após ajustar para as características dos alunos? Mantem comunicação frequente com empresas locais para avaliar a necessidade de habilidades, por exemplo? Atualiza a grade curricular em resposta ao feedback do setor produtivo? Contrata corpo docente com experiência no setor produtivo? Dirige uma agência de empregos para auxiliar os alunos na busca de emprego?

Entrar na "caixa negra" da qualidade dos cursos é fundamental para que possamos projetar e replicar cursos de alta qualidade. Porém, as práticas dos cursos não costumam ser relatadas nas séries de dados padrão, que no máximo incluem características como duração e número de docentes. Essa falta de dados limita seriamente a capacidade de compreender o que torna um curso bom.

Para superar essa limitação, este estudo projetou e implementou a WBSCPS no Brasil, Colômbia, República Dominicana, Equador e Peru. Esses países respondem por 54 por cento de todas as matrículas em CSCDs na ALC. No Brasil, a pesquisa concentrou-se nos estados de São Paulo e Ceará; no Peru, concentrou-se em programas com autorização de funcionamento.

A pesquisa foi realizada entrevistando diretores de cursos por telefone, internet e pessoalmente. A taxa de resposta foi excepcionalmente elevada (em média de 70 por cento) para um total aproximado de 2.100 entrevistas realizadas. Quase a metade das entrevistas ocorreu durante o lockdown da pandemia de COVID-19. Tentando incentivar os diretores a fornecer respostas verdadeiras, eles foram informados que a pesquisa fazia parte de um estudo do Banco Mundial, não de um esforço conjunto com autoridades governamentais; que as respostas eram confidenciais e não seriam compartilhadas com terceiros (incluindo o governo); e que as respostas não seriam reportadas em separado no estudo. O Quadro l.1 apresenta mais informações técnicas sobre a WBSCPS.

A pesquisa fez 65 perguntas abrangendo uma ampla gama de tópicos, incluindo dados demográficos dos alunos e preparo acadêmico para o curso; requisitos de admissão e graduação; características, contratação e avaliação do corpo docente; grade curricular e treinamento prático; infraestrutura; aulas online; custos e financiamento; supervisão e regulação; governança institucional; interação com o setor produtivo; assistência na busca de emprego; concorrência; e resultados acadêmicos e no mercado de trabalho.

A WBSCPS gerou uma grande quantidade de informações e possibilitou a caracterização do setor de CSCDs muito além do que tinha sido possível até então. As informações são apresentadas ao longo deste livro.

Quadro I.1 Alguns Aspectos Técnicos da Pesquisa de Cursos Superiores de Curta Duração do Banco Mundial

A Pesquisa de Cursos Superiores de Curta Duração do Banco Mundial (WBSCPS) foi implementada em cinco países em América Latina e Caribe: Brasil, Colômbia, Equador, Peru e República Dominicana. No Brasil, devido ao tamanho do país, a pesquisa se concentrou nos estados de São Paulo e Ceará, que são muito diferentes um do outro. Enquanto São Paulo responde por 22 por cento da população do país, Ceará responde por 4 por cento. Com relação ao Brasil como um todo, o Produto Interno Bruto (PIB) per capita de São Paulo é 50 por cento maior; o do Ceará é 50 por cento menor. No Peru, a pesquisa se concentrou em cursos de curta duração autorizados a partir de outubro de 2019 (17 por cento de todos os CSCDs do país). Cursos autorizados têm uma taxa maior de matrícula e cobram mensalidades mais altas que os não autorizados. Ao longo deste livro, quando mencionado em relação à WBSCPS, "Brasil" refere-se a São Paulo e Ceará, e "Peru" a cursos autorizados.

Para efeitos da WBSCPS, as fontes e anos do universo de CSCDs são:

- Brasil: Censo da Educação Superior, 2017
- Colômbia: Sistema Nacional de Informação do Ensino Superior (*Sistema Nacional de Información de la Educación Superior*), 2017
- Equador: Secretaria de Educação Superior, Ciência, Tecnologia e Inovação, 2019
- Peru: Ministério da Educação, 2019
- República Dominicana: Ministério da Economia, Planejamento e Desenvolvimento, 2019

Durante a realização da pesquisa a equipe foi informada que alguns cursos tinham sido fechados e outros abertos, com o qual o universo de CSCDs precisou ser ajustado de acordo. Considerando o tamanho dos diferentes universos (veja a Tabela BI.1.1.), foram analisadas amostras aleatórias para o Brasil e a Colômbia; para os outros países foi analisado o universo completo de CSCDs. As amostras foram estratificadas por localização (cinco regiões na Colômbia; os dois estados no Brasil); tipo de instituição (três tipos na Colômbia —*institución universitária+escuelas* e *institutos tecnológicos, institución técnica*

(quadro continua próxima página)

Quadro I.1 Alguns Aspectos Técnicos da Pesquisa de Cursos Superiores de Curta Duração do Banco Mundial *(continuação)*

profesional, e universidades; e quatro tipos no Brasil: universidade, centro universitário, faculdade, e instituto ou centro federal); e tipo de administração (pública ou privada). Cursos de ensino à distância não foram incluídos na pesquisa devido à falta de identificador geográfico no universo do Brasil. A Tabela BI.1.1 mostra o universo e os tamanhos das amostras, bem como as taxas de resposta.

Como as informações para a pesquisa foram relatadas pelos diretores dos cursos, a equipe seguiu as melhores práticas para mitigar os problemas que costumam acontecer em pesquisas autorrelatadas. Primeiro, para facilitar que os entrevistados respondessem prezando pela verdade, todos receberam uma carta do líder da equipe indicando que as suas respostas seriam confidenciais, anônimas, e reportadas somente de forma agregada. Segundo, na carta os entrevistados ficaram sabendo que a pesquisa estava sendo realizada pelo Banco Mundial, e não por um órgão governamental do país (como o Ministério da Educação), eliminando assim qualquer vantagem que poderia ser obtida reportando dados errôneos, e favorecendo novamente a verdade. Terceiro, as perguntas foram formuladas para evitar alguns vieses comuns. Por exemplo, referem-se a um período específico (como o ano acadêmico anterior) para evitar os vieses de memória; as perguntas não são abertas, e sempre que possível incluem um menu do tipo *drop-down* com opções mais especificas. Sempre que possível a equipe verificou as respostas batendo-as com dados administrativos.

A equipe realizou testes para avaliar a representatividade das amostras, dada a calibração adequada dos pesos amostrais. No caso de Brasil e Colômbia, tratava-se de saber se as pesquisas efetivas eram representativas do universo. No resto dos casos, a questão era saber se pesquisas efetivas eram representativas das amostras (com as amostras sendo por sua vez representativas dos seus universos). Em todos os casos, a equipe concluiu que as pesquisas efetivas eram de fato representativas dos seus universos (Brasil e Colômbia) ou amostras (no restante dos países). Dinarte et al. (2021) fornecem mais informações sobre testes de representatividade no seu documento de referência para este relatório.

Tabela BI.1.1 Universos, amostras e taxas de resposta, por país

País	Tamanho do universo	Tamanho da amostra	Cursos fechados	Pesquisas efetivas	Taxa de resposta (%)
Brasil	2.388	1.205	266	603	64
Colômbia	2.130	1.314	207	900	81
República Dominicana	209	209	116	80	86
Equador	543	543	59	294	61
Peru	387	387	9	228	60
Total	**5.657**	**3.658**	**657**	**2.105**	**70**

Fonte: Cálculos da equipe com base em dados da Pesquisa de Cursos Superiores de Curta Duração do Banco Mundial..

Estrutura do Livro

Para atender às necessidades dos alunos, empregadores e formuladores de políticas, CSCDs da ALC precisam ter boa qualidade e responder de forma flexível às demandas do mercado. Assim, este estudo descreve o setor de CSCDs na ALC, investigando os seus resultados, qualidade e oferta.

Do mesmo modo que os CSCDs não receberam grande atenção em termos de políticas públicas no passado, também não receberam muita atenção no que tange a pesquisas.[6] Uma vez que a maior parte das pesquisas sobre o ensino superior investigam cursos de bacharelado, tanto no mundo em desenvolvimento quanto no desenvolvido, CSCDs são um segmento pouco estudado desse mercado. Durante a divulgação de um trabalho anterior sobre o ensino superior na ALC[7] versando principalmente sobre cursos de bacharelado, conversas com formuladores de políticas, dirigentes de empresas, administradores e professores do ensino superior revelaram quão importante — e pouco conhecido — é o segmento de cursos superiores de curta duração. Este estudo busca suprir essa lacuna. Ademais, devido ao seu alcance geográfico, dados e foco, o estudo oferece uma contribuição única para a literatura sobre CSCDs. Enquanto as melhores pesquisas da atualidade sobre CSCDs no mundo desenvolvido tendem a se concentrar em uma única região de um país (por exemplo, um estado nos Estados Unidos),[8] este estudo cobre vários países da ALC, explorando e combinando dados ricos de várias fontes, inclusive dados administrativos e a nova WBSCPS. E embora a pesquisa anterior tenha colocado pouca ênfase na heterogeneidade dos diversos cursos, particularmente nas matérias práticas, este estudo documenta e examina a variação nos CSCDs entre países, tipo de instituição de ensino superior (IES), campos do conhecimento e localizações subnacionais.

O livro foi organizado da seguinte maneira. O Capítulo 1 retrata o panorama dos CSCDs na ALC. Apresenta fatos estilizados fundamentais sobre CSCDs na ALC em relação a outras regiões e fornece evidências iniciais sobre o que prometem em termos acadêmicos e do mercado de trabalho. O capítulo também descreve os alunos, financiamento e arranjos institucionais de CSCDs. O Capítulo 2 examina uma dimensão da qualidade dos CSCDs, qual seja, os seus retornos econômicos. O capítulo examina várias métricas: Retornos mincerianos, retornos líquidos ao longo da vida, contribuições de valor agregado e efeitos do tratamento. Também analisa a demanda por egressos de CSCDs usando dados sobre vagas de emprego.

O Capítulo 3 investiga a oferta pelo lado do setor produtivo. Examina como as instituições decidem quanto à abertura ou fechamento de CSCDs, como elas competem entre si e como a oferta de CSCDs varia entre localidades de tamanhos diferentes. Usando dados da pesquisa WBSCPS, o capítulo analisa aspectos da formulação dos cursos — os recursos e práticas adotadas pelos cursos, incluindo os alunos, corpo docente, grade curricular e treinamento, infraestrutura, conexões com o setor privado, e assistência aos alunos na busca de emprego.

Dados os recursos e práticas dos cursos documentados no Capítulo 3, e os retornos econômicos documentados no Capítulo 2, o Capítulo 4 investiga quais recursos e práticas estão associados a bons resultados. Com base nos achados do estudo — que, a título de adiantamento, mostram que os CSCDs são de fato promissores, mas apresentam várias deficiências — o Capítulo 5 discute possíveis políticas para lidar com as suas deficiências de modo que cumpram a sua promessa.

Notas

1. O Relatório sobre o Desenvolvimento 2019 do Banco Mundial (*World Bank Development Report* 2019) explora essas questões.

2. Em um relatório anterior do Banco Mundial sobre o ensino superior na ALC, Ferreyra et al. (2017) enfatizam a importância da variedade, além de qualidade e equidade, para um bom sistema educacional.

3. A "Década de Ouro" da ALC (2003-13) foi caracterizada pelos altos preços das commodities e elevadas taxas de crescimento. Após esse período, tanto os preços das commodities quanto as taxas de crescimento caíram, não tendo nunca retornando aos níveis anteriores.

4. A UNESCO estabelece que o nível CITE 5 (ISCED 5) tem uma duração mínima de dois anos e, no caso de sistemas de ensino superior cujas credenciais são baseadas no acúmulo de créditos, concluir o nível CITE 5 exige um período e intensidade comparáveis. Veja http://uis.unesco.org/sites/default/files/documents/isced-2011-sp.pdf.

5. Alguns exemplos de cursos são o Técnico em Design de Interiores da Universidade Autônoma de Santo Domingo (República Dominicana), Tecnólogo de Estimulação Precoce do Instituto Tecnológico de Riobamba (Equador) e Tecnólogo de Recursos Humanos da Universidade Paulista (Brasil). Em alguns países da ALC os cursos são conhecidos como *carreras*.

6. Uma exceção é de Moura Castro e Garcia (2003), que examinaram se as instituições comunitárias de ensino superior poderiam ser um modelo viável para a ALC.

7. Ferreyra et al. (2017)

8. Veja, por exemplo, Jepsen Jepsen, Troske e Coomes (2014); Liu, Belfield e Trimble (2015); Xu e Trimble (2016); Belfield (2015); e Dadgar e Trimble (2015).

Referências

Dadgar, M., and M. J. Trimble. 2015. "Labor Market Returns to Sub-Baccalaureate Credentials: How Much Does a Community College Degree or Certificate Pay?" *Educational Evaluation and Policy Analysis* 37 (4): 399–418.

de Moura Castro, C., and N. M. Garcia. 2003. *Community Colleges: A Model for Latin America*. Washington, DC: Inter-American Development Bank.

Dinarte, L., M. M. Ferreyra, M. Bassi, and S. Urzúa. 2021. "What Makes a Program Good? Evidence from Short-Cycle Higher Education Programs in Latin America and the Caribbean." World Bank, Washington, DC.

Ferreyra, M., C. Avitabile, J. Botero, F. Haimovich, and S. Urzúa. 2017. *At a Crossroads: Higher Education in Latin America and the Caribbean*. Washington, DC: World Bank.

Jepsen, C., K. Troske, and P. Coomes. 2014. "The Labor-Market Returns to Community College Degrees, Diplomas, and Certificates." *Journal of Labor Economics* 32 (1): 95–121.

Liu, V. Y., C. R. Belfield, and M. J. Trimble. 2015. "The Medium-Term Labor Market Returns to Community College Awards: Evidence from North Carolina." *Economics of Education Review* 44: 42–55.

Silva, J., L. Sousa, T. Packard, and R. Robertson. 2021. *Crises and Labor Markets in Latin America and the Caribbean: Lessons for an Inclusive Recovery from the COVID-19 Pandemic.* Washington, DC: World Bank.

World Bank. 2019. *World Development Report 2019: The Changing Nature of Work.* World Development Report. Washington, DC: World Bank. https://openknowledge.worldbank.org/handle/10986/30435 License: CC BY 3.0 IGO.

Xu, D., and M. Trimble. 2016. "What about Certificates? Evidence on the Labor Market Returns to Nondegree Community College Awards in Two States." *Educational Evaluation and Policy Analysis* 38 (2): 272–92.

CAPÍTULO 1

Panorama dos Cursos Superiores de Curta Duração na América Latina e no Caribe

María Marta Ferreyra

1.1 Introdução

Em sua busca para formar capital humano qualificado rapidamente, a região da América Latina e Caribe (ALC) volta-se para cursos superiores de curta duração (CSCDs), que prometem aumentar não apenas a produtividade, como também os níveis de mobilidade social e econômica para potencialmente milhões de indivíduos. Os resultados atuais dos CSCDs no mercado de trabalho propiciam um primeiro vislumbre da sua capacidade para a cumprir esses objetivos. O mesmo se aplica ao seu contexto institucional, que pode aumentar ou reduzir essa capacidade.

Este capítulo descreve o panorama dos CSCDs na ALC, partindo da descrição do seu contexto institucional. A seguir, são apresentados alguns fatos estilizados. O capítulo começa com uma avaliação, em termos comparativos, da prevalência de CSCDs na ALC em relação a outras regiões do mundo, seguida de uma comparação entre alunos de CSCDs e alunos de cursos de bacharelado e egressos do ensino médio que não ingressam no ensino superior. Posteriormente, compara as taxas de conclusão de CSCDs e cursos de bacharelado e os resultados de CSCDs e cursos de bacharelado no mercado de trabalho, estabelecendo a distinção entre egressos e desistentes de cursos de bacharelado. O capítulo prossegue examinando um aspecto institucional particularmente importante, ou seja, o financiamento público por aluno de CSCD em relação aos cursos de bacharelado, e termina com uma descrição do quadro institucional, alunos, mensalidades e financiamento nos países da pesquisa (Brasil, Colômbia, República Dominicana, Equador e Peru.)

Dentre as principais constatações destacam-se:

- Os CSCDs são relativamente menos prevalentes na ALC do que em outras regiões do mundo, uma vez que sua proporção de matrículas no ensino superior é menor na ALC do que na maioria das demais regiões. Além disso, a grande expansão do ensino superior que vem ocorrendo na ALC desde o início dos anos 2000 tem mostrado uma forte tendência na direção de cursos de bacharelado.
- Os alunos de CSCDs são mais desfavorecidos e menos tradicionais do que os de cursos de bacharelado. Também são um pouco mais velhos, tendem a ser mulheres e casadas e vêm de famílias de menor renda. No entanto, são menos desfavorecidos do que os indivíduos que não ingressam no ensino superior.
- Embora mais desfavorecidos, os alunos de CSCDs apresentam taxas mais altas de conclusão do que os decursos de bacharelado. Além disso, os egressos de CSCDs obtêm resultados melhores no mercado de trabalho (taxa de desemprego, emprego formal e salários) do que os alunos que abandonam cursos de bacharelados. Essa é uma constatação particularmente importante, visto que estes respondem por cerca da metade de todos os indivíduos que ingressam no ensino superior na ALC.
- Os governos fornecem um subsídio anual por aluno de CSCD menor do que por aluno de bacharelado. Uma vez que os cursos de bacharelado são mais longos do que os CSCDs, a diferença é ainda maior em termos de subsídio total por aluno. Isso pode ter criado uma percepção pública dos cursos de bacharelado como sendo mais valiosos socialmente do que os CSCDs, talvez contribuindo, inadvertidamente, para o estigma pré-existente dos CSCDs.
- Nos países da pesquisa, o corpo discente de um CSCD médio é formado principalmente por alunos do sexo masculino e alunos de ambos os sexos com menos de 25 anos. No Brasil e na República Dominicana, a maioria dos alunos está matriculada em cursos de meio período, e nos demais países da pesquisa em cursos de tempo integral. Os alunos ingressam na maioria dos cursos com déficits em matemática, leitura e escrita. Em termos financeiros, os cursos em média são relativamente acessíveis na Colômbia, na República Dominicana e no Equador, mas menos acessíveis no Peru e no Brasil. Embora os alunos de CSCDs tenham acesso a alguns mecanismos de financiamento, a maioria financia seus próprios estudos. Não é de surpreender, portanto, a informação dos diretores de CSCDs de que o principal motivo para a evasão desses cursos é a dificuldade financeira. Embora os cursos afirmem oferecer caminhos para graus mais avançados, estes são pouco procurados pelos alunos, sugerindo que talvez não sejam tão suaves.

1.2 Panorama Institucional

Antes de começar, é preciso que se faça um esclarecimento sobre a definição de CSCD. Este livro adota a Classificação Padrão Internacional de Educação (ISCED) da Organização das Nações Unidas para a Educação, a Ciência e a

Cultura (UNESCO), que descreve os CSCDs (ISCED 5) como cursos criados para dotar os alunos de conhecimentos, habilidades e competências profissionais; voltados para ocupações específicas; mais curtos, mais práticos e menos teóricos do que os cursos de bacharelado; e cujo objetivo principal é preparar os alunos para o mercado de trabalho.[1] Os cursos inseridos na ISCED 5 são de formação superior, duram pelo menos dois anos e não incluem cursos profissionalizantes ou técnicos de menor duração.[2]

Na ALC, o panorama institucional dos CSCDs é bastante complexo. Os exemplos de CSCDs variam de técnico em saúde bucal, fisioterapeuta e enfermeiro a técnico de rede, especialista em marketing, desenhista técnico e especialista em gestão. Em vários países, também incluem o magistério.[3] Além disso, abrangem uma variedade de cursos tradicionais e inovadores. Os primeiros incluem publicidade, hospitalidade e turismo, enfermagem, mecânica de automóveis, logística, artes culinárias, design de moda, design gráfico e eletrônica. Os cursos inovadores incluem aeronáutica, design de aplicativos, logística digital, animação digital, design de videogames, ciência de dados, segurança da informação, design de redes, citologia e histologia, segurança cibernética, biotecnologia e redes sociais.

Em geral, a duração dos CSCDs é de dois ou três anos, podendo chegar a quatro em alguns países.[4] São oferecidos principalmente por Instituições de Ensino Superior (IESs) não universitárias, tais como escolas técnicas e profissionalizantes, embora em alguns países também sejam ministrados por universidades.[5] Por exemplo, enquanto no Brasil, no Chile e na Colômbia, IESs universitárias e não universitárias podem oferecer CSCDs, no Peru essa oferta é restrita a IESs não universitárias. Em alguns países, o setor não universitário inclui uma instituição com abrangência nacional, que é pública na Colômbia [Serviço Nacional de Aprendizagem (SENA [*Servicio Nacional de Aprendizaje*] e privada no Brasil [Sistema S] e no Peru [SENATI - Serviço Nacional de Formação em Trabalho Industrial, *Servicio Nacional de Adiestramiento en Trabajo Industrial*]).[6]

A Figura 1.1 mostra o número de IESs não universitárias em cada país. Para fins de comparação, também mostra o número de universidades, independentemente de oferecerem CSCDs ou não. Diferentes tipos de IESs prevalecem em diferentes países. O número de IESs universitárias supera o de IESs não universitárias no México e na Costa Rica, mas o inverso ocorre na Argentina, no Brasil e no Peru. Talvez devido a essa variedade institucional, na prática geralmente não há um caminho entre CSCDs e cursos de bacharelado — particularmente em diferentes IESs —, e as universidades raramente se articulam com IESs não universitárias. Nos CSCDs, os alunos normalmente seguem um currículo estruturado, com pouca margem para personalização curricular ou aulas eletivas. À guisa de comparação, o Quadro 1.1 apresenta uma descrição suscinta do panorama institucional nos Estados Unidos e na Alemanha.

Na ALC, a maioria dos alunos cursa o ensino superior localmente (Ferreyra et al. 2017), em particular no caso de CSCDs. Várias IESs públicas e particulares oferecem CSCDs. Em IESs públicas, os CSCDs são gratuitos ou altamente subsidiados. As instituições privadas cobram mensalidades, embora em países como

Figura 1.1 Instituições de ensino superior universitárias e não-universitárias, por volta de 2019

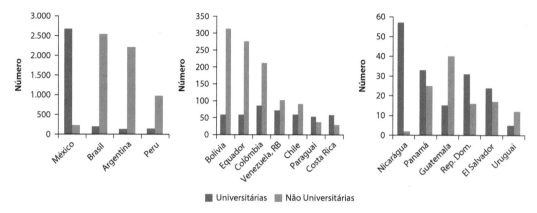

Universitárias ■ Não Universitárias

Fontes: Informações administrativas para Brasil, Chile, Colômbia e Equador (ver informações detalhadas no Anexo 1A); outros países em Brunner e Miranda 2016.
Nota: Os dados são para os seguintes anos: Argentina (2014), Bolívia (2014), Brasil (2018), Chile (2019), Colômbia (2019), Costa Rica (2014), República Dominicana (2014), Equador (2018), El Salvador (2014), Guatemala (2014), México (2014), Nicarágua (2014), Panamá (2014), Paraguai (2014), Peru (2014), Uruguai (2014) e República Bolivariana da Venezuela (2014). No Chile e na Colômbia, instituições com várias filiais são computadas como uma.

Quadro 1.1 Cursos superiores de curta duração nos Estados Unidos e na Alemanha

Estados Unidos. Os Cursos Superiores de Curta Duração (CSCDs) são cursos de dois anos conducentes aos cursos de *associate degrees*,[NT1] ministrados em instituições não universitárias, tais como Instituições Comunitárias de Ensino Superior (ICESs)[a], institutos técnicos profissionalizantes e *career colleges*.[NT2] ICESs são instituições públicas administradas no âmbito estadual; outros provedores incluem instituições privadas com fins lucrativos e sem fins lucrativos. As ICESs e os provedores com fins lucrativos e sem fins lucrativos detêm 96 por cento, 3 por cento e 1 por cento da participação de mercado, respectivamente. Entre 2017 e 2018, 44 por cento dos alunos no ensino superior nos EUA cursavam ICESs.

Nas ICES, os *associate degrees*, em princípio, oferecem um caminho para cursos de bacharelado, embora a articulação necessária entre ICESs e universidades não seja igualmente exitosa em todos os estados e instituições (Bailey, Jaggars e Jenkins, 2015). Os *associate degrees* normalmente apresentam uma grade curricular altamente flexível, "estilo self-service", que permite ao aluno escolher entre uma grande variedade de cursos e criar seu próprio curso. Bailey, Jaggars e Jenkins (2015) discutem as consequências negativas desse modelo e apresentam casos bem-sucedidos de currículos estruturados.

Alemanha. O ensino e a formação profissionalizantes são muito populares na Alemanha, já que muitos alunos do ensino fundamental e médio optam pelo sistema dual, que oferece treinamento no local de trabalho e presencial. Além disso, a formação profissionalizante é oferecida no nível pós-médio, e não no nível superior. No caso do nível superior, esse tipo de formação é oferecido em CSCDs ministrados em instituições de dois anos (*fachschulen*), que são

(quadro continua próxima página)

Quadro 1.1 Cursos superiores de curta duração nos Estados Unidos e na Alemanha *(continuação)*

especializadas em uma ou várias disciplinas e frequentemente oferecem formação dual. A maior parte da formação profissionalizante e técnica na Alemanha não ocorre em um ambiente de ensino superior, mas sim no ensino médio ou pós-médio.

[NT1] Cursos oferecidos nos EUA por instituições comunitárias de ensino superior (ICESs), cujo objetivo é dotar os alunos dos conhecimentos técnicos e acadêmicos básicos e das habilidades transferíveis de que necessitam para ingressar no mundo do trabalho ou dar continuidade aos seus estudos na área acadêmica escolhida (bacharelado). Nos Estados Unidos, essas instituições são denominadas *community/junior colleges*.

[NT2] Cursos de curta duração, semelhantes aos cursos técnicos (ou profissionalizantes) existentes no Brasil.

a. Na América Latina e no Caribe, apenas os países caribenhos têm *community colleges* nos moldes das existentes nos EUA.
Fontes: Centro Nacional de Educação e Estatística (https://nces.ed.gov/ipeds/TrendGenerator/app/answer/2/3?f=1%3D5&rid =5&cid=16); Centro de Pesquisa da Faculdade Comunitária (https://ccrc.tc.columbia.edu/Community-College-FAQs.html); Nota do País para Alemanha, Educação GPS, OCDE (https://gpseducation.oecd.org/Content/EAGCountryNotes/EAG2020 _CN_DEU.pdf).

Brasil, Chile, Colômbia, Equador e Peru os governos facilitem o acesso a CSCDs privados, concedendo bolsas de estudo, subsídios para mensalidades, ou empréstimos estudantis (Sevilla 2017). Apenas Brasil, Chile, Costa Rica, Haiti, México e Peru permitem IESs com fins lucrativos. Em sua maioria, os CSCDs são cursos com inscrições abertas, não seletivos, embora tenham alguns requisitos de ingresso.

Os CSCDs geralmente estão inseridos na área de competência do Ministério da Educação e sujeitos a procedimentos de garantia de qualidade semelhantes aos dos cursos de bacharelado. Esses procedimentos em geral não consideram alguns resultados dos cursos, tais como empregabilidade e salário inicial. Entretanto, nos últimos anos, Colômbia, Chile e Peru desenvolveram sistemas de informação que publicam resultados em sites públicos por curso ou em um nível mais agregado.

As IESs privadas absorvem 48 por cento dos alunos de CSCDs na ALC (Figura 1.2). No entanto, a proporção de matrículas em IESs privadas varia amplamente entre os países - de mais de 75 por cento em El Salvador, no Brasil, no Chile e no Peru, a menos de 20 por cento no Uruguai, na Nicarágua e na Colômbia.

1.3 Cinco Fatos Estilizados

Esta seção descreve fatos estilizados proeminentes sobre CSCDs na ALC. Algumas definições são necessárias. Para um determinado país, a população em idade ativa (PIA) é definida como o conjunto de indivíduos entre 25 e 65 anos. Para algumas análises, o foco são os indivíduos da PIA que concluíram pelo

Figura 1.2 Matrícula em cursos superiores de curta duração em instituições públicas e privadas, por volta de 2018

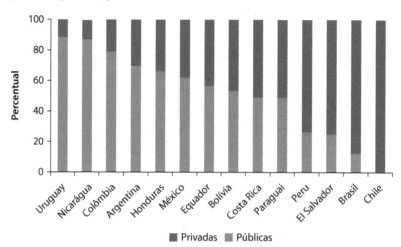

Fontes: Cálculos do Banco Mundial com base na Base de Dados Socioeconômicos da América Latina e do Caribe e dados administrativos para Brasil e Colômbia (ver anexo 1A).
Nota: Para cada país, o número mostra o percentual de todos os alunos de Cursos Superiores de Curta Duração (CSCDs), independentemente da idade, matriculados em Instituições de Ensino Superior (IESs) públicas ou privadas. No caso da Colômbia, "públicas" inclui o *Servicio Nacional de Aprendizaje* (SENA). Os dados são para os seguintes anos: Argentina (2018), Bolívia (2018), Brasil (2018), Colômbia (2018), Chile (2017), Costa Rica (2018), El Salvador (2018), Honduras (2016), México (2018), Nicarágua (2014), Paraguai (2018), Peru (2018) e Uruguai (2018).

menos o ensino médio, classificados em cinco graus de escolaridade: ensino médio, CSCD incompleto ("evasão de CSCD"), CSCD completo ("conclusão de CSCD"), curso de bacharelado incompleto ("evasão de bacharelado")[7] e curso de bacharelado completo ("conclusão de curso de bacharelado").[8] Os indivíduos que ingressaram no ensino superior, quer o tenham concluído ou não, são considerados como tendo "pelo menos algum ensino superior". As estatísticas de cada país refletem uma média sobre os indivíduos; as estatísticas para toda a região refletem uma média simples sobre os países, salvo indicação em contrário. Vários fatos discutidos abaixo e em outras seções deste livro são extraídos de uma fonte de dados crítica, a SEDLAC (Quadro 1.2).

Fato estilizado 1. A ALC vem experimentando uma expansão grande e rápida do ensino superior desde o início dos anos 2000.

No novo milênio, as taxas brutas de matrícula no ensino superior cresceram em todas as regiões do mundo (Figura 1.3). Sua média mundial dobrou, passando de 19 por cento em 2000 para 38 por cento em 2017. O crescimento no mesmo período foi ainda maior na ALC, onde a taxa bruta de matrícula aumentou mais de duas vezes - de 23 por cento para 52 por cento (Ferreyra et al. 2017).

Quadro 1.2 Fonte de dados fundamental: SEDLAC

Grande parte da análise neste livro baseia-se em microdados de pesquisas domiciliares para países da América Latina e do Caribe (ALC). Os dados são da Base de Dados Socioeconômicos da América Latina e do Caribe (SEDLAC), construída pelo Centro de Estudos Distributivos, Trabalhistas e Sociais da Universidade Nacional de La Plata (Argentina) e pelo Grupo de Pobreza do Banco Mundial para a região da ALC. Uma vez que os microdados brutos das pesquisas domiciliares não são uniformes em todos os países da ALC, a SEDLAC os harmoniza para fornecer informações comparáveis entre os países e ao longo do tempo, "usando definições semelhantes de variáveis em cada país/ano e aplicando métodos consistentes de processamento dos dados" (CEDLAS e Banco Mundial 2014).

Os dados harmonizados são extremamente úteis para várias análises. De fato, Ferreyra et al. (2017) recorrem substancialmente a esses dados para estudar o ensino superior na ALC. No entanto, a utilidade desses dados é limitada para o presente livro, visto que os dados harmonizados eliminam a distinção entre cursos de bacharelado e cursos superiores de curta duração (CSCDs), agrupando-os em uma única categoria de ensino superior. Como resultado, não está claro se um aluno do ensino superior está matriculado em um CSCD ou concluiu um CSCD. Para superar esse obstáculo, o livro usa dados brutos, não harmonizados, e recorre aos questionários específicos dos países nas pesquisas domiciliares para identificar casos de matrícula e conclusão de CSCDs.

Ainda assim, alguns problemas persistem. Em primeiro lugar, a pesquisa original não identifica separadamente matrículas em CSCDs no Brasil, na Colômbia, na República Dominicana e na Guatemala, ou egressos de CSCDs no Brasil, na República Dominicana e na Guatemala. Assim, o livro usa dados administrativos sempre que possível (ver Anexo 1A). Em segundo lugar, no caso da Bolívia, do México e da Nicarágua, os dados não revelam se os indivíduos concluíram o ensino superior, mas sim o tipo (CSCD ou bacharelado) e a duração do curso no qual estavam matriculados. A conclusão é baseada no número de anos cursados no ensino superior, com janelas diferentes para a conclusão de CSCDs e cursos de bacharelado.

Fato estilizado 2. A ALC tem relativamente poucos alunos matriculados em CSCDs.

Em média, atualmente 24 por cento dos alunos do ensino superior no mundo estão matriculados em CSCDs (Figura 1.4). A proporção de alunos do ensino superior que cursam CSCDs (isto é, a proporção das matrículas em CSCDs) diminuiu em quase todas as regiões entre 2000 e 2017. Ou seja, na expansão mundial recente do ensino superior, as matrículas em cursos de bacharelado cresceram mais do que as matrículas em CSCDs.

Apesar desse declínio mundial, a proporção atual das matrículas em CSCDs varia significativamente nas regiões. Entre as sete regiões representadas na Figura 1.4, a região do Leste Asiático e Pacífico tem a maior proporção de matrículas em CSCDs (34 por cento), enquanto a ALC tem a segunda menor (9 por cento). Além disso, na ALC a proporção de matrículas em CSCDs caiu quase pela metade desde 2000, e em cerca de dois terços dos países da região (Figura 1.5).

Figura 1.3 Taxa bruta de matrícula no ensino superior, 2000, 2010 e 2017

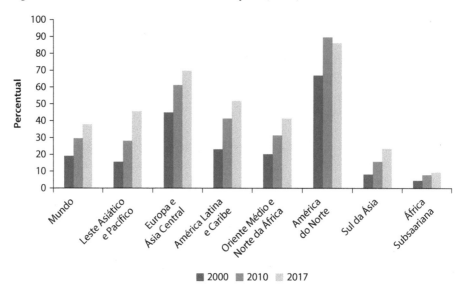

Fonte: Indicadores de Desenvolvimento Mundial, com base em dados da Organização das Nações Unidas para a Educação, a Ciência e a Cultura.
Nota: Para cada região, a taxa bruta de matrícula corresponde à média ponderada nos países da região.

Figura 1.4 Alunos matriculados em cursos superiores de curta duração em relação à matrícula total no ensino superior, 2000, 2010 e 2017

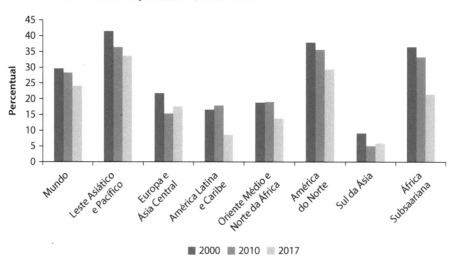

Fonte: Cálculos do Banco Mundial com base em dados da Organização das Nações Unidas para a Educação, a Ciência e a Cultura e do Centro Nacional de Estatísticas da Educação dos Estados Unidos (2000 e 2010).
Nota: A figura mostra o percentual de alunos matriculados em Cursos Superiores de Curta Duração (CSCDs) (ISCED 5) em relação à matrícula total no ensino superior (ISCED 5-8), independentemente da idade. O total de matrículas inclui cursos de pós-graduação. Cada região apresenta a média ponderada dos países correspondentes.

Figura 1.5 Alunos do ensino superior em cursos superiores de curta duração, por volta de 2004 e 2018

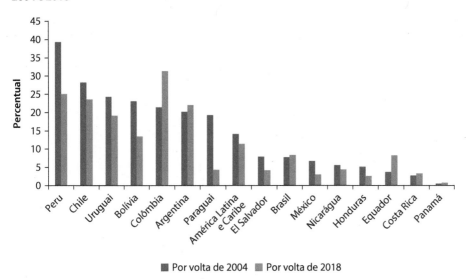

■ Por volta de 2004   ■ Por volta de 2018

Fonte: Cálculos do Banco Mundial com base na Base de Dados Socioeconômicos para a América Latina e o Caribe (SEDLAC) e em dados administrativos para Brasil e Colômbia (ver Anexo 1A).
Nota: As barras azuis (laranjas) mostram o percentual de indivíduos de 18 a 24 anos matriculados em um CSCD em relação a todos os indivíduos de 18 a 24 anos matriculados no ensino superior em 2004 (2018). Os dados são para os seguintes anos: Argentina (2003, 2018), Bolívia (2005, 2018), Brasil (2004, 2018), Chile (2006, 2017), Colômbia (2004, 2018), Costa Rica (2004, 2018), Equador (2008, 2018), El Salvador (2003, 2018), Honduras (2005, 2016), México (2004, 2018), Nicarágua (2001, 2014), Panamá (2004, 2016), Paraguai (2004, 2018), Peru (2003, 2018) e Uruguai (2006, 2018).

Fato estilizado 3. Os CSCDs tendem a atrair alunos desfavorecidos, não tradicionais.

Ao escolher um curso de ensino superior, os alunos se dividem entre CSCDs e cursos de bacharelado, dependendo de vários fatores pessoais, tais como histórico socioeconômico, preferências, localização residencial e compromissos familiares. A escolha também depende da disponibilidade de cursos de bacharelado e CSCDs em sua área de residência e da sua capacidade para se mudar para outro local. Como resultado da escolha, os alunos de CSCDs são, em média, diferentes dos alunos de bacharelado. Os alunos de CSCDs tendem a ser mulheres, são ligeiramente mais velhos e têm menor probabilidade de residir em locais urbanos (Tabela 1.1).[9] Também têm maior probabilidade de se casar e trabalhar enquanto estudam, embora aqueles que trabalham tenham menor probabilidade de fazê-lo em tempo integral. Além disso, os alunos de CSCDs têm maior probabilidade do que os alunos de bacharelado de estar nos 80 por cento inferiores da distribuição de renda e uma probabilidade substancialmente menor de estar entre os 20 por cento de renda mais alta. Em suma, os alunos de CSCDs são mais desfavorecidos do que os que os de cursos de bacharelado.

A comparação com os graduados do ensino médio que não ingressam no ensino superior revela que as mulheres têm maior probabilidade do que os homens de ingressar no ensino superior, e os indivíduos buscam o ensino superior

Tabela 1.1 Características dos alunos de cursos de bacharelado e de cursos superiores de curta duração e de egressos do ensino médio, por volta de 2018

	Alunos de bacharelado	Alunos de CSCDs	Egressos do EM que nunca ingressaram no ensino superior
Mulheres (%)	54,4	63,1	50,1
Idade (anos)	24,0	24,9	35,9
Urbanos (%)	90,3	80,8	81,1
Casados (%)	14,5	22,6	57,2
Empregados (%)	41,8	43,6	70,6
Tempo integral (%)	56,7	54,4	73,9
Renda Q1 (%)	8,9	14,4	16,8
Renda Q2 (%)	13,1	17,0	21,1
Renda Q3 (%)	19,0	23,5	22,3
Renda Q4 (%)	23,9	25,9	22,2
Renda Q5 (%)	35,0	19,3	17,6

Fonte: Cálculos do Banco Mundial com base na Base de Dados Socioeconômicos para a América Latina e o Caribe (SEDLAC).
Nota: A tabela mostra as médias das características de alunos matriculados em cursos de bacharelado e Cursos Superiores de Curta Duração (CSCDs) e para egressos do ensino médio que nunca ingressaram no ensino superior, independentemente da idade. São mostradas médias simples sobre os países da ALC. "Urbanos" denota o percentual de alunos residentes em áreas urbanas. "Empregados" denota se o aluno trabalha, seja em tempo integral ou meio período. Um trabalhador de meio período (tempo integral) trabalha menos do que (no mínimo) 40 horas por semana. "Tempo integral" denota o percentual de alunos que trabalha em tempo integral, condicionado ao trabalho. "Renda Q1" denota o percentual de alunos no quintil 1 da distribuição de renda (20 por cento inferiores) e da mesma forma para os quintis restantes. Os quintis da distribuição de renda correspondem à renda familiar total. Todas as diferenças nas características médias entre alunos de CSCDs e de cursos de bacharelado são significativamente diferentes de zero. As diferenças nas características médias entre alunos de CSCDs e egressos do ensino médio são significativamente diferentes de zero, com exceção de urbanos e renda Q1, Q3, Q4 e Q5.

quando são relativamente jovens. Em relação aos alunos de curso superior, os egressos do ensino médio tendem a ser casados, a estar empregados e a trabalhar em tempo integral. Além disso, também tendem a estar entre os 40 por cento inferiores da distribuição de renda.[10] Em outras palavras, os alunos de CSCDs são ainda mais desfavorecidos do que os de cursos de bacharelado.

O fato de que os CSCDs atraem alunos de menor nível econômico em comparação com os alunos de bacharelado pode ter contribuído para o estigma dos CSCDs na região, que tendem a ser vistos como menos desafiadores e gratificantes do que os cursos de bacharelado. Ao mesmo tempo, a capacidade dos CSCDs para atrair alunos desfavorecidos e não tradicionais indica a capacidade de atender a um segmento de mercado qualitativamente diferente - um segmento que necessita de formação flexível, rápida e prática.

Fato estilizado 4. As taxas de conclusão são mais altas para CSCDs do que para cursos de bacharelado.

Em média, as taxas de conclusão de CSCDs são maiores do que as de cursos de bacharelado (57 por cento e 46 por cento, respectivamente). Os CSCDs têm taxas de conclusão mais altas em todos os países da região, exceto México, Panamá e Honduras (Figura 1.6),[11] diferentemente dos Estados Unidos, onde os CSCDs têm taxas de conclusão mais baixas do que as de cursos de bacharelado

Figura 1.6 Taxas de conclusão, por volta de 2018

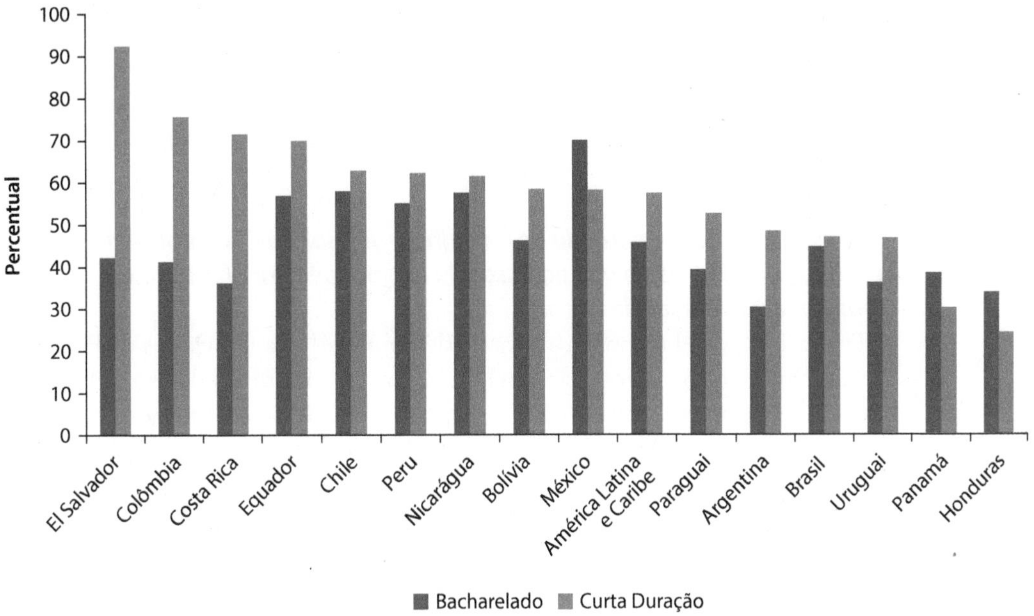

■ Bacharelado ■ Curta Duração

Fonte: Cálculos do Banco Mundial com base na Base de Dados Socioeconômicos para a América Latina e o Caribe (SEDLAC) e dados administrativos para Brasil e Colômbia.

Nota: Os dados são para os seguintes anos: Argentina (2018), Bolívia (2018), Chile (2017), Costa Rica (2018), Equador (2018), El Salvador (2018)), Honduras (2016), México (2018), Nicarágua (2014), Panamá (2016), Paraguai (2018), Peru (2018) e Uruguai (2018). As taxas de conclusão são estimadas como a razão do número de indivíduos de 25 a 29 anos que concluíram um curso superior e o número de indivíduos de 25 a 29 anos que alguma vez ingressaram em um curso superior. Para cada país, a diferença entre as duas taxas de conclusão é significativamente diferente de zero. Para Colômbia e Brasil, as taxas de conclusão de cursos de bacharelado são a razão entre a média de graduados em 2014, 2015 e 2016 e o número de alunos que ingressaram em 2010. As taxas de conclusão para Cursos Superiores de Curta Duração (CSCDs) são a razão entre a média de graduados em 2012, 2013 e 2014 e o número de alunos que ingressaram em 2010.

(33 por cento e 62 por cento, respectivamente).[12] Vários fatores podem explicar essa diferença. Em primeiro lugar, uma vez que a ALC tem uma proporção maior de alunos do ensino médio em cursos de bacharelado em comparação com os Estados Unidos, para muitos desses alunos as perspectivas de concluir seus cursos podem ser ruins.[13] Em segundo lugar, os alunos de cursos de bacharelado na ALC devem escolher um curso (área acadêmica de graduação) em seu primeiro ano, em vez de ter aulas de educação geral como nos Estados Unidos. Isso significa que, caso queiram mudar de curso, os alunos precisariam iniciar o novo curso do zero, e essa rigidez pode levar os interessados em mudar de curso a abandonar completamente o ensino superior. Em terceiro lugar, os serviços de apoio e aconselhamento aos alunos podem ser mais fracos na ALC do que nos Estados Unidos, complicando a identificação e o acompanhamento de alunos em dificuldades. Em quarto lugar, os cursos de bacharelado são mais longos na ALC (duram nominalmente pelo menos cinco anos) do que nos Estados Unidos, o que pode redundar em taxas de evasão relativamente altas.

É claro que o fato de os CSCDs terem taxas de conclusão mais altas do que os cursos de bacharelado na ALC também pode indicar que os CSCDs têm padrões de formação mais baixos, talvez para acomodar um corpo discente mais desfavorecido. No entanto, como mostra o próximo fato estilizado, na ALC os egressos de CSCDs obtêm resultados melhores no mercado de trabalho do que muitos alunos de bacharelado, sugerindo que, mesmo com padrões baixos, os CSCDs aumentam o capital humano dos alunos.

Fato estilizado 5. No mercado de trabalho, egressos de CSCDs obtêm resultados melhores do que egressos do ensino médio e alunos que abandonaram cursos de bacharelado.

A Figura 1.7, painel a, mostra a taxa de desemprego para indivíduos da PIA que concluíram pelo menos o ensino médio. Entre os cinco graus de escolaridade, a taxa de desemprego é menor entre os egressos de CSCDs (3,7 por cento).[14]

Na ALC, em média, 48 por cento da PIA incluem trabalhadores informais, dentre eles assalariados em empresas com até cinco funcionários, autônomos com no máximo o diploma de ensino médio e trabalhadores com renda não declarada. Enquanto, em média, 52 por cento dos concluintes do ensino médio trabalham no setor formal (Figura 1.7, painel c), entre os egressos de CSCDs esse número é de 82 por cento. O emprego formal para egressos de CSCDs é menor do que para concluintes de bacharelados, mas substancialmente maior do que para alunos que abandonaram cursos de bacharelado.

Em média, o salário por hora de egressos de CSCDs é 45 por cento maior do que o de concluintes do ensino médio (Figura 1.7, painel d). Esse prêmio é certamente menor do que o de egressos de cursos de bacharelado, para os quais equivale a 124 por cento. No entanto, é maior do que o prêmio para alunos que abandonam um curso de bacharelado.[15]

Embora a Figura 1.7 indique que os egressos de bacharelado obtêm, em média, os melhores resultados no mercado de trabalho entre indivíduos que concluíram pelo menos o ensino médio, também indica que o indivíduo precisa efetivamente concluir um curso de bacharelado para obter esses resultados. Se o indivíduo não se forma, seus resultados são piores, em média, do que os de um egresso de CSCD. Em outras palavras, um CSCD pode ser uma opção melhor para um aluno com probabilidade alta de abandonar um curso de bacharelado. Dado que cerca de metade dos alunos do ensino superior da região abandonam um curso de bacharelado,[16] essa conclusão é particularmente importante.

Resumindo, em média a ALC tem poucos alunos cursando CSCDs. A recente expansão do ensino superior, longe de resolver esse problema, pode tê-lo agravado ao ampliar a matrícula em cursos de bacharelado a uma taxa mais alta do que em CSCDs. Apesar da tendência dos CSCDs de atrair, em média, alunos desfavorecidos e não tradicionais, suas taxas de conclusão são mais altas do que as de cursos de bacharelado, talvez indicando a atratividade de cursos superiores curtos, flexíveis e práticos. Os resultados no mercado de trabalho para os egressos de CSCDs não apenas superam os de concluintes do ensino médio, mas também

Figura 1.7 Resultados no mercado de trabalho, por grau de escolaridade, por volta de 2018

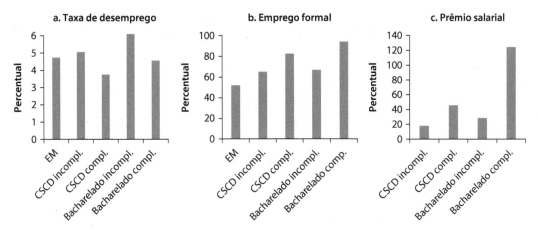

Fonte: Cálculos do Banco Mundial com base na Base de Dados Socioeconômicos para a América Latina e o Caribe (SEDLAC).
Nota: Os números representam os resultados médios do mercado de trabalho para a população em idade ativa, definida como indivíduos entre 25 e 65 anos, com base em seu grau de escolaridade. Bacharelado Completo inclui indivíduos com pós-graduação. Para cada grau de escolaridade, a barra correspondente mostra o resultado médio simples entre países. O painel a mostra a taxa de desemprego (percentual de desempregados em relação à força de trabalho). O painel b mostra o percentual de indivíduos com carteira assinada. Trabalhadores informais incluem assalariados em empresas com até cinco empregados, autônomos com no máximo o diploma de ensino médio e trabalhadores sem renda declarada. No painel d, o prêmio em cada categoria reflete o percentual pelo qual o salário médio (por hora) da categoria excede o salário médio (por hora) para egressos do ensino médio. A diferença entre CSCD completo e bacharelado incompleto é significativamente diferente de zero nos painéis a, b e c. A diferença entre CSCD completo e bacharelado completo é significativamente diferente de zero no painel c, mas não no painel a ou b. Compl. = completo; incompl. = incompleto; CSCD = curso superior de curta duração; EM = Ensino Médio.

os de alunos que abandoam um bacharelado, provavelmente indicando um descompasso entre as habilidades produzidas pelo ensino superior e aquelas exigidas pelos mercados de trabalho atuais.

1.4 Aspecto Institucional Crítico: Financiamento

Em vista dos resultados positivos para os CSCDs, a pergunta é: por que esses cursos não estão sendo procurados por um número maior de estudantes? Várias respostas são possíveis, incluindo o estigma social dos CSCDs em relação ao prestígio dos cursos de bacharelado e à falta de informação sobre os resultados dos CSCDs *vis-à-vis* os resultados de cursos de bacharelado. Uma outra possibilidade é que os CSCDs sejam menos acessíveis economicamente do que os cursos de bacharelado.

A Figura 1.8, painel a, mostra a mensalidade média para CSCDs e cursos de bacharelado em IESs públicas e privadas, em vários países da ALC. Uma vez que as IESs públicas recebem financiamento de fontes públicas, podem cobrar mensalidades mais baixas do que as IESs privadas para cursos de bacharelado e CSCDs. As IESs privadas cobram mais por cursos de bacharelado do que por CSCDs, provavelmente refletindo o custo mais alto dos primeiros. Em contrapartida, as IESs públicas cobram o mesmo - ou quase o mesmo - valor para os dois tipos de cursos.

Figura 1.8 Mensalidade média e subsídio por aluno, por tipo de curso, por volta de 2019

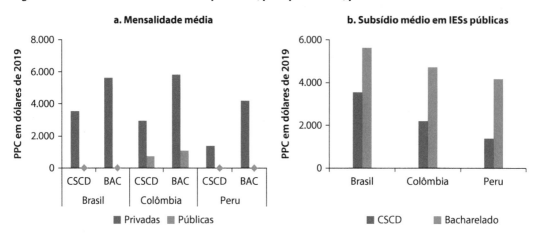

a. Mensalidade média

b. Subsídio médio em IESs públicas

Fontes: Informações administrativas dos países (ver Anexo 1A).
Nota: Todas as médias são médias simples sobre cursos. No painel a, os diamantes cor de laranja indicam mensalidade zero. Para a Colômbia, mensalidade nas instituições públicas inclui cursos do *Servicio Nacional de Aprendizaje (*SENA), que cobram mensalidade zero. No painel b, para um determinado país, o subsídio médio em IESs públicas para cursos de bacharelado equivale à mensalidade nas IESs privadas – valor médio cobrado por IESs públicas, e de forma semelhante para CSCDs. O número inclui todos os estados do Brasil e todos os cursos autorizados e não autorizados no Peru. Todos os valores monetários são em dólares (PPC 2019). BAC = Bacharelado; CSCD = Curso Superior de Curta Duração; IES = instituição de ensino superior; PPC = paridade do poder de compra.

As mensalidades semelhantes cobrados pelas IESs públicas para ambos os tipos de cursos podem sugerir que os governos subsidiam CSCDs e cursos de bacharelado na mesma proporção — mas não é isso que ocorre. Supondo que as IESs privadas cobrem mensalidades iguais ao seu custo, a diferença entre mensalidades médias de IESs públicas e privadas pode ser vista como um indicador do subsídio médio por aluno fornecido pelo governo a cada tipo de curso.

A Figura 1.8, painel b, mostra que os subsídios para as IESs públicas são muito maiores para cursos de bacharelado do que para CSCDs - por um fator de 3,6 no Peru, de 3 na Colômbia e de 1,50 no Brasil. Em outras palavras, mesmo quando as mensalidades cobradas pelas IESs públicas são semelhantes para ambos os tipos de cursos, o fato de que o custo dos cursos de bacharelado é maior implica que estes recebem um subsídio maior dos governos por aluno, em termos absolutos.[17]

Dado que os alunos de CSCDs são, em média, mais desfavorecidos do que os de bacharelado, esse regime de subsídios é regressivo. A mensalidade quase igual para cursos de bacharelado e CSCDs em IESs públicas pode induzir muitos alunos a optar por cursos de bacharelado para evitar o estigma dos CSCDs, embora estes lhes pudessem ser mais adequados. Finalmente, o próprio estigma social pode ser uma consequência do regime de subsídios, uma vez que o subsídio maior por aluno para cursos de bacharelado pode sinalizar que estes têm mais valor social do que os CSCDs.

1.5 Instituições e Alunos em Cinco Países

Uma pesquisa singular e inédita entre diretores de CSCDs foi realizada em cinco países da ALC: Brasil, Colômbia, República Dominicana, Equador e Peru. Esses países respondem por 54 por cento de todas as matrículas em CSCDs na ALC. A pesquisa no Brasil concentrou-se em dois estados - São Paulo e Ceará. Como resultado, os dados da pesquisa no Brasil correspondem a esses dois estados. No Peru, o foco da pesquisa foram os cursos autorizados. Parte da pesquisa indagou os diretores sobre seu corpo discente, requisitos de ingresso, mensalidades e financiamento. Antes de apresentar esses dados, esta seção fornece um contexto caracterizando o panorama dos CSCDs nesses países.

Panorama dos CSCDs

O anexo 1B descreve o panorama dos CSCDs nesses países. A participação das matrículas em CSCDs está acima da média da ALC de 9 por cento em todos os países, exceto na República Dominicana. O número de IESs que oferecem esses cursos varia de 28 na República Dominicana a 1.700 no Brasil. Na ALC, a proporção de matrículas em CSCDs diminuiu a partir do início dos anos 2000 em 10 dos 15 países (seção "Cinco Fatos Estilizados"), mas aumentou em todos os países da pesquisa, exceto no Peru.

A presença do setor privado varia substancialmente entre os países. No Brasil, 86 por cento das IESs são privadas e detêm 84 por cento das matrículas em CSCDs. Na Colômbia, 67 por cento das IESs são privadas, mas detêm apenas 21 por cento das matrículas. Isso porque o SENA, grande instituição pública que oferece CSCDs em vários locais, detém 62 por cento das matrículas, enquanto outras instituições públicas ficam com os 17 por cento restantes. IESs com fins lucrativos são permitidas no Brasil (36 por cento de todos os CSCDs) e no Peru (77 por cento dos CSCDs autorizados).

Várias IESs oferecem CSCDs nesses países. As universidades participam da oferta de CSCDs no Brasil, na Colômbia e na República Dominicana. Por outro lado, os CSCDs são oferecidos exclusivamente por IESs não universitárias no Peru. Nos cinco países, os CSCDs estão inseridos no âmbito de competência do Ministério da Educação, geralmente por meio de uma secretaria ou de um órgão específico. Diferentes tipos de IESs desempenharam papéis diferentes no aumento recente das matrículas em CSCDs nos países pesquisados (Quadro 1.3).

As IESs públicas não cobram mensalidade. Na Colômbia é um pouco diferente, já que o SENA não cobra mensalidade. O mesmo não se aplica às IESs públicas - que, no entanto, subsidiam suas mensalidades. Embora as IESs privadas não sejam gratuitas, os governos oferecem algumas bolsas de estudo no Brasil, na Colômbia, na República Dominicana e no Peru. Além disso, empréstimos estudantis são concedidos na Colômbia, na República Dominicana, no Equador e no Peru, e o governo brasileiro oferece garantia para empréstimos estudantis privados. É importante ressaltar que apenas o Brasil oferece empréstimos garantidos pelo Estado; nos demais países, os alunos precisam de um fiador para tomar

Quadro 1.3 Quais instituições impulsionaram o crescimento das matrículas?

Entre os países da pesquisa, Colômbia e Brasil apresentaram o maior crescimento de matrículas em cursos superiores de curta duração (CSCDs) na última década. No entanto, o crescimento tem sido impulsionado por diferentes tipos de instituições de ensino superior (IESs) em cada país. Na Colômbia, o principal motor foi o Serviço Nacional de Aprendizagem (SENA - *Servicio Nacional de Aprendizaje*), instituição pública que absorve 62 por cento dos alunos de CSCDs (Anexo 1B). O SENA não é uma IES, mas sim um provedor de ensino profissionalizante inserido no âmbito de competência do Ministério do Trabalho. No entanto, os CSCDs do SENA são regulamentados pelo Ministério da Educação. Mostrando um forte contraste, o crescimento no Brasil tem sido impulsionado por IESs privadas (Figura B1.3.1).

Figura B1.3.1 Crescimento da matrícula em cursos superiores de curta duração, por tipo de instituição de ensino superior

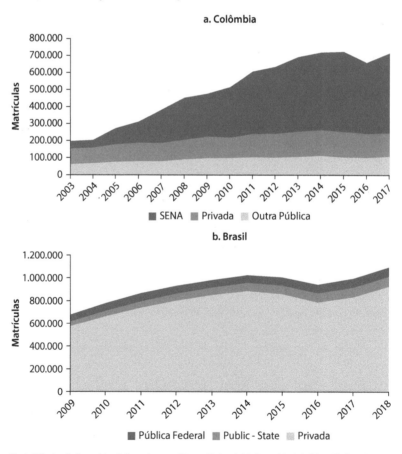

Fonte: Cálculos do Banco Mundial com base no *Sistema Nacional de Información de la Educación Superior* (Colômbia) e no Instituto Nacional de Estudos e Pesquisas Educacionais Anísio Teixeira (Brasil). As matrículas no Brasil referem-se a todo o país e incluem cursos à distância.

(quadro continua próxima página)

Quadro 1.3 Quais instituições impulsionaram o crescimento das matrículas? *(continuação)*

Notavelmente, a participação de mercado do SENA na Colômbia passou de 20 por cento no início dos anos 2000 para 62 por cento em 2017, como resultado de uma política expansionista deliberada. O total de matrículas em instituições não pertencentes ao SENA também aumentou, mas a uma taxa bem menor. No Brasil, a matrícula em CSCDs cresceu rapidamente até 2014, caiu no período 2012-16, mas ganhou fôlego após 2016. Essas mudanças se devem, principalmente, às flutuações da matrícula em IESs privadas, uma vez que a matrícula total em instituições públicas mudou relativamente pouco ao longo do tempo.

---

um empréstimo. Os alunos também podem obter empréstimos em bancos comerciais. Para permitir mensalidade zero ou subsidiada, os governos fornecem apoio financeiro às IESs públicas. Por outro lado, as IESs privadas geralmente não recebem apoio financeiro do Estado.[18]

Embora não sejam seletivos no sentido convencional, os CSCDs aplicam alguns requisitos de ingresso. Um desses requisitos em algumas IESs é uma pontuação mínima no exame nacional obrigatório de conclusão do ensino médio (Brasil, Colômbia e Equador) ou no exame de ingresso no ensino superior – o vestibular (República Dominicana e Brasil). Além disso, Brasil e Colômbia adotam um exame obrigatório de conclusão do ensino superior.

Em todos os países, as IESs necessitam de uma autorização de funcionamento para abrir um curso. Para continuar funcionando, os cursos devem renovar a autorização (Colômbia e Peru) e submeter-se a uma avaliação periódica (Brasil e República Dominicana) ou a um credenciamento obrigatório (Brasil e Equador). Além disso, as IESs e os cursos no Peru e na Colômbia podem obter credenciamento voluntário ou credenciamento de alta qualidade, respectivamente, para indicar sua qualidade. Na República Dominicana, onde não há órgão de credenciamento, as IESs podem obter credenciamento junto a uma agência internacional. O processo adotado para as avaliações periódicas e para os credenciamentos obrigatórios ou voluntários, em geral envolve uma autoavaliação e uma avaliação externa ou por pares, podendo também incluir a análise de elementos como pontuação média dos alunos nos exames de avaliação da educação superior (Brasil). O Brasil, em particular, adota um sistema nacional para avaliar as IESs anualmente e atribuir-lhes uma nota; os resultados e as notas da avaliação são públicos.

Características do Corpo Discente

A Figura 1.10, painel a, mostra algumas características do corpo discente no curso médio da amostra. A proporção de alunos de meio período varia de 25 por cento no Peru a 77 por cento no Brasil. Alunos do sexo feminino representam cerca de 40 por cento do corpo discente em todos os países, exceto no Peru, onde respondem por pouco mais de 50 por cento.[19]

Coerente com a atração de mais alunos de meio período, os cursos no Brasil atraem uma parcela relativamente alta de alunos mais velhos e não tradicionais (25 anos ou mais), que respondem por apenas 20-30 por cento da matrícula nos demais países. Cursos com uma grande proporção (40 por cento ou mais) de alunos não tradicionais são mais predominantes em IESs privadas, nas áreas de Economia, Contabilidade e Negócios.

Ingresso e Preparação Acadêmica

Cerca de 95 por cento dos cursos aplicam algum tipo de requisito de ingresso. Esses requisitos têm o objetivo de garantir um nível mínimo de preparação do aluno, bem como sua boa adaptação ao curso, e são particularmente importantes quando o número de candidatos supera o número de vagas no curso. Os testes de conhecimentos gerais são muito populares em todos os países, exceto na Colômbia (Figura 1.9). O fato de 61 por cento dos cursos aplicarem uma prova de conhecimentos gerais ou específicos não significa que exigem uma pontuação mínima para o ingresso. Além disso, 71 por cento dos cursos exigem notas e médias mínimas do GPA (*grade point average*, uma medida do desempenho acadêmico do aluno) ou uma pontuação mínima no ensino médio ou, ainda, o vestibular (ver Anexo 1B sobre exames nacionais de ingresso e conclusão). Em vista dos graves déficits cognitivos dos alunos ao ingressar no ensino superior (como discutido abaixo), esses limites são provavelmente muito baixos. Exceto na Colômbia, onde as entrevistas são o requisito de ingresso mais comum, mais de 80 por cento dos cursos exigem pelo menos uma prova ou notas e médias mínimas/vestibular.

Figura 1.9 Requisitos de ingresso

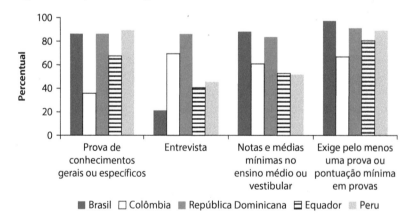

Fonte: Pesquisa de Cursos Superiores de Curta Duração do Banco Mundial (WBSCPS).
Nota: Para cada país, o número mostra o percentual de cursos aplicáveis a um determinado requisito de ingresso. Os cursos podem aplicar mais de um requisito de ingresso. No caso do Brasil, tanto o Exame Nacional do Ensino Médio quanto o Vestibular são considerados exames nacionais de ingresso. A categoria "Exige pelo menos uma prova ou pontuação mínima em provas" inclui provas gerais ou específicas, bem como notas e médias mínimas no ensino médio, ou vestibular (e é, portanto, uma composição da primeira e terceira categorias). A WBSCPS inclui apenas São Paulo e Ceará no caso do Brasil, e cursos autorizados no caso do Peru.

A existência de requisitos de ingresso não significa que os cursos sejam seletivos no sentido convencional. De fato, os alunos do primeiro ano chegam com sérios déficits de habilidades (Figura 1.10, painel b). Mais de 75 por cento dos cursos em cada país relatam um déficit em matemática entre seus novos alunos, e em cerca de metade dos cursos esse é o déficit principal. Os déficits não se limitam à matemática, pois mais da metade dos cursos em cada país também informa problemas em escrita, leitura e expressão oral.

Para mitigar esses déficits, mais de 85 por cento dos cursos oferecem atividades corretivas. Na República Dominicana, no Equador e no Peru, as atividades corretivas tendem a ser oferecidas mais antes do que durante os cursos, enquanto o inverso ocorre no Brasil.

Mensalidades e Financiamento

O custo anual médio das mensalidades varia substancialmente entre países - de US$ 1.100 na República Dominicana a US$ 3.400 no Peru (Figura 1.11, painel a). Para um indivíduo que ganha o salário-mínimo mensal, o custo anual médio das mensalidades é inferior a 15 por cento dos salários anuais na República Dominicana e no Equador, mas é de cerca de 60 por cento no Peru e no Brasil (Figura 1.11, painel b). Assim, em termos financeiros, os CSCDs são relativamente mais acessíveis em alguns países e menos em outros.

As IESs públicas recebem financiamento operacional de fontes públicas que lhes permitem subsidiar mensalidades, o que normalmente não o ocorre com as IESs privadas. IESs públicas e privadas recebem algum financiamento adicional de fontes públicas e privadas para projetos relacionados com despesas de capital (por exemplo, compra de equipamentos) ou novos projetos. Os cursos em IESs públicas têm maior probabilidade de receber esse financiamento adicional,

Figura 1.10 Características do corpo discente

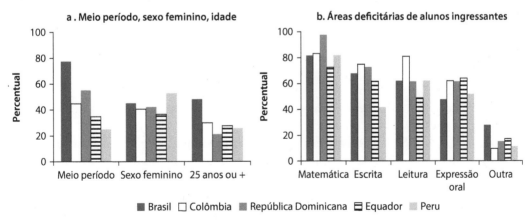

Fonte: Pesquisa de Cursos Superiores de Curta Duração do Banco Mundial (WBSCPS).
Nota: Para cada país, o painel mostra o percentual médio de cada curso (simples, de alunos de meio período, sexo feminino e 25 anos ou mais). O painel b mostra o percentual de cursos em que alunos ingressantes apresentam déficits em determinadas áreas. Os alunos podem apresentar déficits em várias áreas. A WBSCPS inclui apenas São Paulo e Ceará no caso do Brasil e cursos autorizados no caso do Peru.

Figura 1.11 Custo anual das mensalidades

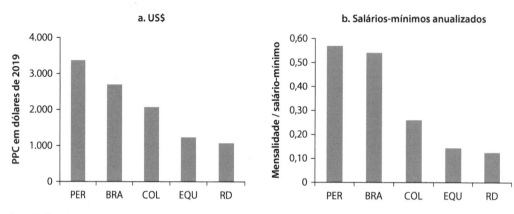

a. US$

b. Salários-mínimos anualizados

Fonte: Dados administrativos para cada país (ver Anexo 1A).

Nota: Para cada país, o número mostra o custo médio das mensalidades (simples) por curso, expresso em PPC de 2019, ou como proporção do salário-mínimo anual do país (equivalente a 12 vezes o salário-mínimo mensal). A Pesquisa de Cursos Superiores de Curta Duração do Banco Mundial (WBSCPS) inclui apenas São Paulo e Ceará no caso do Brasil e cursos autorizados no caso do Peru. BRA = Brasil; COL = Colômbia; EQU = Equador; PER = Peru; PPC = paridade do poder de compra; RD = República Dominicana.

especialmente de fontes públicas. Os cursos em IESs privadas, em contrapartida, dependem quase que inteiramente da receita de suas mensalidades.

Para financiar seus estudos, os alunos contam com recursos próprios e outros mecanismos de financiamento externo (ver financiamento público estudantil nos países da pesquisa no Anexo 1B). Como esses mecanismos não são mutuamente excludentes, um aluno pode receber, por exemplo, uma bolsa de estudos e um empréstimo. Independentemente dos mecanismos usados em cada país, o denominador comum é que uma fração relativamente pequena de alunos recebe financiamento externo (Figura 1.12, painel a). A ausência desse financiamento é particularmente alta no Peru e menor no Equador.

Bolsas de estudo (do governo ou da instituição) são a forma mais comum de financiamento externo. O curso médio na República Dominicana destaca-se por ter 52 por cento e 62 por cento dos alunos com bolsa de estudos da IES e do governo, respectivamente. Com base em relatórios do governo, no Brasil cerca de 7 por cento de todos os alunos do ensino superior (em cursos de bacharelado e CSCDs) recebem a bolsa do ProUni do governo federal,[20] e os governos estaduais também concedem bolsas de estudo. Os governos estaduais e locais também concedem bolsas de estudo na Colômbia.

As IESs concedem seus próprios empréstimos, normalmente na forma de planos de pagamento de mensalidades. Empréstimos de governos e bancos comerciais são menos comuns, sendo mais populares na Colômbia, onde são usados por 15 por cento a 20 por cento dos alunos em um curso médio - uma taxa de uso ainda baixa. Os diretores de cursos na Colômbia parecem superestimar o percentual de alunos que recebe empréstimos do governo, visto que segundo relatórios oficiais, apenas 1,25 por cento dos alunos de CSCDs recebeu um empréstimo do governo (do *Instituto Colombiano de Crédito Educativo y Estudios*

Figura 1.12 Financiamento estudantil

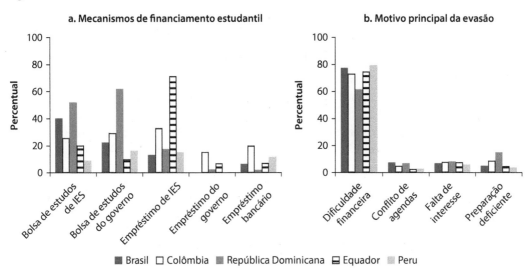

Fonte: Pesquisa de Cursos Superiores de Curta Duração do Banco Mundial (WBSCPS).
Nota: Para cada país, o painel mostra o percentual médio de alunos que usa cada um dos seguintes mecanismos de financiamento: bolsas de estudos de IES, bolsas de estudos do governo, empréstimos de IES, empréstimos do governo e empréstimos de bancos comerciais. Os alunos podem usar vários mecanismos de financiamento. No Brasil, o FIES é um empréstimo garantido pelo Estado junto aos bancos comerciais. Como o FIES envolve um subsídio (por exemplo, por meio de uma taxa de juros subsidiada), os diretores de cursos podem tê-lo declarado como uma bolsa de estudos do governo. Para cada país, o painel b mostra o percentual de cursos que declara cada motivo como o principal para explicar a evasão escolar (a categoria "outros motivos" é omitida na figura). Para um determinado país, os percentuais somam 100. A WBSCPS inclui apenas São Paulo e Ceará no caso do Brasil e cursos autorizados no caso do Peru. IES = instituição de ensino superior.

Técnicos en el Exterior [ICETEX]).[21] Em contrapartida, o diretor de um curso médio no Brasil parece informar uma proporção mais exata de alunos que recebe empréstimos do governo (cerca de 1,7 por cento), o que é coerente com o cerca de 1,3 por cento dos alunos de CSCDs que recebe empréstimos por meio do Fundo de Financiamento Estudantil - FIES.[22]

O simples fato de que alguns alunos têm acesso a mecanismos externos de financiamento não significa que estes proporcionam um grande alívio. Nos cinco países, a grande maioria dos cursos informa que o principal motivo da evasão escolar é a dificuldade financeira (Figura 1.12, painel b). Isso pode se dever em parte à concessão limitada - em número e magnitude - de bolsas de estudo pelos governos ou pelas IESs, bem como como de empréstimos dos governos. E embora os empréstimos de bancos comerciais para o ensino superior estejam disponíveis em todos os países, os alunos não tendem a usá-los. De acordo com os diretores de cursos, os alunos geralmente têm receio de tomar um empréstimo em um banco comercial, muitas vezes por falta de familiaridade com o sistema financeiro. Assim, mesmo quando o financiamento externo está disponível, os alunos não parecem usá-lo.

Caminhos para a Conclusão de um Bacharelado

Se os alunos veem um CSCD como um "beco sem saída" porque não lhes permite cursar um bacharelado posteriormente, permitir que as aulas de CSCDs sejam computadas como crédito para um curso superior mais longo pode aumentar sua atratividade. De fato, a grande maioria dos cursos (mais de 95 por cento no Brasil, na Colômbia e na República Dominicana, e 80-85 por cento no Equador e no Peru) informa que suas aulas podem ser computadas como créditos para um curso de bacharelado. No entanto, poucos alunos de CSCDs parecem ingressar em cursos de bacharelado. Dados administrativos da Colômbia mostram que, entre os alunos que iniciaram seu CSCD em 2006, apenas 7 por cento ingressaram em um curso de bacharelado, e apenas 3,15 por cento o concluíram.[23] Para efeito de comparação, nos Estados Unidos a proporção do último é de 14 por cento.[24]

Em outras palavras, embora os CSCDs afirmem conceder créditos para cursos mais longos, na prática isso pode não ocorrer. Evidências empíricas indicam que os créditos não são transferidos integralmente - mesmo entre cursos de bacharelado - da mesma instituição ou de instituições diferentes. Assim, a probabilidade de cursos de bacharelado aceitarem créditos de CSCDs pode ser ainda menor, uma vez que esses últimos podem ser vistos pelos primeiros como sendo de qualidade inferior ou não comprovável.

1.6 Conclusões

Na ALC, concluir um CSCD gera resultados melhores no mercado de trabalho do que iniciar, mas não concluir, um curso de bacharelado. Como cerca de metade dos alunos de bacharelado na ALC abandona seus cursos, os CSCDs surgem como uma alternativa atraente - não apenas para esses, mas também para outros alunos. É importante ressaltar que os CSCDs geram resultados melhores, embora absorvam um número maior de alunos mais desfavorecidos do que os cursos de bacharelado. Além de gerar resultados melhores no mercado de trabalho, os CSCDs também apresentam taxas mais altas de conclusão.

É de surpreender, portanto, que os CSCDs sejam menos difundidos na ALC do que em outras regiões. Embora o estigma social possa explicar em parte esse fenômeno, há duas outras explicações potenciais. A primeira é a falta de acessibilidade financeira dos CSCDs para alguns alunos. De fato, os governos fornecem subsídios maiores por aluno em cursos de bacharelado do que em CSCDs — embora os alunos nesses últimos sejam mais desfavorecidos e, portanto, mais necessitados de subsídio. Como resultado, as dificuldades financeiras são o principal motivo da evasão de CSCDs, a despeito da sua relativa acessibilidade financeira. A segunda explicação é a falta de caminhos que levem de um CSCD a cursos mais longos. Embora os cursos afirmem oferecer esses caminhos, evidências administrativas e empíricas indicam que estes são raros. Esses dois elementos - financiamento menos favorável para CSCDs do que para cursos de bacharelado e falta de caminhos que possibilitem ao aluno passar de um CSCD para um bacharelado - podem, por sua vez, exacerbar o estigma original e impedir que os alunos busquem CSCDs.

Anexo 1A.1 Fontes de informações administrativas sobre CSCDs

País	Instituição	Fonte
Brasil	Instituto Nacional de Estudos e Pesquisas Educacionais "Anísio Teixeira" (INEP). Sinopses Estatísticas da Educação Superior 2018. Ministério da Educação, 2019. Sindicato das Entidades Mantenedoras de Estabelecimentos de Ensino Superior no Estado de São Paulo (SEMESP). Mapa do Ensino Superior, 2019.	Instituto Nacional de Estudos e Pesquisas Educacionais "Anísio Teixeira" (INEP). Sinopses Estatísticas da Educação Superior 2018. http://inep.gov.br/sinopses-estatisticas-da-educacao-superior Fundo de Financiamento Estudantil (FIES), 2019. http://portalfies.mec.gov.br/ Sindicato das Entidades Mantenedoras de Estabelecimentos de Ensino Superior no Estado de São Paulo (SEMESP). Mapa do Ensino Superior, 2019. https://www.semesp.org.br/pesquisas/mapa-do-ensino-superior-no-brasil-2019/
Chile	Serviço de Informações sobre o Ensino Superior (SIES), Ministério da Educação. Subsecretaria de Educação Superior. Centro de Pesquisa, Ministério da Educação. Subsecretaria de Educação Superior.	*Servicio de Informaciones de Educación Superior (SIES), Ministerio de Educación. Subsecretaria de Educación Superior.* https://www.mifuturo.cl/instituciones-de-educacion-superior-en-chile/ *Centro de estudios. Ministerio de Educación. Subsecretaria de Educación Superior.* http://datos.mineduc.cl/dashboards/20209/descarga-base-de-datos-asignaciones-de-becas-y-creditos-en-educacion-superior/
Colômbia	Sistema Nacional de Informações do Ensino Superior (SNIES), Ministério da Educação. Resumo estatístico, 2019.	*Ministerio de Educación* *Sistema Nacional de Información de la Educación Superior (SNIES). Resumen estadístico, 2019.* https://snies.mineducacion.gov.co/portal/
Equador	Secretaria de Educação Superior, Ciência, Tecnologia e Inovação (SENESCYT). Estatísticas de educação superior, ciência, tecnologia e inovação.	*Secretaría de Educación Superior, Ciencia, Tecnología e Innovación - SENESCYT. Estadística de educación superior, ciencia, tecnología e inovación.* https://siau.senescyt.gob.ec/estadisticas-de-educacion-superior-ciencia-tecnologia-e-innovacion/?doing_wp_cron=1606556190.6860320568084716796875 Vários sites com informações sobre mensalidades.
Peru	Secretaria de Educação Técnica, Tecnológica e Artística do Ministério da Educação	*Direccion General de Educación Tecnico-Productiva y Superior Tecnologica y Artistica, Ministerio de Educacion,* *Ponte en Carrera:* https://www.ponteencarrera.pe/pec-portal-web/inicio/donde-estudiar Mensalidade: https://estudiaperu.pe/ e https://logrosperu.com/

Anexo 1B.1 Quadro institucional para países da WBSCPS

Indicador	Brasil	Colômbia	República Dominicana	Equador	Peru
1. Proporção de matrículas em CSCDs (%)	12	32	4	14	25
2. Tipos de curso	Tecnológico (2-3 anos)	Técnico (2 anos) Tecnológico (3 anos)	Técnico (2 anos) Prof. técnico (técnico superior;2-3 anos)	Técnico Tecnológico (a maioria 2 anos)	Técnico (2 anos) Profissional técnico (3-4) Bacharelado técnico (3-4)
3. Número de IESs que oferecem CSCDs	1.700 São Paulo + Ceará: 467	217	28	182	IESs c/ cursos autorizados: 75 Outras IESs: 747
4. Matrículas privadas (%)	84 São Paulo + Ceará: 77	21	49	53	IESs c/ cursos autorizados: 97 Outras IESs: 50
5. Tipos de IESs e proporção de matrículas (%)	São Paulo + Ceará: Universidades 41 Centros Universitários 17 Faculdades 38 IF e CEFET 3	Universidades 9% Institutos Universitários 13% Institutos tecnológicos 7% Institutos técnicos 6% SENA 65%	Universidades 47 Institutos Técnicos 53	Institutos Técnicos e Tecnológicos: 95 Univ. e Escolas Politécnicas: 5	IESs c/ cursos autorizados: Instituições de ensino superior: 100
6. Financiamento público para alunos em IES públicas	Mensalidade zero	Mensalidade no SENA IESs públicas: bolsas de estudo do governo; empréstimos de instituições públicas (ICETEX)	Mensalidade zero, mas "taxas acadêmicas".	Mensalidade zero	Mensalidade zero

(anexo continua próxima página)

Anexo 1B.1 Quadro institucional para países da WBSCPS *(continuação)*

Indicador	Brasil	Colômbia	República Dominicana	Equador	Peru
7. Financiamento para alunos em IESs privadas	ProUni (bolsa de estudos do governo para alunos de baixa renda e alto potencial acadêmico) FIES (empréstimos bancários estudantis garantidos pelo governo federal e estadual) FUNDACRED (empréstimos)	Bolsas de estudo do governo Empréstimos de instituição pública (ICETEX)	Bolsas de estudo do governo Empréstimos de instituição pública (FUNDAPEC)	Empréstimos de banco público (*Banco del Pacífico*)	Empréstimos públicos e bolsas de estudo (PRONABEC) para alunos de baixa renda e alto potencial acadêmico
8. Financiamento público para IESs públicas	Sim. Fontes: federal, estadual, municipal	Para o SENA: sim (impostos específicos) Para outras IESs públicas: sim	Sim	Sim	Sim
9. Financiamento público para IESs privadas	Não	Não	n/a	Parcial para algumas IESs privadas (*cofinanciadas*)	Não
10. Exame nacional de ingresso obrigatório	ENEM (Exame Nacional do Ensino Médio) exigido para IESs públicas Vestibular exigido para algumas IESs	SABER 11 (obrigatório para conclusão do ensino médio)	POMA ou PAA (obrigatório para ingresso no Ensino Superior)	Ser Bachiller (obrigatório para conclusão do ensino médio)	Somente para alunos candidatos a bolsas de estudo do PRONABEC

(anexo continua próxima página)

Anexo 1B.1 Quadro institucional para países da WBSCPS *(continuação)*

Indicador	Brasil	Colômbia	República Dominicana	Equador	Peru
11. Exame nacional de conclusão obrigatório	ENADE (obrigatório para concluintes do ensino superior; apenas alguns concluintes testados em um determinado ano)	SABER T&T (obrigatório para conclusão de CSCDs)	n/a	Não	Não
12. Autorização de funcionamento	Obrigatória (credenciamento inicial) por IES e curso.	Obrigatória por IES e curso; deve ser renovada periodicamente	Obrigatória; avaliação exigida para renovar a licença a cada 5 anos.	Obrigatória por IES	Obrigatória por IES e curso; dura 5 anos.
13. Credenciamento	Nas IESs privadas, o credenciamento deve ser renovado geralmente a cada 3 anos.	O credenciamento de alta qualidade é voluntário para IESs e cursos; obrigatório para cursos de magistério. Dura 4 anos.	As IESs podem buscar credenciamento internacional voluntariamente.	Credenciamento obrigatório periódico necessário para continuar funcionando.	Voluntário para IESs e cursos; obrigatório para cursos nas áreas de educação, direito e saúde.
14. IESs com fins lucrativos	Permitidas (36% de CSCDs no Brasil; 39% em São Paulo + Ceará)	Não permitidas	Não permitidas	Não permitidas	Permitidas (75% de CSCDs autorizados)

Fontes: Brasil: INEP 2017; Colômbia: República Dominicana: Relatório Geral sobre Estatísticas do Ensino Superior 2018 e Resumo Histórico 2005–2018, MESCyT; CINDA (2019); Equador: Relatório Analítico do Ensino Superior e Resumo Histórico (2018), SENESCYT; Peru: Dados do Ministério da Educação para 2019; 2020 para cursos autorizados. Outras fontes: Brasil: WBSCPS para (3). RD: WBSCPS para (3). Equador: WBSCPS para (3), (4) e (5). Peru: SEDLAC para (1); WBSCPS para cursos autorizados em (3), (4), (5). "WBSCPS" refere-se ao universo da WBSCPS quando há dados disponíveis e a pesquisas eficazes nos demais casos.

Nota: Alguns números para (1) e (4) diferem daqueles nas figuras 1.5 e 1.2, respectivamente, uma vez que essa tabela é baseada em dados administrativos e não na Base de Dados Socioeconômicos para a América Latina e o Caribe (SEDLAC) e diz respeito a anos ligeiramente diferentes. Para o Brasil, as IESs do Sistema 'S' contam como centros universitários ou faculdades. Para a Colômbia, o *Servicio Nacional de Aprendizaje* (SENA) não é considerado uma IES em (3), mas seus alunos são computados como parte da matrícula pública em (4). Para o Equador, participação privada inclui a matrícula em instituições privadas com financiamento público (cofinanciadas). Quando uma IES tem filiais em várias cidades, cada filial é computada separadamente. CEFET = Centros Federais de Educação Tecnológica (Brasil); CSCD = Curso Superior de Curta Duração; ENADE = Exame Nacional de Desempenho dos Estudantes (Brasil); ENEM = Exame Nacional de Ensino Médio (Brasil); FIES = Fundo de Financiamento Estudantil (Brasil); FUNDAPEC = Fundação Ação Pró-Educação e Cultura [APEC] de Crédito Educacional (*Fundación Acción Pro Educación y Cultura [APEC] de Crédito Educativo*) (República Dominicana); ICETEX = Instituto Colombiano de Crédito Educacional e Estudos Técnicos no Exterior (*Instituto Colombiano de Crédito Educativo y Estudios Técnicos en el Exterior*) (Colômbia); IES = instituição de ensino superior; PAA = Prova de Aptidão Acadêmica (*Prueba de Aptitud Académica*) (República Dominicana); POMA = Prova de Orientação e Medição Acadêmica (*Prueba de Orientación y Medición Académica*) (República Dominicana); PRONABEC = Programa Nacional de Bolsas e Crédito Educacional (*Programa Nacional de Becas y Crédito Educativo*) (Peru); SABER = Abordagem Sistêmica para melhores Resultados Operacionais (*Systems Approach for Better Education Results*); WBSCPS = dados da Pesquisa de Cursos Superiores de Curta Duração do Banco Mundial.

Notas

1. Os objetivos dos CSCDs também foram estabelecidos nos Descritores de Dublin como parte do processo de Bolonha entre países da União Europeia. Esses descritores são usados para a Área Europeia de Ensino Superior e estão refletidos no Quadro Europeu de Qualificações para a Aprendizagem ao Longo da Vida. Segundo os descritores, um CSCD prepara o aluno não apenas para o emprego, mas também para o acesso a um curso de bacharelado. Para mais detalhes, consulte https://core.ac.uk/download/pdf/35319995.pdf e http://ecahe.eu/assets/uploads/2016/01/Joint-Quality-Initiative-the-origin-of-the-Dublin-descriptors-short-history.pdf.

2. A Unesco estabelece que o nível Isced 5 tem uma duração mínima de dois anos e, no caso de sistemas de ensino superior em que as credenciais são baseadas no acúmulo de créditos, um período de tempo e uma intensidade comparáveis são necessários para concluir o nível Isced 5. Consulte http://uis.unesco.org/sites/default/files/documents/isced-2011-sp.pdf

3. Semelhante à enfermagem, o magistério é um CSCD em alguns países, mas um curso de bacharelado em outros.

4. Nos países da pesquisa, 98,16 por cento dos cursos têm a duração de dois ou três anos.

5. Sevilla (2017) fornece uma lista dos tipos de IESs autorizadas a oferecer CSCDs em cada país.

6. Colômbia, Brasil e Peru têm instituições com abrangência nacional que oferecem formação profissional e técnica e, em alguns casos, também ministram CSCDs. Na Colômbia, o SENA é uma instituição pública supervisionada pelo Ministério do Trabalho. Fundado em 1957 com o objetivo de oferecer ensino profissionalizante e técnico, o SENA passou a oferecer CSCDs em 2003. No Brasil, o Sistema S é um conjunto de organizações cujos nomes começam com a letra "S" e que prestam serviços a trabalhadores (por exemplo, ensino profissionalizante ou assistência social) ou a empresas (por exemplo, consultoria ou assistência técnica). As organizações têm raízes comuns e características semelhantes, sendo que cada uma representa um setor de negócios, incluindo, por exemplo, o Serviço Nacional de Aprendizagem Industrial, o Serviço Social do Comércio e o Serviço Social da Indústria. Embora essas organizações estejam voltadas para o ensino profissionalizante, algumas também ministram CSCDs. No Peru, o SENATI é uma organização privada fundada em 1961 por empresas de manufatura para oferecer formação técnica, incluindo CSCDs, ministrados no sistema dual — presencial e por meio de práticas de trabalho em empresas.

7. Estritamente falando, alguns desses indivíduos ainda podem estar cursando o bacharelado. Os achados qualitativos persistem quando indivíduos de 35 a 65 anos são considerados.

8. Bacharelado completo inclui indivíduos com pós-graduação. Na ALC, 13 por cento dos indivíduos com bacharelado também têm pós-graduação.

9. Como os CSCDs incluem o magistério (um campo tradicionalmente feminino), o relatório também calcula o percentual de mulheres apenas para os países onde os CSCDs não incluem o magistério. Nesses países, em média, os alunos do sexo feminino representam 53,8 por cento, 59,7 por cento e 50,8 por cento dos alunos de bacharelado, alunos de CSCDs e egressos do ensino médio. Em outras palavras, os padrões qualitativos mostrados na Tabela 1.1 não resultam da inclusão do magistério entre os CSCDs.

10. A maior parte dos padrões qualitativos mostrados na Tabela 1.1 persiste quando a amostra é limitada à faixa etária 17-30 anos.

11. México, Panamá e Honduras têm participações muito baixas em CSCDs (abaixo de 3 por cento), conforme mostrado na figura 1.5.

12. Fonte: Centro Nacional de Estatísticas em Educação, https://nces.ed.gov/programs /coe/indicator_ctr.asp.

13. Os cursos de bacharelado absorvem 91 por cento das matrícula no ensino superior na ALC (figura 1.4), mas apenas 65 por cento nos Estados Unidos (Centro Nacional de Estatísticas em Educação). https://nces.ed.gov/programs/coe/indicator_cha. asp#:~:text=2000%20through%202029.-,See%20Digest%20of%20Education%20 Statistics%202019%2C%20table%20303.70.,enrolled%20in%202%2Dyear%20 institutions.

14. Para efeito de comparação, nos Estados Unidos as taxas de desemprego de egressos de bacharelados, egressos de CSCDs (*associate degrees*), alunos que abandonaram cursos de bacharelado ou CSCDs e egressos do ensino médio são 2,2 por cento, 2,7 por cento, 3,3 por cento e 3,7 por cento, respectivamente. Fonte: https://www.bls.gov/emp /tables/unemployment-earnings-education.htm

15. Para efeito de comparação, nos Estados Unidos os prêmios salariais para egressos de bacharelados, egressos de CSCDs (*associate degrees*), alunos que abandonaram cursos de bacharelado ou CSCDs são 67 por cento, 19 por cento e 12 por cento, respectiva-mente. Fonte: https://www.bls.gov/emp/tables/unemployment-earnings-education. htm.

16. A proporção exata de alunos que abandonam cursos de bacharelado na região - 48,6 por cento - é igual ao produto da proporção de matrículas em cursos de bacharelado (aproximadamente 0,90, conforme a figura 1.4) e à taxa de evasão de cursos de bacha-relado (100-46 = 54 por cento).

17. Para efeito de comparação, nos Estados Unidos essa proporção é de 1,56. Fonte: cál-culos da equipe com base em subvenções e benefícios fiscais por aluno em instituições públicas de dois e quatro anos: https://research.collegeboard.org/pdf/trends-college -pricing-2019-full-report.pdf

18. As únicas IESs privadas nos países da pesquisa com financiamento público são as *instituiciones cofinanciadas* do Equador.

19. O percentual de alunos do sexo feminino matriculados em CSCDs é menor nos países da pesquisa do que a média para a ALC.

20. Fonte das Informações sobre o *ProUni*: http://dadosabertos.mec.gov.br/fies. Ver tam-bém http://dadosabertos.mec.gov.br/prouni.

21. Essa estimativa é o produto do percentual de empréstimos do ICETEX concedidos aos alunos de CSCDs (2,3 por cento em 2018), o percentual de alunos do ensino superior cobertos por um empréstimo do ICETEX (8,7 por cento em 2018) e o inverso da proporção de CSCDs fora do SENA (16 por cento em 2018). Fontes: https://snies.mineducacion.gov.co/1778/articles-391288_recurso_1.pdf e https:// portal.icetex.gov.co/Portal/Home/el-icetex/plan-estrategico/resultado-por -indicadores.

22. Essa estimativa é fruto do percentual de empréstimos do FIES concedidos a alunos de CSCDs (1,7 por cento em 2018), do percentual de alunos do ensino superior cobertos por um empréstimo do FIES (9,8 por cento em 2018) e do inverso do percentual da proporção de CSCDs (13 por cento em 2018). Fonte: http://dadosabertos.mec.gov.br.

23. Cálculos da equipe, com base em dados do Ministério da Educação Nacional da Colômbia para a coorte de ingresso do primeiro semestre de 2006.

24. Fonte: CCRC, https://ccrc.tc.columbia.edu/Community-College-FAQs.html.

Referências

Bailey, T., S. Jaggars, and D. Jenkins. 2015. *Redesigning America's Community Colleges: A Clearer Path to Student Success*. Cambridge, MA: Harvard University Press.

Brunner, J., and A. D. Miranda. 2016. *Educación Superior en Iberoamérica: Informe 2016*. Santiago de Chile: Centro Interuniversitario de Desarrollo.

CEDLAS (Center for Distributive, Labor and Social Studies) and World Bank. 2014. *A Guide to SEDLAC—Socio-Economic Database for Latin America and the Caribbean*. Washington, DC: World Bank.

Ferreyra, M., C. Avitabile, J. Botero, F. Haimovich, and S. Urzúa. 2017. *At a Crossroads: Higher Education in Latin America and the Caribbean*. Washington, DC: World Bank.

Sevilla, M. P. 2017. "Panorama de la educación técnica profesional en América Latina y el Caribe." Serie Políticas Sociales, Economic Commission for Latin America and the Caribbean, Santiago, Chile.

CAPÍTULO 2

Os Cursos Superiores de Curta Duração Valem a Pena?

Sergio Urzúa

2.1 Introdução

A região da América Latina e Caribe (ALC) precisa de novos motores de crescimento. Os baixos níveis de produtividade e o ambiente de restrições fiscais da região têm afetado negativamente a competitividade e suscitado questões sobre sua capacidade para garantir igualdade de oportunidades. Mais recentemente, as circunstâncias extraordinárias e o impacto socioeconômico associados à pandemia de Covid-19, aliados às mudanças no mundo do trabalho, onde a demanda por habilidades evolui rapidamente, estão reestruturando os mercados de trabalho. Nesse contexto complexo, o capital humano qualificado pode ser um motor formidável de progresso econômico e social (Ferreyra et al. 2017), e os cursos superiores de curta duração (CSCDs) podem ser elementos fundamentais para a recuperação.

Por padrão, os CSCDs mantêm a promessa de se adaptar às mudanças tecnológicas. Eles devem promover habilidades rapidamente, visto que têm o objetivo claro de formar os alunos para o trabalho em um tempo relativamente curto. Dessa forma, os CSCDs tendem a estar mais conectados com o mercado de trabalho do que outras alternativas de ensino superior. No entanto, a cobertura da região para esse nível de educação é baixa. Como mencionado no capítulo 1, apenas 9 por cento dos alunos do ensino superior estão matriculados em CSCDs na ALC, em comparação com cerca de 30 por cento na América do Norte ou no Leste da Ásia e Pacífico.

No entanto, e apesar do potencial dos CSCDs, pouco se sabe sobre seus efeitos no sentido de impulsionar as carreiras futuras dos alunos. O objetivo deste capítulo é preencher essa lacuna, apresentando novas evidências do impacto de cursos superiores de curta duração na ALC. A análise se concentra em dois resultados fundamentais no mercado de trabalho: empregabilidade e salários após a conclusão do curso. Nesse sentido, este capítulo inicialmente apresenta uma comparação entre países das tendências recentes dos retornos econômicos dos cursos de bacharelado e cursos superiores de curta duração. A estratégia empírica segue uma literatura de longa data e informa os prêmios salariais médios para os egressos de CSCDs e cursos de bacharelado em relação aos egressos do ensino médio (retornos mincerianos).

Para apresentar uma estimativa mais significativa do impacto econômico dos CSCDs em relação às alternativas, o capítulo também compara os ganhos líquidos ao longo da vida para egressos de cursos de bacharelado e CSCDs. Essa análise usa dados administrativos de cursos superiores no Chile e na Colômbia, levando em conta os custos de mensalidades, bem como a perda de renda potencial. Dessa forma, o texto avalia as disparidades relativas nos retornos líquidos a partir de uma perspectiva de longo prazo. O rico conjunto de dados usado neste e em outros exercícios neste capítulo é descrito no Quadro 2.1.

Quadro 2.1 Fontes de informação

A análise neste capítulo usa várias fontes de informação. A estimativa dos retornos econômicos de cursos superiores da região usa as pesquisas domiciliares não harmonizadas da Base de Dados Socioeconômicos da América Latina e do Caribe (Centro de Estudos Distributivos, Trabalhistas e Sociais e Banco Mundial), descritas no capítulo 1.

Adicionalmente, a análise se vale de fontes de informações administrativas do Ministério da Educação, contendo registros de alunos para coortes de egressos de instituições de ensino superior (IESs) (idade, sexo, curso e IES, data de conclusão e duração do curso). Uma segunda fonte é o conjunto de dados do Serviço de Informação da Educação Superior, que contém dados de 46.893 cursos acadêmicos em 208 IESs entre 2010 e 2020, incluindo duração formal do curso, mensalidade e localização (município). A terceira fonte é www.mifuturo.cl, site do Ministério da Educação com informações sobre a renda média do trabalho quatro anos após a conclusão para 1.574 cursos superiores, incluindo cursos superiores de curta duração.

No caso da Colômbia, a principal fonte de dados é o Observatório do Trabalho para a Educação (*Observatorio Laboral para la Educación*), do Ministério da Educação. Trata-se de um conjunto de dados longitudinais, individualizados, que contêm informações sobre egressos do ensino superior. O conjunto de dados inclui ano de conclusão, diploma de curso superior obtido, IES cursada, local (município) de trabalho e renda básica usada para contribuições para empregados do setor formal. Esse conjunto de dados é complementado com informações sobre cursos do Sistema Nacional de Informação de Educação Superior (*Sistema Nacional de Información de Educación Superior)*, que inclui duração e mensalidades de aproximadamente 5.400 cursos superiores. Além disso, foram coletadas informações do *Observatório da Universidad Colombiana*, organização independente que reúne dados sobre mensalidades de IESs individuais no país. Assim, ao contrário de estudos anteriores, este capítulo não se baseia em mensalidades agregadas por tipo de instituição. Por fim, o Ministério da Educação Nacional (*Sistema de Prevención y Atención de la Deserción en las Instituciones de Educación Superior)* registra as trajetórias de ensino superior dos alunos.

Apesar das vantagens de usar grandes conjuntos de dados administrativos, é importante reconhecer que a análise está sujeita a limitações de dados. Primeiro, o momento em que os

(quadro continua próxima página)

Quadro 2.1 Fontes de informação *(continuação)*

resultados são observados (salários 1, 2, 4 ou dez anos após a conclusão do curso) pode alterar as conclusões. Especificamente, cursos com altos retornos no curto prazo podem parecer piores em horizontes de tempo mais longos. Além disso, os resultados acadêmicos e no mercado de trabalho muitas vezes pintam quadros bem diferentes (MacLeod et al. 2017). Assim, esforços futuros devem complementar esta análise.

Obviamente, qualquer análise dos benefícios econômicos associados a diferentes cursos superiores estaria incompleta sem um exame da decisão que leva um aluno a ingressar (e, eventualmente, concluir) diferentes cursos superiores. Por exemplo, um aluno poderia escolher entre CSCDs e cursos de bacharelado levando em conta suas características, as condições do mercado de trabalho local e a disponibilidade de instituições de ensino superior (IESs) que oferecem esses cursos, entre outros fatores. Essa auto seleção pode limitar o escopo e a interpretação dos retornos convencionais, particularmente aqueles obtidos a partir da comparação direta dos resultados no mercado de trabalho em grupos de indivíduos com formações superiores diferentes. Formalmente, o simples contraste de médias (por exemplo, rendimentos médios ou níveis de emprego) não pode ser interpretado como o impacto causal da educação em um resultado específico.

Explorando a variação da disponibilidade local de CSCDs na Colômbia e usando um marco conceitual fundamentado nas respostas racionais dos indivíduos, este capítulo aborda essas preocupações e estima o efeito do tratamento de CSCDs no emprego e no salário. O efeito não é o mesmo para todos os alunos que buscam um CSCD, visto que varia dependendo da sua opção de "reserva" — ou seja, o que teriam escolhido (não cursar o ensino superior ou cursar um bacharelado) caso não tivessem ingressado no CSCD.

O capítulo também apresenta novas evidências da contribuição dos CSCDs para os salários iniciais dos seus egressos. Em outras palavras, quantifica as contribuições de cada curso (instituição-grau-área acadêmica de graduação) para os primeiros resultados no mercado de trabalho. O exercício é realizado usando dados valiosos da Colômbia e modelos de valor agregado. Portanto, o texto oferece uma perspectiva diferente dos benefícios econômicos dos CSCDs..

Por fim, o capítulo caracteriza a demanda de trabalho para indivíduos com formação superior. Para tanto, explora informações sobre vagas online na Argentina, no Chile, na Colômbia, no México e no Peru. Cada postagem registra as características do emprego, incluindo qualificações educacionais necessárias, localização da empresa e setor econômico.

As principais conclusões do capítulo podem ser resumidas da seguinte forma:

- Em média, os retornos mincerianos dos cursos de bacharelado são substancialmente maiores do que os dos CSCDs. No entanto, embora os retornos dos cursos de bacharelado na ALC tenham diminuído ao longo do tempo, os retornos dos CSCDs aumentaram em mais da metade dos países da região. Em relação à opção por um bacharelado incompleto, os CSCDs surgem como uma alternativa superior na maioria dos países.

- Além dos retornos mincerianos médios, todas as outras métricas de retornos usadas no capítulo contam uma história coerente de grande heterogeneidade nos retornos dos cursos superiores em geral e dos CSCDs em particular. Os retornos dos cursos de bacharelado e dos CSCDs variam muito conforme a área acadêmica e o tipo de IES; os retornos dos CSCDs variam substancialmente segundo as características dos alunos e de seus municípios; o valor agregado dos CSCDs apresenta grande variação, mesmo entre cursos na mesma área acadêmica; e as oportunidades de emprego para egressos de CSCDs variam consideravelmente conforme o local.

- No Chile e na Colômbia, os retornos líquidos de CSCDs individuais ao longo da vida variam substancialmente entre áreas acadêmicas e tipos de instituições. Embora os retornos líquidos médios dos CSCDs sejam inferiores aos dos cursos de bacharelado, há uma grande dispersão. Em áreas específicas, os CSCDs podem oferecer retornos líquidos maiores do que os de alguns cursos de bacharelado.

- A disponibilidade local de CSCDs aumenta a probabilidade de alguns alunos ingressarem nesses cursos. Exercícios empíricos indicam que, quando os CSCDs se tornam disponíveis, as matrículas em CSCDs aumenta principalmente porque alguns alunos mudam de programas de bacharelado para CSCDs. Esses alunos são principalmente do sexo masculino e vêm de famílias de renda média. Os exercícios também indicam que esses alunos se beneficiariam com a ampliação dos CSCDs porque o os diplomas de CSCDs lhes possibilitaria uma maior participação no mercado de trabalho e salários mais elevados do que um diploma de bacharel. Portanto, a ampliação dos CSCDs disponíveis localmente pode proporcionar adequações melhores e mais produtivas para alguns alunos.

- O valor agregado dos cursos varia entre as áreas acadêmicas e, mais ainda, dentro dessas áreas — dependendo, por exemplo, das características da instituição e do próprio curso (além da área acadêmica). Por exemplo, a contribuição de cursos de três anos para o emprego formal e o salário é maior do que a de cursos de dois anos - ou seja, seu valor agregado é maior.

- A demanda por egressos de CSCDs é alta em relação à demanda por egressos de cursos de bacharelado. Para cada tipo de curso, as vagas publicadas são, em sua maioria, nas áreas de ciência, tecnologia, engenharia e matemática (STEM) e negócios. Embora as vagas e os egressos de CSCDs (que representam a demanda do mercado de trabalho e a oferta de CSCDs, respectivamente) estejam concentrados nas áreas mais populosas de cada país, a oferta é mais concentrada do que a demanda. Isso indica um possível descompasso entre a localização dos empregos e a residência dos candidatos a emprego. Em particular, muitos egressos de CSCDs em áreas menos populosas podem não conseguir encontrar um emprego local adequado às suas habilidades, enquanto as empresas que procuram contratar egressos de CSCDs em áreas mais populosas podem não conseguir encontrar candidatos locais que atendam às suas necessidades.

2.2 O que Sabemos?

Vários estudos tentaram quantificar os efeitos dos CSCDs em diversos países. No entanto, a natureza desses cursos varia substancialmente entre países, e essa característica é reforçada pelas dinâmicas específicas dos países em termos de desenvolvimento demográfico e econômico. Isso pode explicar a disponibilidade limitada de evidências robustas e comparáveis.

Uma dessas evidências vem da Europa. Em vários países europeus, o ensino profissionalizante, que dura de três a quatro anos, representa um passo importante na transição da escola para o trabalho.[1] Essa configuração específica, conhecida como sistema dual, normalmente é organizada como parte da estrutura educacional formal e envolve uma relação de emprego, além da educação formal média e superior. Muitas vezes inclui cursos de educação e formação profissional e técnica (EFPT), alguns dos quais duram apenas alguns meses e, como resultado, não constituem CSCDs. A literatura documenta que em países com sistemas duais como Áustria, Dinamarca, Alemanha e Suíça há menos desemprego juvenil e mais emprego em ocupações qualificadas e setores de altos salários.[2] Esse efeito pode estar associado a uma maior compatibilidade entre formação e demanda do mercado de trabalho, que resulta do fato de o processo de acumulação de capital humano ser dependente da oferta de vagas pelos empregadores.[3]

Os pesquisadores também fizeram comparações mais diretas entre formação "profissionalizantes" no ensino médio ou superior (esse último incluindo CSCDs) e formação "geral", como um curso de bacharelado ou um curso de ensino médio não técnico, preparatório para a universidade.[4] Eles analisaram perfis de empregos ao longo do tempo para egressos dessas diversas opções de ensino. Usando dados de 18 países da Pesquisa Internacional de Alfabetização de Adultos, constataram que,[5] contabilizado o total de anos de escolaridade, os egressos de cursos gerais obtêm resultados de emprego piores do que os egressos de cursos profissionalizantes no início de suas carreiras, mas melhores posteriormente. Esse padrão é particularmente acentuado em países conhecidos por seus extensos sistemas duais. As habilidades geradas por cursos profissionalizantes podem facilitar as transições para o mercado de trabalho, mas podem se tornar obsoletas mais rapidamente do que aquelas ministradas em cursos de formação geral. Outros estudos encontraram padrões semelhantes para a formação profissionalizante em relação à formação geral,[6] incluindo estudos para países da Europa e Ásia Central e África.[7]

Nos países da ALC, evidências da Pesquisa de Habilidades e Trajetória (*Skills and Trajectory Survey*), realizada pelo Banco Interamericano de Desenvolvimento (BID) na Argentina e no Chile, sugerem que a formação técnica no ensino médio e pós-médio propicia altos retornos e, portanto, deve receber mais atenção, dado o seu potencial para melhorar os resultados no mercado de trabalho.[8] No entanto, estudos baseados em dados administrativos para o Chile e a Colômbia estimam os retornos dos cursos de bacharelado e CSCDs e constatam que, para uma proporção substancial de jovens, os CSCDs acarretam perdas econômicas.[9]

Esforços foram envidados para estimar os retornos no mercado de trabalho de certificados e cursos de *associate degrees* em uma instituição comunitária de ensino superior nos Estados Unidos.[10] Esses estudos geralmente concluem que essas credenciais resultam em mais emprego formal e/ou salários mais altos do que a opção de não frequentar uma instituição comunitária de ensino superior, e que os *associate degrees* geram salários mais altos do que os cursos de longa duração, sendo que as evidências sobre cursos de curta duração são menos claras.[11] Embora essa literatura quantifique os ganhos de frequentar uma instituição comunitária de ensino superior em relação a não fazê-lo, por motivos relacionados a dados este capítulo se concentra na comparação dos ganhos relativos de frequentar diferentes CSCDs, conforme discutido na seção "Contribuição (Valor Agregado) de CSCDs".

Parte da literatura acima mencionada também sugere que, embora os CSCDs tenham impactos melhores no curto prazo do que os cursos de bacharelado, o inverso pode acontecer no longo prazo. Para entender adequadamente o impacto de curto e longo prazo dos CSCDs, deve-se consultar a literatura crescente que documenta o papel crítico das habilidades e seu desenvolvimento.[12] A formação, obviamente, é um canal essencial para o desenvolvimento de habilidades. No entanto, se a formação desenvolve habilidades gerais ou específicas é discutível, particularmente no caso do ensino superior. Isso depende das características específicas dos cursos e graus, que variam entre e dentro dos países. Os CSCDs são conhecidos por fornecer capital humano específico para ocupações e carreiras. Na ALC, no entanto, o mesmo se aplica aos cursos de bacharelado, em vista do seu grande foco na área acadêmica específica desde o primeiro ano (ver capítulo 5). Além disso, na ALC tanto os CSCDs como os cursos de bacharelado fornecem habilidades gerais porque, ao oferecer educação superior com a duração de pelo menos dois anos, em oposição à mera capacitação de curto prazo, ambos os tipos de curso estimulam o desenvolvimento de diversas habilidades, como pensamento crítico, solução de problemas e trabalho em equipe e comunicação. Como resultado, torna-se extremamente difícil – se não impossível – estabelecer a diferença entre a combinação de habilidades promovida pelos CSCDs e pelos cursos de bacharelado na ALC.

A combinação de habilidades é um determinante crítico dos efeitos de curto e longo prazo de CSCDs e cursos de bacharelado. Embora uma análise detalhada da combinação de habilidades de cursos específicos esteja além do escopo deste livro, duas evidências são dignas de nota. Em primeiro lugar, os diretores de CSCDs entrevistados na Pesquisa de Cursos Superiores de Curta Duração do Banco Mundial (WBSCPS) declararam que seus cursos visam desenvolver habilidades não apenas específicas, mas também gerais, incluindo habilidades cognitivas e interpessoais (capítulo 3). Em segundo lugar, outros estudos constataram que os egressos de cursos pós-médio com uma forte orientação para o mercado de trabalho apresentam maiores habilidades socioemocionais e interpessoais do que outros indivíduos.[12]

Além disso, as declarações gerais sobre as habilidades relativas e os retornos de bacharelados e CSCDs têm que ser sujeitas à qualificação. Por um lado, como mostra a próxima seção, há uma enorme variação tanto entre cursos de bacharelado como em CSCDs em termos dos seus retornos líquidos ao longo da vida, com alguns CSCDs superando alguns cursos de bacharelado. Doravante, os países da ALC devem ver o ensino superior como uma peça para promover a aprendizagem vitalícia, por meio da qual um indivíduo continua a adquirir habilidades ao longo da vida (capítulo 5). A opção de voltar para a escola quando necessário diminui a ênfase nas habilidades adquiridas em qualquer curso, pois permite ao indivíduo adquirir de forma flexível a combinação desejada de habilidades ao longo do tempo.

Por outro lado, a análise empírica pode não levar em conta adequadamente a auto seleção. Em outras palavras, não é óbvio que o mesmo aluno auto selecionado para um CSCD obteria o mesmo perfil médio de emprego de um aluno auto selecionado para um curso de bacharelado. Como mostra a "Expandindo a Oferta de CSCDs: Quem se Beneficiaria e por quê?", quando a auto seleção é adequadamente considerada (tarefa reconhecidamente difícil em análises entre países), a conclusão é que os CSCDs são uma combinação melhor para os alunos que não estão preparados para um curso de bacharelado, pelo menos no curto prazo. A razão é que esses alunos provavelmente frequentariam um curso de bacharelado não seletivo. Sua probabilidade de concluir o curso seria menor do que a de alunos bem-preparados (Ferreyra et al. 2017) e, caso o fizessem, seus resultados no mercado de trabalho ficariam abaixo da média. Comparar a trajetória média do mercado de trabalho de egressos de CSCDs e de bacharelados, portanto, mascara uma heterogeneidade enorme entre alunos e cursos.

É claro que não se pode esperar que o ensino superior compense totalmente um déficit nas habilidades fundamentais que o aluno deveria ter adquirido no ensino fundamental e médio.[13] Quase todos os diretores de CSCDs entrevistados na WBSCPS declararam oferecer ensino corretivo, em vista dos sérios déficits de seus alunos ingressantes (capítulo 1). À medida que criam um sistema de ensino superior para o futuro, os países da ALC devem continuar a melhorar a qualidade dos seus sistemas de educação básica.

2.3 Valor Econômico dos CSCDs na ALC

Durante décadas, os economistas exploraram maneiras de avaliar o valor[14] econômico dos investimentos em capital humano (Becker e Chiswick 1966). Por razões conceituais, o desafio empírico por trás desses esforços é simples: como chegar à melhor comparação possível de salários médios entre grupos de indivíduos com diferentes graus de escolaridade, mas características idênticas em outros aspectos. Para ilustrar a ideia, consideremos W_{scp} e W_{HS} como sendo os salários médios de dois grupos: trabalhadores que declaram ser portadores de um diploma de CSCD e de um diploma de ensino médio como seu grau mais alto de escolaridade, respectivamente. Assim, o retorno de um diploma de CSCD em relação a um diploma de ensino médio pode ser aproximado pela razão entre W_{scp} e W_{HS}. Para entender o conceito, consideremos, por exemplo, uma razão igual a 1,25, equivalente a um retorno de 25 por cento. Isso significaria que, em média, trabalhadores com um diploma de CSCD ganham 25 por cento a mais do que trabalhadores com um diploma de ensino médio. Obviamente, uma comparação justa envolveria grupos que fossem equivalentes em termos de observação (com exceção do grau de escolaridade mais alto concluído). Para levar isso em conta, a análise é ajustada às características do trabalhador. O Quadro 2.2 descreve suscintamente a equação de Mincer (Mincer 1974), que é o modelo econométrico convencional usado para estimar os retornos da educação.

Quadro 2.2. Estimativa de retornos mincerianos

A análise pioneira de Jacob Mincer (1974) estabeleceu as bases para um dos modelos econométricos mais populares na economia do trabalho aplicada: o modelo de Mincer. Em poucas palavras, a estratégia busca comparar os salários de indivíduos que declaram diferentes graus de escolaridade após o controle por outras características observadas (X). O resultado dessa comparação é conhecido como o retorno minceriano da educação. Formalmente, consideremos o seguinte modelo de regressão (subscritos individuais i omitidos para fins de simplificação):

$$ln\ W\ (S,X) = \alpha + \beta S + X'\gamma + \varepsilon,$$

onde W normalmente denota salários de adultos, S denota anos de escolaridade e X é um conjunto de variáveis, incluindo experiência no mercado de trabalho e seu quadrado, área urbana e indicadores de região, entre outros controles. Uma vez que $ln\ W\ (S,X) - ln\ W(S-1,X)$ é aproximadamente igual a $(W(S,W) - W(S-1,X))/W(S-1,X)$ para qualquer S, o coeficiente β é interpretado como o retorno econômico de um ano adicional de escolaridade. A configuração pode ser estendida para permitir efeitos não lineares da escolaridade. Para tanto, consideremos D_s como uma variável binária, assumindo o valor 1 se o trabalhador declarar o grau de escolaridade s como sua escolaridade máxima e 0 nos demais casos; e de modo que $\sum_{s=0}^{S} D_s = 1$. Assim, uma versão mais flexível do modelo de Mincer é

$$ln W(S,\ X) = \alpha + \sum_{s=1}^{S} \beta_s D_s + X'\gamma + \varepsilon, \qquad (B2.2.1)$$

onde β_s s = 1,...,S é o retorno econômico do grau de escolaridade D_s em relação a D_0 (referência). Na aplicação empírica descrita nesta seção, o conjunto de níveis de escolaridade considerados inclui (a) ensino fundamental; (b) ensino médio (diploma de ensino médio);(c) evasão de CSCD (ensino superior sem conclusão de CSCD); (d) conclusão de CSCD; (e) evasão de

(quadro continua próxima página)

Quadro 2.2 Estimativa de retornos mincerianos *(continuação)*

bacharelado; e (f) conclusão de bacharelado. Para a maior parte da análise, o "diploma de ensino médio" é a categoria de referência e, portanto, os parâmetros de interesse (ou seja, aqueles correspondentes às opções (c) a (f)) devem ser interpretados em relação a esse grau de escolaridade. A estimativa da equação (B2.2.1) também considera o impacto potencial da autos seleção no emprego. Para isso, a equação é estimada com base em um modelo de autos seleção à la Heckman, usando características de histórico familiar como restrições de exclusão.

A Tabela 2.1 mostra o retorno minceriano de CSCDs no início dos anos 2000, início dos anos 2010 e final dos anos 2010. Para fins de completude e comparação, a tabela também informa os retornos de qualquer curso superior (bacharelado ou CSCD) e de um bacharelado.[15] Esses retornos são relativos a um diploma de ensino médio.

A tabela mostra várias constatações interessantes. Em primeiro lugar, independentemente do período de análise, na maioria dos países os retornos mincerianos de cursos de bacharelado são maiores do que os de CSCDs. Os retornos de cursos de bacharelado variam de 70 por cento (início dos anos 2010 na Argentina) a 178 por cento (final dos anos 2010 no Chile). Em segundo lugar, os retornos dos cursos superiores foram caracterizados por um declínio constante entre o início dos anos 2000 e o final dos anos 2010. Esse padrão é impulsionado principalmente por uma diminuição no retorno dos cursos de bacharelado, que passou de 139 por cento no início dos anos 2000 para 109 por cento quase duas décadas depois. A evolução dos retornos dos CSCDs oferece uma visão menos pessimista. Em média, ao longo de duas décadas, os egressos de CSCDs obtiveram salários aproximadamente 60 por cento mais altos do que os de egressos do ensino médio. Durante esse período, os retornos mincerianos dos CSCDs aumentaram para a metade dos países.

As figuras 2.1 e 2.2 apresentam essas constatações graficamente. A Figura 2.1 mostra as mudanças nos retornos entre o início dos anos 2000 e o final dos anos 2010 para cursos de bacharelado e CSCDs. A figura mostra que, enquanto a maioria dos países experimentou uma redução no retorno dos cursos de bacharelado, 7 dos 12 países experimentaram um aumento no retorno dos cursos superiores de curta duração, com ganhos variando de 5 a 45 pontos percentuais. A Figura 2.2 exibe os retornos dos CSCDs nos 12 países e para o período de análise mais recente (final dos anos 2010), que também são mostrados na Tabela 2.1. Para El Salvador e Bolívia, o modelo de Mincer oferece estimativas acima de 100 por cento; a faixa fica entre 40 por cento e 80 por cento para Argentina, Chile, Equador, Honduras, Paraguai e Uruguai entre 20 e 40 por cento para Costa Rica e Peru. No geral, esses resultados sugerem uma vantagem dos CSCDs sobre a alternativa de um diploma de ensino médio.

À primeira vista, as vantagens de um CSCD em relação ao ensino médio apresentadas na Figura 2.2 podem não ser surpreendentes, visto que refletem, em última análise, o retorno econômico de novas habilidades e capacidades.

Tabela 2.1 Retornos mincerianos de cursos superiores em países da ALC, 2000 a 2010 (%)

País	Qualquer curso superior			Bacharelado			Curso Superior de Curta Duração		
	Início dos anos 2000	Início dos anos 2010	Final dos anos 2010	Início dos anos 2000	Início dos anos 2010	Final dos anos 2010	Início dos anos 2000	Início dos anos 2010	Final dos anos 2010
Argentina	56	60	58	72	70	70	32	48	42
Chile	150	142	118	216	198	178	64	62	48
Peru	80	56	62	126	94	110	42	30	32
Equador	132	98	88	136	100	96	26	52	44
México	80	84	86	80	82	90	70	46	44
Uruguai	82	74	60	122	92	72	38	56	46
Nicarágua	120	110	100	148	114	104	18	62	74
El Salvador	98	134	102	120	142	98	66	106	110
Honduras	106	128	104	110	132	106	54	46	76
Costa Rica	106	112	126	114	114	142	46	92	36
Paraguai	128	94	116	182	124	134	74	60	80
Bolívia	196	84	106	236	78	108	152	92	100
ALC	111	98	93	139	112	109	57	63	60

Fonte: Kutscher e Urzúa (2020), documento de apoio escrito para este livro, baseado na Base de Dados Socioeconômicos para a América Latina e o Caribe (SEDLAC).
Nota: A tabela informa o retorno de cursos superiores em relação à alternativa de um diploma de ensino médio. A estimativa do modelo de Mincer também considera o potencial impacto da auto seleção no emprego. O conjunto de controles inclui experiência no mercado de trabalho, idade e seu quadrado, indicadores de área urbana e indicadores de região. Argentina (2003), Bolívia (2000), Chile (2000), Costa Rica (2001), El Salvador (2000), Equador (2003), Honduras (2002), México (2004), Nicarágua (2001), Panamá (2001), Paraguai (2003), Peru (2000) e Uruguai (2000). Argentina (2010), Bolívia (2011), Chile (2011), Costa Rica (2010), El Salvador (2010), Equador (2010), Honduras (2010), México (2010), Nicarágua (2009), Panamá (2010), Paraguai (2010), Peru (2010) e Uruguai (2011). Argentina (2016), Bolívia (2016), Chile (2015), Costa Rica (2016), El Salvador (2016), Equador (2016), Honduras (2016), México (2016), Nicarágua (2014; dados posteriores não disponíveis), Panamá (2016), Paraguai (2016), Peru (2016) e Uruguai (2016). ALC = América Latina e Caribe.

Um grupo de comparação mais exigente seria o daqueles que iniciam – mas não concluem - um curso de bacharelado, ou seja, que abandonam um curso de bacharelado. A Figura 2.3 apresenta os resultados, que indicam que, na maioria dos países, os retornos são mais altos para CSCDs do que para bacharelados incompletos. Assim, em relação à evasão de um curso de bacharelado, os CSCDs surgem como uma alternativa financeiramente superior (com exceção do Chile e do Peru, onde a diferença entre os retornos não é significativamente diferente de zero).[17]

Embora seja informativa, essa análise não captura totalmente alguns elementos críticos, tais como mensalidades e custos de oportunidade de cursar o ensino superior. E os resultados podem mascarar uma heterogeneidade considerável nos retornos dos cursos de bacharelado e CSCDs, por exemplo, entre instituições e áreas acadêmicas.[16] A próxima seção investiga mais detalhadamente o grau de heterogeneidade dos retornos do ensino superior.

Figura 2.1 Mudanças nos retornos mincerianos de cursos de bacharelado e CSCDs entre o início dos anos 2000 e final dos anos 2010

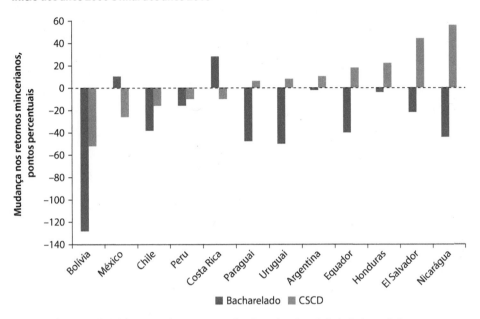

Fonte: Kutscher e Urzúa (2020), documento de apoio para este livro, baseado na Base de Dados Socioeconômicos para a América Latina e o Caribe (SEDLAC).

Nota: Essa figura usa resultados obtidos da estimativa do modelo de Mincer descrito no Quadro 2.2. Mostra a diferença entre os coeficientes estimados associados às categorias de escolaridade relevantes (cursos de bacharelado e CSCDs) entre o início dos anos 2000 e o final dos anos 2010. Os resultados são informados como diferenças em pontos percentuais. CSCD = Curso Superior de Curta Duração.

Figura 2.2 Retornos mincerianos de CSCDs na América Latina e Caribe por país, final dos anos 2010

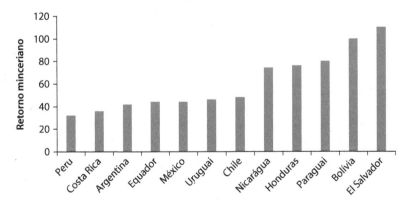

Fonte: Kutscher e Urzúa (2020), documento de apoio escrito para este livro, baseado na Base de Dados Socioeconômicos para a América Latina e o Caribe (SEDLAC).

Nota: A figura mostra os retornos da conclusão de um CSCD em relação à alternativa de conclusão do ensino médio no final da década de 2010. Os coeficientes representam a diferença média de (ln) ganhos mensais entre trabalhadores egressos de CSCDs e trabalhadores egressos do ensino médio, controlando por gênero, idade e seu quadrado, indicadores de área urbana e indicadores regionais por país. Os retornos são computados como a função exponencial do coeficiente menos 1. A estimativa do modelo de Mincer também considera o potencial impacto da auto seleção no emprego. CSCD = Curso Superior de Curta Duração..

Figura 2.3 Cursos superiores de curta duração em relação à evasão universitária (curso de bacharelado): retornos mincerianos, final dos anos 2010

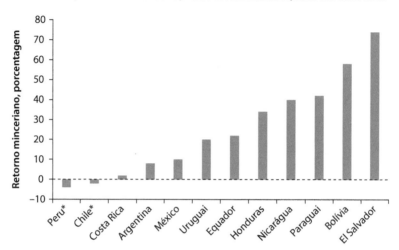

Fonte: Kutscher e Urzúa (2020), documento de apoio deste livro, baseado na Base de Dados Socioeconômicos para a América Latina e o Caribe (SEDLAC).
Nota: Essa figura usa resultados obtidos da estimativa do modelo de Mincer descrito no Quadro 2.2. Mostra a razão (menos um) entre os coeficientes estimados correspondentes a um CSCD completo e um curso de bacharelado incompleto.
* O coeficiente não é estatisticamente diferente de zero.

2.4 Custos, Duração e Retornos Econômicos: Chile e Colômbia

Embora sejam informativos sobre os bônus de rendimentos, os retornos mincerianos não levam em consideração alguns dos aspectos críticos que moldam o impacto geral dos diplomas de ensino superior sobre os resultados dos indivíduos no mercado de trabalho. Por exemplo, os retornos mincerianos não contabilizam custos diretos, como mensalidades e taxas, ou os custos indiretos de oportunidade de rendimentos perdidos. Como tal, eles podem descaracterizar os benefícios e/ou custos relativos associados a diferentes tipos de diplomas de ensino superior.

Estudos recentes documentaram retornos negativos para alguns cursos de ensino superior no Chile e na Colômbia depois de levar em conta os custos diretos e indiretos. Esta seção desenvolve uma análise dos estudos de Espinoza e Urzúa (2018) e González-Velosa et al. (2015) e usa dados administrativos de alunos do Chile e da Colômbia para estimar os retornos econômicos líquidos de cursos de ensino superior levando esses aspectos em consideração. O Quadro 2.3 descreve a abordagem.

O Chile e a Colômbia têm sistemas complexos de ensino superior. O Chile tem três tipos de IESs: universidades (que oferecem cursos de bacharelado e CSCDs), institutos profissionais (que oferecem CSCDs de quatro anos) e centros de treinamento técnico (autorizados apenas a oferecer CSCDs de dois anos). Na Colômbia, existem quatro tipos de IESs: universidades, institutos universitários, institutos tecnológicos e institutos profissionais técnicos. Na graduação, existem

---

Quadro 2.3 Valor de um diploma de ensino superior ao longo do ciclo de vida

A estimativa dos retornos econômicos líquidos do ensino superior em termos de rendimentos ao longo da vida pode oferecer evidências sobre os efeitos gerais de longo prazo do processo de acumulação de capital humano. Considere o problema de decisão de um indivíduo que, após concluir o ensino médio, está decidindo se deseja obter um diploma de ensino superior. Suponha que ele esteja ponderando as alternativas de se matricular em um curso de ensino superior ou entrar na força de trabalho logo após terminar o ensino médio. Os retornos ex-post do curso superior j, definidos pela combinação de instituição, tipo de diploma e especialização, podem ser escritos como:

$$r_{HS}(j) = \frac{NPV(j) - NPV_{HS}}{NPV_{HS}},$$

onde $NPV(j)$ é o valor líquido presente dos ganhos de fazer curso superior j e NPV_{HS} é o valor presente de não cursar o ensino superior após concluir o ensino médio. Formalmente,

$$NPV(j) = \sum_{t=d_{j+1}}^{R} \frac{Y_j(t)}{(1+r)^t} - \sum_{t=1}^{d_j} \frac{C_j}{(1+r)^t} \text{ e } NPV_{HS} = \sum_{t=1}^{R} \frac{Y_{HS}(t)}{(1+r)^t},$$

onde $Y_j(t)$ é a renda associada ao curso j na idade t, C_j representa as despesas com o curso, d_j é a duração teórica do curso, r é a taxa de desconto, R denota a idade de aposentadoria e $Y_{HS}(t)$ representa a renda contrafatual recebida sob a alternativa de um diploma de ensino médio (e sem ensino superior) . Explorando dados comparativos, Espinoza e Urzúa (2017) postulam uma estratégia para fazer isso. Os resultados relatados neste capítulo seguem essa abordagem. Uma premissa fundamental é que, na média, o indivíduo que obtiver um diploma de ensino superior terá recebido rendimentos contrafatuais comparáveis aos do 75º percentil da distribuição de rendimentos dos portadores de diploma do ensino médio.

Os retornos ex-post são acumulados para os alunos que terminam o curso - ou seja, estão condicionados à graduação. Em contraste, os retornos ex-ante levariam em consideração a probabilidade de graduação e pesariam os retornos ex-post de acordo. Os cálculos descritos acima podem ser estendidos para obter os retornos ex-ante, incondicionais, esperados. Para maior clareza de apresentação, este capítulo se concentra nos retornos ex-post.

---

três níveis: técnico-profissional (CSCD), tecnológico (CSCD) e profissional (bacharelado). Embora as universidades e centros universitários possam oferecer qualquer um dos três tipos de qualificação, os institutos tecnológicos e os institutos profissionais técnicos só podem oferecer CSCDs. Apesar de o Serviço Nacional de Aprendizagem (SENA, *Servicio Nacional de Aprendizaje*) se concentrar principalmente em cursos vocacionais e profissionalizantes, essa instituição pública também oferece diplomas de CSCD que são comparáveis aos concedidos por institutos técnicos (ver capítulo 1).

Em princípio, essas estruturas intrincadas podem impedir uma identificação clara dos CSCDs, mas os dados administrativos permitem uma categorização precisa. A Tabela 2.2 apresenta estatísticas básicas sobre os sistemas de ensino superior no Chile e na Colômbia.

Um grande número de IESs e cursos surge como uma característica distintiva dos sistemas de ensino superior em ambos os países, com custos médios na faixa de US$ 3.500 a US$ 6.500 em mensalidades ao longo do ano. Esses números representam uma fração significativa do produto interno bruto per capita - US$ 14.450 para a Colômbia em 2018 e US$ 24.000 para o Chile em 2019 (em dólares de paridade do poder de compra). A variação nos custos dos cursos, como mostra a literatura, contribui para as grandes disparidades em seus

Tabela 2.2 Estatística descritiva, ensino superior no Chile e na Colômbia

A. Chile (2019)	Tipos de IESs		
	Centros de treinamento técnico (CSCD de 2 anos)	Institutos profissionais (CSCD de 4 anos)	Universidades (bacharelados e CSCDs)
Lado da demanda			
Total de matrículas (número)	137.940	379.456	676.915
Matrícula no primeiro ano (número)	60.927	122.616	152.153
Lado da oferta			
Número de IESs	48	41	61
Número de cursos	3.185	7.313	6.864
Duração (anos)	2,3	2,9	4,0
Custos educacionais (dólares PPC de 2019, anual)	$3.562	$3.667	$6.224

B. Colômbia (2018)	Tipos de IESs			
	Institutos profissionais técnicos (CSCD)	Institutos tecnológicos (CSCD)	Institutos universitários (bacharelados e CSCDs)	Universidades (bacharelados e CSCDs)
Lado da demanda				
Matrículas (número)	1.983	10.129	11.230	40.043
Matrículas no primeiro ano (número)	1.327	5.647	8.155	26.410
Lado da oferta				
Número de IESs	34	49	133	132
Número de cursos	964	2.152	4.174	6.840
Duração (anos)	2,7	2,6	3,6	4,4
Custos educacionais (dólares PPC 2019, anual)	$3.829	$4.477	$4.555	$6.522

Fontes: Kutscher e Urzúa (2020), documento de referência para este livro. Cálculos baseados no *Mi Futuro*, do *Ministério da Educação do Chile*, e no *Sistema Nacional de Información de la Educación Superior* do Ministério da Educação da Colômbia. *Nota:* Os CSCDs oferecidos pelo *Servicio Nacional de Aprendizaje* não estão incluídos. CSCD = Curso Superior de Curta Duração; IES = instituição de ensino superior; PPC = paridade do poder de compra

retornos líquidos (Espinoza e Urzúa 2018; Ferreyra et al. 2017). Esta seção revisa tal evidência, mas, ao contrário de estudos anteriores, ela se concentra em CSCDs.

Para começar, considere a seguinte questão: Quando se trata de retornos de IESs, o bacharelado é a alternativa mais lucrativa? Com base nos retornos mincerianos relatados na Tabela 2.1, a resposta a essa pergunta seria, seguramente, um sim. No entanto, essa visão omite dois fatos centrais refletidos na Tabela 2.2. Primeiro, os CSCDs são, em média, mais curtos do que os cursos de bacharelado. Em segundo lugar, em média, eles cobram uma mensalidade mais baixa. Levando esses aspectos em consideração, a resposta à pergunta pode mudar, já que os CSCDs podem competir bem com os cursos de bacharelado.

Para explorar essas questões, a Figura 2.4 examina o caso do Chile e compara, entre as áreas de conhecimento, os retornos líquidos médios de CSCDs e de diplomas de bacharelado concedidos por universidades. O foco nas universidades garante uma comparação significativa que não é afetada pela heterogeneidade dos tipos de IESs. Destacadamente, os CSCDs em artes e ciências sociais ministrados por universidades oferecem, em média, retornos líquidos médios mais elevados do que os graus de bacharelado concedidos pelas mesmas instituições. Portanto, mesmo entre os diplomas concedidos pela mesma universidade, os CSCDs às vezes são a melhor alternativa.

Um achado semelhante foi feito na Colômbia. Concentrando-se nos diplomas concedidos por universidades na Colômbia, Kutscher e Urzúa (2020) mostram que, apesar de uma vantagem geral dos cursos de bacharelado, os CSCDs em

Figura 2.4 Retorno líquido médio para CSCDs e bacharelados concedidos por universidades chilenas, por área de conhecimento

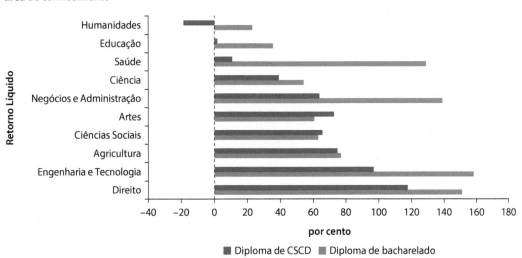

Fonte: Kutscher e Urzúa (2020), documento de referência para este livro. Cálculos baseados em dados individuais do Ministério da Educação do Chile, Serviço de Informações do Ensino Superior e *Mi Futuro.*
Nota: Os retornos líquidos são relativos à alternativa de um diploma do ensino médio. A figura mostra as médias sobre os retornos individuais. CSCD = Curso Superior de Curta Duração.

ciências sociais garantem retornos médios mais elevados (60 por cento) do que os bacharelados na mesma área de estudo (40 por cento). Além disso, os riquíssimos dados administrativos da Colômbia permitem a estimativa separada dos retornos líquidos para homens e mulheres. Os autores descobriram que os retornos líquidos de cursos de bacharelado e dos CSCDs são maiores para os homens do que para as mulheres, independentemente do tipo de IES - embora existam algumas exceções. Por exemplo, entre os diplomas da área da saúde concedidos por universidades, os retornos líquidos dos CSCDs são 18 por cento mais altos para as mulheres do que para os homens (em contraste, os retornos líquidos do bacharelado são 71 por cento mais altos para os homens do que para as mulheres).

Os retornos dos CSCDs são maiores quando concedidos por uma universidade em comparação com outras IESs? A Figura 2.5 apresenta informações do Chile e compara, entre as áreas de conhecimento, os retornos líquidos médios para os diplomas de CSCD concedidos por diferentes tipos de IES. Os alunos que se formaram em universidades em áreas como direito e ciências sociais apresentam retornos líquidos mais elevados do que aqueles que obtêm os mesmos diplomas de CSCDs ministrados por IESs não universitárias. No entanto, na área da ciência, alguns CSCDs de IESs não universitárias geram retornos mais elevados do que os das universidades.

A Figura 2.6 faz uma comparação semelhante para a Colômbia. Em todas as áreas, exceto nas artes, os retornos são maiores em algum tipo de IES não universitária do que nas universidades. Por exemplo, o retorno líquido médio para um diploma na área da saúde de um instituto de tecnologia é superior a 60 por cento, ao passo que é inferior a 4 por cento no caso de diploma de universidade. Assim, no Chile e na Colômbia, os CSCDs concedidos por IESs não universitárias costumam gerar retornos mais elevados do que os das universidades, e esse fato é mais pronunciado no caso na Colômbia.

É possível ir além de uma comparação de retornos médios por área e tipo de instituição? Sim, porque os dados individuais do Chile e da Colômbia permitem construir a distribuição dos retornos médios dos cursos por área de estudo. A Figura 2.7 mostra os retornos líquidos dos percentis 25 (círculo) e 75 (quadrado) dessas distribuições para os diplomas de bacharelado (em azul) e de CSCD (em laranja). O painel *a* mostra o Chile e o painel *b* mostra a Colômbia. Para ser mais completa, a figura também apresenta as médias (losangos) das distribuições correspondentes. Para simplificar, os termos "pior" e "melhor" são usados para se referir ao 25° e 75° percentis, respectivamente.

Em ambos os países, a variação nos retornos dos cursos entre as diferentes áreas é impressionante, pois varia de -30 a 180 por cento. Em todas as áreas, os cursos de bacharelado, em média, resultam em retornos líquidos mais elevados do que o CSCD médio, mas em algumas áreas o CSCD médio garante retornos líquidos mais elevados do que os "piores" cursos de bacharelado. Além disso, na maioria das áreas de conhecimento, o "melhor" CSCD garante retornos líquidos mais elevados do que o "pior" curso de bacharelado. No Chile, o CSCD médio de áreas como engenharia e tecnologia ou direito garante retornos líquidos maiores

Figura 2.5 Retornos líquidos médios de CSCDs, por área de conhecimento e tipo de instituição, Chile

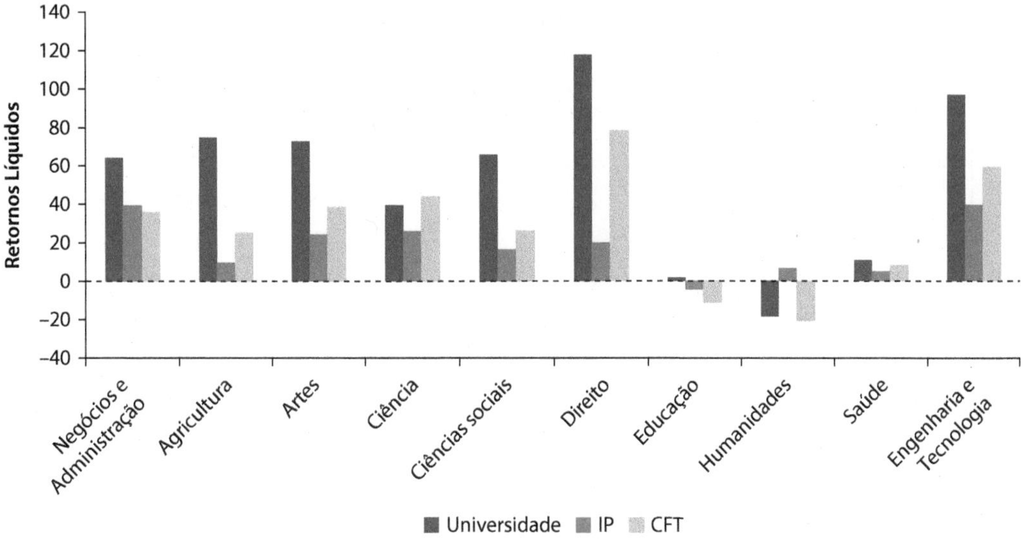

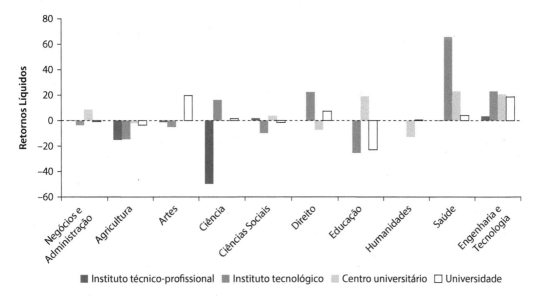

Fonte: Kutscher e Urzúa (2020), documento de referência para este livro. Cálculos baseados em dados individuais do Ministério da Educação do Chile, Serviço de Informações do Ensino Superior e *Mi Futuro.*
Nota: Os retornos líquidos são relativos à alternativa de um diploma do ensino médio. A figura mostra as médias sobre os retornos individuais.
CFT = centros de formação técnica *(centros de formación tecnica)*; CSCD = Curso Superior de Curta Duração; IP = institutos profissionais *(institutos profesionales)*

Figura 2.6 Retornos líquidos médios para CSCDs, por área de conhecimento e tipo de instituição, Colômbia

Fonte: Kutscher e Urzúa (2020), documento de referência para este livro. Cálculos baseados em dados do Ministério da Educação Nacional da Colômbia, do Sistema Nacional de Informações sobre Educação e *Observatorio Laboral para la Educación da Colômbia.*
Nota: Os retornos líquidos são relativos à alternativa de um diploma do ensino médio. A figura mostra as médias sobre os retornos individuais.
Em relação à Colômbia, os CSCDs oferecidos pelo *Servicio Nacional de Aprendizaje* não estão incluídos. CSCD = Curso Superior de Curta Duração

Figura 2.7 Heterogeneidade nos retornos médios de cursos de ensino superior, por área e tipo de diploma

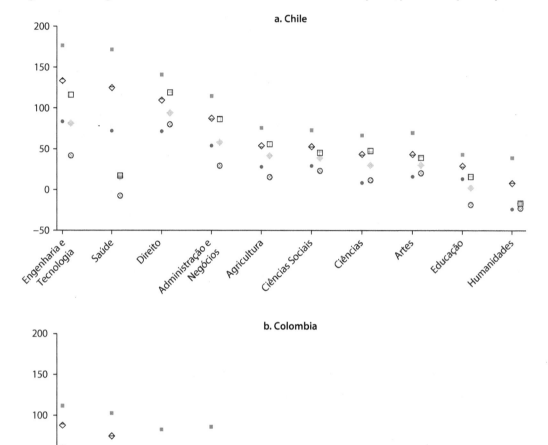

- • 25º percentil Bacharelado ◇ Média Bacharelado ■ 75º percentil Bacharelado
- ◎ 25º percentil CSCD ◆ Média CSCD ⊞ 75º percentil CSCD

Fontes: Cálculos do Banco Mundial baseados em dados comparativos do Ministério da Educação do Chile, Serviço de Informações do Ensino Superior e *Mi Futuro;* do Ministério da Educação Nacional, Sistema Nacional de Informação Educacional e do *Observatorio Laboral para la Educación da Colômbia.*
Nota: Os retornos líquidos são relativos à alternativa de um diploma do ensino médio. Para cada país e tipo de curso, a figura mostra a média, o 25º percentil e o 75º percentil da distribuição dos retornos (médios) do curso por área de atuação. Para a Colômbia, os CSCDs oferecidos pelo *Servicio Nacional de Aprendizaje* não estão incluídos. CSCD = Curso Superior de Curta Duração.

do que o curso de bacharelado médio em áreas como artes, educação ou humanidades. Na Colômbia, o CSCD médio em engenharia e tecnologia oferece retornos líquidos mais altos do que os "piores" cursos de bacharelado em quase todas as outras áreas. Em outras palavras, vários CSCDs oferecem retornos melhores do que muitos cursos de bacharelado.

É necessário fazer uma ressalva importante com relação à análise anterior sobre os retornos. Os retornos negativos de um curso não indicam necessariamente que não vale a pena fazê-lo. O curso pode ter valor social, como para professores do ensino fundamental 1, para os que desejam fazer trabalho social ou ainda ter valor no sentido de proporcionar ao aluno um retorno não pecuniário. Em vez disso, a análise busca mostrar que, para alunos interessados em aumentar sua renda ao longo da vida, alguns cursos são claramente melhores do que outros. Também busca alertar as agências reguladoras sobre a grande variação nos retornos de CSCDs e apresentar dados para informar a tomada de decisões (capítulo 5).

Em suma, apesar das grandes disparidades entre os tipos de IES e área de conhecimento, as estimativas de retornos líquidos no Chile e na Colômbia indicam que os CSCDs podem oferecer maiores benefícios econômicos na comparação com os diplomas de bacharelado. Entre as instituições que concedem diplomas de CSCD, as universidades nem sempre são a opção de maior retorno, pois outras IESs oferecem retornos melhores, dependendo da área. À luz do estigma relacionado a CSCDs na região e das diferenças de financiamento entre cursos de bacharelado e CSCDs (ver capítulo 1), essas descobertas sugerem que famílias, alunos e formuladores de políticas podem estar negligenciando os benefícios econômicos dos CSCDs.

2.5 Expandindo a Oferta de CSCDs: Quem se Beneficiaria e por quê?[18]

A ALC testemunhou esforços para expandir a oferta de CSCDs nas últimas duas décadas. Por exemplo, o número de CSCDs na Colômbia e no Chile cresceu aproximadamente 3 e 2 por cento ao ano, respectivamente, entre o início dos anos 2000 e o final dos anos 2010 (ver capítulo 3).[19] Será que os alunos são mais propensos a buscar CSCDs quando sua oferta é expandida? Os alunos se beneficiam de um CSCD em comparação com não cursar o ensino superior? Eles se beneficiam de um CSCD em comparação com um curso de bacharelado? Responder a essas perguntas é fundamental para os formuladores de políticas interessados em expandir a oferta de CSCDs.

Acontece que a resposta a essas perguntas depende muito das opções que os alunos teriam como alternativa - o que eles escolheriam se os CSCDs não estivessem disponíveis. Quando CSCDs são disponibilizados, existem dois tipos de alunos: (a) alunos que *deixam de entrar* em um curso de bacharelado e, em vez disso, matriculam-se em um CSCD, e (b) alunos que *ingressam* no sistema de ensino superior matriculando-se em um CSCD. Os alunos nesses grupos provavelmente diferem em suas características, preferências e habilidades anteriores, bem como nos ganhos ou perdas que teriam com o CSCD. Identificar os alunos nas categorias (a) e (b) é, em última análise, um desafio conceitual e relevante para as políticas.

Os concluintes do ensino médio enfrentam uma decisão importante: se desejam ingressar no ensino superior e, caso desejem, se optam por um curso de bacharelado ou um CSCD. Embora alguns alunos possam ter fortes preferências por uma opção, não há razão prévia para pensar que uma alternativa seja melhor do que a outra para *todos* os alunos. Embora os alunos que não fazem ensino superior entrem no mercado de trabalho mais cedo do que aqueles que o fazem, alguns deles podem se beneficiar com o adiamento do trabalho e a matrícula em um CSCD. Para outros, escolher um bacharelado em vez de um CSCD pode prejudicar suas trajetórias no mercado de trabalho, se eles forem mais inclinados a adquirir habilidades práticas em um CSCD em vez de habilidades acadêmicas tradicionais em um curso de bacharelado.

A Colômbia oferece um ambiente singular para analisar essas opções de ensino superior e seus efeitos no mercado de trabalho. Conforme descrito no Quadro 2.1, os dados administrativos permitem que o pesquisador acompanhe os concluintes do ensino médio, observe suas trajetórias de ensino superior[20] e, para aqueles que se formam no ensino superior, observe seu emprego e renda no mercado formal. Explorando esses dados, Ferreyra, Galindo e Urzúa (2020) determinam o efeito das escolhas de matrículas feitas pela coorte de concluintes do ensino médio em 2005 sobre sua probabilidade de emprego formal e rendimentos médios em 2013. Estimar esse efeito não é simples por causa da auto seleção : concluintes do ensino médio que optam por começar um CSCD podem ser diferentes daqueles que fazem outras escolhas, em características observadas (por exemplo, renda familiar) e não observadas (por exemplo, perseverança). Uma comparação significativa deve levar essas diferenças em consideração.

Para superar o problema, os autores se concentram em uma variável que não se refere ao próprio aluno, mas que pode ajudar a explicar suas escolhas - a saber, a disponibilidade de CSCDs em seu município. Isso ocorre porque a presença de um CSCD em seu município torna mais fácil - menos custoso - para um aluno se matricular em um. A Figura 2.8 confirma essa intuição. Ela apresenta a média das escolhas dos alunos da coorte do ensino médio de 2005 que viviam em um município com um CSCD e compara com as escolhas dos alunos que viviam em municípios sem um CSCD. Como esperado, o primeiro grupo tinha mais probabilidade de se inscrever nesses cursos (10,4 contra 7,3 por cento; veja as barras laranja na Figura 2.8). Em outras palavras, a disponibilidade de CSCD é um dos determinantes das escolhas dos alunos.

Com essa evidência em mãos, considere a seguinte questão: Quais alunos responderiam à abertura de uma instituição que oferece CSCDs em um raio de 10 quilômetros de seu município de residência? Para responder a essa pergunta, considere primeiro o cenário de linha de base: quando tal instituição não está disponível. Nesse caso, o aluno pode escolher entre as três opções a seguir: não ingressar no ensino superior, matricular-se em um CSCD (fora do raio de

Figura 2.8 Matrícula no ensino superior, por disponibilidade de instituições de CSCD

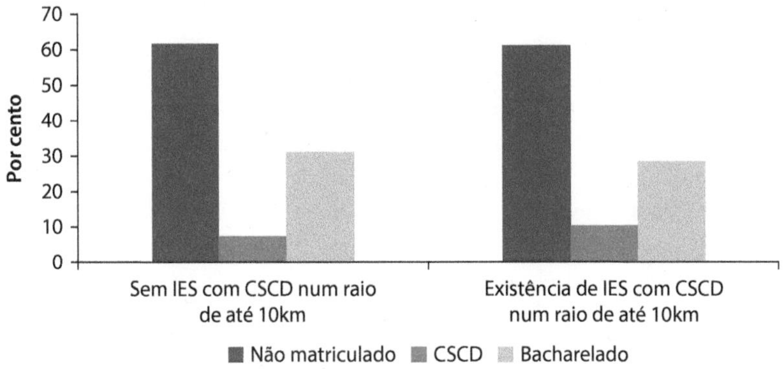

Fonte: Ferreyra, Galindo e Urzúa 2020, documento de referência para este livro, com base em dados do Sistema Nacional de Informações sobre Educação e do Ministério da Educação Nacional da Colômbia.

Nota: A figura mostra a porcentagem de alunos que escolheram cada opção (não matriculados no ensino superior, matriculados em um CSCD e matriculados em um curso de bacharelado) por disponibilidade de instituições de ensino superior de CSCD em um raio de 10 quilômetros do município onde fizeram o ensino médio. As porcentagens são responsáveis pelas diferenças no histórico socioeconômico dos alunos, nas notas de conclusão do ensino médio e nas características locais (municípios). CSCD = Curso Superior de Curta Duração; IES = instituição de ensino superior; Km = quilômetro(s).

10 quilômetros) ou matricular-se em um curso de bacharelado. Depois que uma instituição que oferece CSCDs abre em um raio de 10 quilômetros, os alunos podem selecionar as mesmas opções de antes, mas também podem se matricular em um CSCD na nova instituição. O que eles farão? Ao abordar a questão da auto seleção por meio da disponibilidade de CSCDs e modelar as respostas dos alunos com base em princípios econômicos básicos, Ferreyra, Galindo e Urzúa (2020) mostram que as matrículas nos CSCDs aumentariam, principalmente como resultado de alunos *evitando* o bacharelado em oposição a alunos que *ingressam* no ensino superior. Em outras palavras, a disponibilidade do CSCD faria com que alguns alunos (os "trocadores") trocassem de opção, de um curso de bacharelado para um CSCD. Além disso, os trocadores seriam, em sua maioria, homens mal preparados para o ensino superior, vindos de famílias desfavorecidas em municípios de pequeno ou médio porte. Ainda mais importante para este capítulo: se os trocadores tivessem persistido em sua escolha de fazer um bacharelado em vez de trocar de opção para um CSCD, sua taxa de emprego formal e seu salário teriam sido menores do que com o CSCD. Em outras palavras, CSCDs são uma opção melhor para esses alunos - formalmente, eles se beneficiam de um efeito positivo de CSCDs - já que a disponibilidade de CSCDs lhes dá acesso a melhores e mais produtivas opções no mercado de trabalho.

A descoberta de que as mudanças na disponibilidade de CSCDs não levariam muitos concluintes do ensino médio a ingressar no ensino superior pode indicar que o que impede tal ingresso não são as restrições do lado da oferta, mas sim as restrições de crédito de longo prazo. De fato, Ferreyra et al. (2017) documentam que essas restrições têm um papel maior no acesso ao ensino superior do que as restrições de crédito de curto prazo. No entanto, há um grupo de alunos do ensino médio que ingressariam no ensino superior se as condições do mercado de trabalho local fossem melhores para os portadores de diploma de CSCD. Tal grupo é composto, em sua maioria, de mulheres, vindas de famílias carentes e grandes. Um diploma de CSCD resultaria em uma melhor taxa de emprego formal e salários mais altos do que apenas um certificado de conclusão do ensino médio. Esse achado informa sobre as disparidades de gênero na região. Para atrair essas mulheres egressas do ensino médio para o ensino superior, uma expansão na oferta de CSCDs pode não ser suficiente.

Em resumo, esta seção ilustra que uma expansão na oferta de CSCDs pode ter impactos diferentes em alunos diferentes porque os efeitos do CSCD variam entre os alunos, dependendo do que eles escolheriam se não se matriculassem em um CSCD (seu plano B ou segunda melhor opção) e de seu histórico de vida. Para alunos do sexo masculino com má preparação acadêmica, que vêm de famílias desfavorecidas em municípios de pequeno ou médio porte, os CSCDs oferecem melhores perspectivas em termos de empregos e salários do que a alternativa de cursar um bacharelado. Para alunas do sexo feminino de famílias grandes e desfavorecidas, mas que não são necessariamente mal preparadas, os CSCDs oferecem melhores resultados no mercado de trabalho do que a alternativa de não fazer ensino superior. Assim, uma variedade de ofertas de alta qualidade no sistema de ensino superior, incluindo CSCDs, bem como cursos de bacharelado, deve permitir às pessoas encontrarem oportunidades melhores e mais produtivas. Isso é consistente com a conclusão anterior do capítulo de que os retornos de CSCDs estão longe de ser homogêneos.

2.6 Contribuição (Valor Agregado) de CSCDs[21]

Esta seção aborda o quanto os CSCDs contribuem para os resultados dos alunos - ou seja, quanto valor eles agregam. Para distinguir entre as contribuições de um curso e seus resultados, considere, por exemplo, o salário recebido pelo graduado de um desses cursos imediatamente após a formatura. Esse salário é o *resultado* de contribuições vindas do indivíduo (por exemplo, habilidade e esforço), de seus colegas e do curso (por exemplo, corpo docente e instalações). O objetivo, então, é quantificar a contribuição de valor agregado do curso, líquido da contribuição advinda do próprio aluno e seus colegas, para os resultados iniciais no mercado de trabalho (emprego no setor formal e salários). O foco está na Colômbia, cujos dados administrativos abrangentes permitem essa estimativa. O Quadro 2.4 apresenta a abordagem de estimativa usada no documento de base de Ferreyra et al. (2020), escrito para este livro.

A Tabela 2.3 apresenta estatísticas para os resultados do curso e as contribuições do curso para o emprego formal e salários mensais. Mais especificamente, a tabela mostra o número de cursos, a média dos resultados reais e estatísticas da distribuição das contribuições de cada curso (a média e 25°, 50° e 75° percentis). As estatísticas estão disponíveis para todos os cursos e para cursos em áreas específicas.

Quadro 2.4 Estimando o valor agregado

Considere o resultado Y_{ijt}^k, onde k se refere aos resultados de interesse, i ao aluno, j ao curso e t ao coorte. Assim, o seguinte pode ser postulado:

$$Y_{ijt}^k = X_i\,{}'\alpha^k + Z_{ijt}\,{}'\beta^k + u_j^k + \delta_t^k + \in_{ijt}^k,$$

onde X_i contém as pontuações do aluno no SABER 11 (Abordagem de Sistemas para Melhores Resultados de Educação), bem como gênero, idade, status socioeconômico dos pais e educação da mãe; Z representa as características dos colegas (média no SABER 11 e proporção de mães de colegas com pelo menos um diploma de bacharel) na coorte do aluno; u_j é um efeito fixo do curso; δ_t é um efeito fixo de coorte; e $\in_{ijt}$ representa características comparativas individuais não observadas que afetam o resultado de interesse. Portanto, o vetor X contém "características individuais" e Z contém "características semelhantes". O principal parâmetro de interesse é o conjunto de efeitos fixos para um curso, u_j, que estimam as contribuições de cada curso para os resultados dos alunos. X determina não apenas os resultados dos alunos, mas também a seleção de entrada nos cursos. Isso é particularmente verdadeiro para o SABER 11, que mede a prontidão acadêmica dos alunos para o ensino superior. Embora muitos cursos superiores de curta duração sejam de acesso aberto, outros usam o SABER 11 como critério de admissão. Além disso, o SABER 11 fornece ao aluno informações sobre suas habilidades, que ele pode usar ao escolher um curso.

Tabela 2.3 Resultados médios e valor agregado dos cursos: geral e por área de estudo

Resultado e Área	Resultados		Valor Agregado			
	N	Média	Média	P25	P50	P75
Emprego						
Agronomia e veterinária	31	0,61	−0,14	−0,29	−0,21	−0,09
Artes	79	0,65	−0,11	−0,20	−0,09	−0,02
Saúde	48	0,74	−0,01	−0,12	0,02	0,12
Ciências sociais	39	0,62	−0,15	−0,24	−0,15	−0,08
Economia e negócios	325	0,79	0,03	−0,04	0,06	0,13
Engenharia e arquitetura	311	0,78	0,01	−0,07	0,02	0,10
Matemática e ciências naturais	18	0,82	0,05	0,03	0,07	0,09
Total de cursos	851	0,76	0,00	−0,10	0,02	0,10
Salários mensais						
Agronomia e veterinária	31	762,18	−122,41	−157,57	−124,94	−102,06
Artes	79	841,96	−53,58	−130,28	−80,59	30,21
Saúde	48	952,17	78,35	−66,39	10,28	230,28
Ciências sociais	39	790,76	−85,13	−164,30	−102,92	6,92
Economia e negócios	325	860,48	−19,99	−84,19	−39,04	29,40

(tabela continua próxima página)

Tabela 2.3 Resultados médios e valor agregado dos cursos: geral e por área de estudo *(continuação)*

Resultado e Área	Resultados		Valor Agregado			
	N	Média	Média	P25	P50	P75
Matemática e ciências naturais	18	939,52	30,46	−41,60	2,29	91,26
Total de cursos	851	891,03	0,00	−86,42	−19,51	57,04

Fonte: Ferreyra et al. (2020), documento de referência para este livro.
Nota: Nesta tabela, um curso é a unidade de observação. As estatísticas são ponderadas pelo número de alunos do curso. O valor agregado é estimado com modelos de efeitos fixos (ver Quadro 2.4); a média é zero para cada resultado. Os salários são expressos em milhares de pesos colombianos, valores de 2013. CSCDs ministrados pelo *Servicio Nacional de Aprendizaje* estão incluídos. CSCD = Curso Superior de Curta Duração; N = número de cursos; P = percentil.

Em um curso médio, 76 por cento dos formados encontram emprego no setor formal (em contraste, apenas 36 por cento dos indivíduos com idades entre 25 e 65 anos conseguem emprego formal na Colômbia). Entre os formados em um CSCD empregados no setor formal, o salário médio mensal é Col$ 891.000 (aproximadamente US$ 450 em 2013), que é maior do que o salário-mínimo mensal de Col$ 590.000 (ou US$315), em 2013.

Repetindo as informações da seção "Valor Econômico dos CSCDs na ALC", a Tabela 2.3 mostra que os resultados e as contribuições variam entre as áreas. Em média, matemática e ciências naturais resultam nas maiores contribuições para o emprego formal, e a saúde dá a maior contribuição para os salários. A tabela também mostra intervalos muito grandes de contribuições para cada área de estudo — ou seja, há uma grande variação *dentro das áreas*. Em geral, as contribuições para os resultados no mercado de trabalho variam muito entre os cursos. Ir do 25° ao 75° percentil de contribuições para o emprego formal implica um aumento de 20 pontos percentuais na probabilidade de emprego formal, ou cerca de um quarto do resultado médio do curso (76 por cento). Em termos de salários, passar do 25° para o 75° percentil da distribuição do valor agregado acarreta um aumento de Col$ 143.000, que é maior do que o desvio-padrão dos salários reais e equivale a 17 por cento do salário médio esperado para o curso. Tomados em conjunto, esses resultados sugerem que os cursos diferem amplamente em seus resultados médios e em suas contribuições para os resultados dos alunos. Assim, alunos e formuladores de políticas se beneficiariam em saber como cursos específicos se saem na média de resultados e contribuições.

Para salários, a Figura 2.9 ilustra ainda mais a variação nas contribuições do curso entre as áreas e dentro delas. A maioria dos cursos de engenharia e arquitetura, saúde e matemática e ciências naturais aportam contribuições acima da média. Em contraste, a maioria dos cursos de economia e negócios, agronomia, ciências sociais e artes garantem contribuições abaixo da média. Mais uma vez, embora algumas áreas tenham mais probabilidade de aportar uma contribuição acima da média do que outros, todos eles — saúde em particular — apresentam grande variação dentro da área.

Para resumir, as contribuições de valor agregado do curso variam entre as áreas e dentro delas. A grande variação dentro da área nas contribuições do curso implica que, para um aluno que busca um curso que agregue muito valor ao seu

Figura 2.9 Distribuição de contribuições de cada curso para os salários, por área de conhecimento

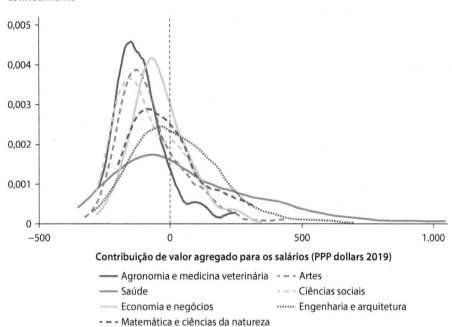

Contribuição de valor agregado para os salários (PPP dollars 2019)

——— Agronomia e medicina veterinária   – – · Artes
——— Saúde   – – · Ciências sociais
——— Economia e negócios   ········ Engenharia e arquitetura
– – – Matemática e ciências da natureza

Fonte: Ferreyra et al. (2020), documento de referência para este livro.
Nota: A figura mostra a distribuição do valor agregado aos salários por cada curso, por área de conhecimento. Os salários são expressos em milhares de pesos colombianos, valores de 2013. As contribuições dos cursos são estimadas na regressão apresentada no Quadro 2.4. A média geral é zero. Em relação à Colômbia, CSCDs ministrados pelo *Servicio Nacional de Aprendizaje estão* incluídos. CSCD = Curso Superior de Curta Duração; PPC = paridade do poder de compra.

capital humano, não é suficiente escolher uma área que garanta uma contribuição *média* alta, já que existem cursos de baixa contribuição mesmo dentro de áreas aparentemente "boas". Do ponto de vista do formulador de políticas, a grande variação dentro de uma área significa que ele pode precisar monitorar as contribuições de valor agregado de perto para identificar cursos em toda a distribuição, especialmente na extremidade inferior.

Quais são as características das instituições associadas às contribuições de alto valor agregado para os salários? As correlações entre as contribuições de cada curso e um conjunto de características das instituições e cursos ajudam a resolver essa questão. Elas sugerem que os cursos de três anos contribuem mais do que cursos de dois anos.[22] E, de acordo com algumas das descobertas relatadas nas seções anteriores, os institutos tecnológicos oferecem contribuições salariais mais altas do que as universidades. Instituições mais seletivas ou especializadas também contribuem para salários mais altos, bem como cursos ministrados em grandes cidades. Finalmente, os cursos à distância aportam contribuições mais baixas (diferenças apenas marginalmente significativas) do que os cursos presenciais.

Do ponto de vista das políticas, a grande variação nos resultados e contribuições de cada curso é preocupante. Sugere a necessidade de um monitoramento mais forte por parte do formulador de políticas - particularmente para identificar cursos nas caudas inferiores de resultados e contribuições - bem como a importância de disponibilizar informações sobre os resultados e contribuições dos cursos aos alunos que estão escolhendo o que estudar. Ao mesmo tempo, Ferreyra et al. (2020) alertam contra o uso dessas informações para construir classificações, uma vez que são altamente sensíveis à métrica subjacente. Em outras palavras, a classificação dos cursos com base em resultados médios é diferente daquela baseada em contribuições de valor agregado, e as classificações baseadas em resultados (ou contribuições) para empregos formais são diferentes daquelas para salários.[23] O Capítulo 5 retoma essas questões.

2.7 Demanda por Graduados em CSCDs: Explorando Dados sobre Vagas[24]

A expansão do acesso à Internet em vários países e grupos socioeconômicos transformou o processo de busca de emprego. Atualmente, o recrutamento pela Internet existe em quase todos os países da ALC. Esta seção explora essa inovação para caracterizar a demanda por graduados em CSCDs. A análise é feita a partir de dados de vagas postadas em portais de empregos entre fevereiro de 2017 e fevereiro de 2018 nos países Argentina, Chile, Colômbia, México e Peru.[25] À medida que os portais de emprego online alcançam cada vez mais pessoas e com o uso crescente de plataformas eletrônicas devido à pandemia do COVID-19, a importância de se pesquisar a oferta de vagas online aumenta consideravelmente.

A maior parte das pesquisas existentes que utilizam vagas de emprego online tem se concentrado em países desenvolvidos.[26] No entanto, um estudo dedica-se aos países da ALC usando o conjunto de dados da Associação Econômica da América Latina e do Caribe - Projeto de Vagas de Emprego do BID.[27] O estudo descobriu que os portais online capturam uma demanda importante por empregos de baixa qualificação envolvendo tarefas rotineiras em ocupações com alto risco de serem automatizadas. Usando o mesmo conjunto de dados, esta seção se baseia nesse estudo para fornecer uma caracterização detalhada dos tipos de empregos disponíveis em portais online para graduados em CSCD.

Uma das principais preocupações ao usar as vagas de emprego online é que as características socioeconômicas e demográficas dos usuários da Internet podem ser diferentes das da população em geral. Esse viés é provavelmente menor entre os graduados em CSCD porque é provável que tenham acesso regular à Internet. Avaliar se as vagas online são representativas da demanda de mão-de-obra do mercado é difícil porque não existem dados sobre o universo de vagas. Ainda assim, em um documento de referência para este livro, Galindo, Kutscher e Urzúa (2021) comparam as distribuições de ofertas de empregos online com aquelas obtidas a partir de amostras representativas de empregos em cada país, mostrando que elas não estão muito distantes umas das outras. Portanto, em certa medida, os dados sobre vagas são informativos sobre as oportunidades gerais de emprego nessas economias.

A Tabela 2.4 documenta a forte demanda por CSCDs em portais online. Em todos os países, a proporção de vagas que exige pelo menos um diploma de CSCD é maior do que (ou muito semelhante) à fração de vagas que exige explicitamente um diploma de bacharel. A sobrerrepresentação de empregos nos setores de serviços nessas amostras pode ser um fator por trás desse resultado. No entanto, uma vez que um candidato com um CSCD também pode preencher vagas que exigem pelo menos ensino fundamental ou médio, os graduados em CSCD são qualificados para preencher cerca de 75 por cento do total de vagas.

As informações das vagas de emprego permitem uma análise detalhada por ocupação. A Figura 2.10 apresenta as ocupações mais exigidas por nível educacional no Chile e no México. A alta demanda nas áreas de negócios e STEM (ciência, tecnologia, engenharia e matemática), para portadores diplomas de bacharelado e de CSCD (e, em certa medida, formados no ensino médio) é impressionante. Padrões semelhantes podem ser encontrados para os outros países da amostra.

Duas caracterizações não excludentes dos mercados de trabalho emergem desse resultado. A primeira é que indivíduos com diferentes qualificações competem pelos mesmos cargos, o que sugere um desarranjo da escada de empregos (por exemplo, indivíduos com bacharelado competindo por vagas que exigem CSCD, e aqueles com um CSCD competindo por vagas que exigem um certificado de conclusão do ensino médio). A segunda é que a concorrência pode não existir porque diferentes diplomas carregam diferentes habilidades específicas, sugerindo a existência de mercados de trabalho segmentados por tipo de diploma. Por exemplo, um graduado em CSCD pode estar trabalhando com manutenção de rede, enquanto um bacharel atua com desenho de sistemas de informação. Em outras palavras, indivíduos com diferentes níveis de habilidade seriam necessários

Tabela 2.4 Nível educacional mínimo exigido conforme postagens online, por país

Nível educacional mínimo exigido	Argentina	Chile	Colômbia	México	Peru
Diploma de CSCD	0,03	0,02	0,03	0,04	0,01
Certificado de conclusão do ensino médio	0,40	0,60	0,56	0,58	0,53
Diploma de CSCD	0,20	0,14	0,26	0,08	0,25
Diploma de bacharel	0,12	0,07	0,04	0,09	0,04
Pós-graduação	0	0	0,01	0,01	0,01
Nenhuma informação	0,25	0,15	0,11	0,20	0,16
Número de Vagas	580.820	1.148.359	1.896.277	2.032.132	1.290.437

Fonte: Galindo, Kutscher e Urzúa (2021), documento de referência para este livro, com base no conjunto de dados do Projeto de Vagas de Emprego da Associação Econômica da América Latina e do Caribe - Banco Interamericano de Desenvolvimento.
Nota: Para cada país, a tabela mostra a proporção do total de vagas postadas online por nível mínimo de educação exigido. Para cada país, as proporções somam 1 (100 por cento). CSCD = Curso Superior de Curta Duração.

Figura 2.10 Ocupações mais demandadas por nível educacional, Chile e México

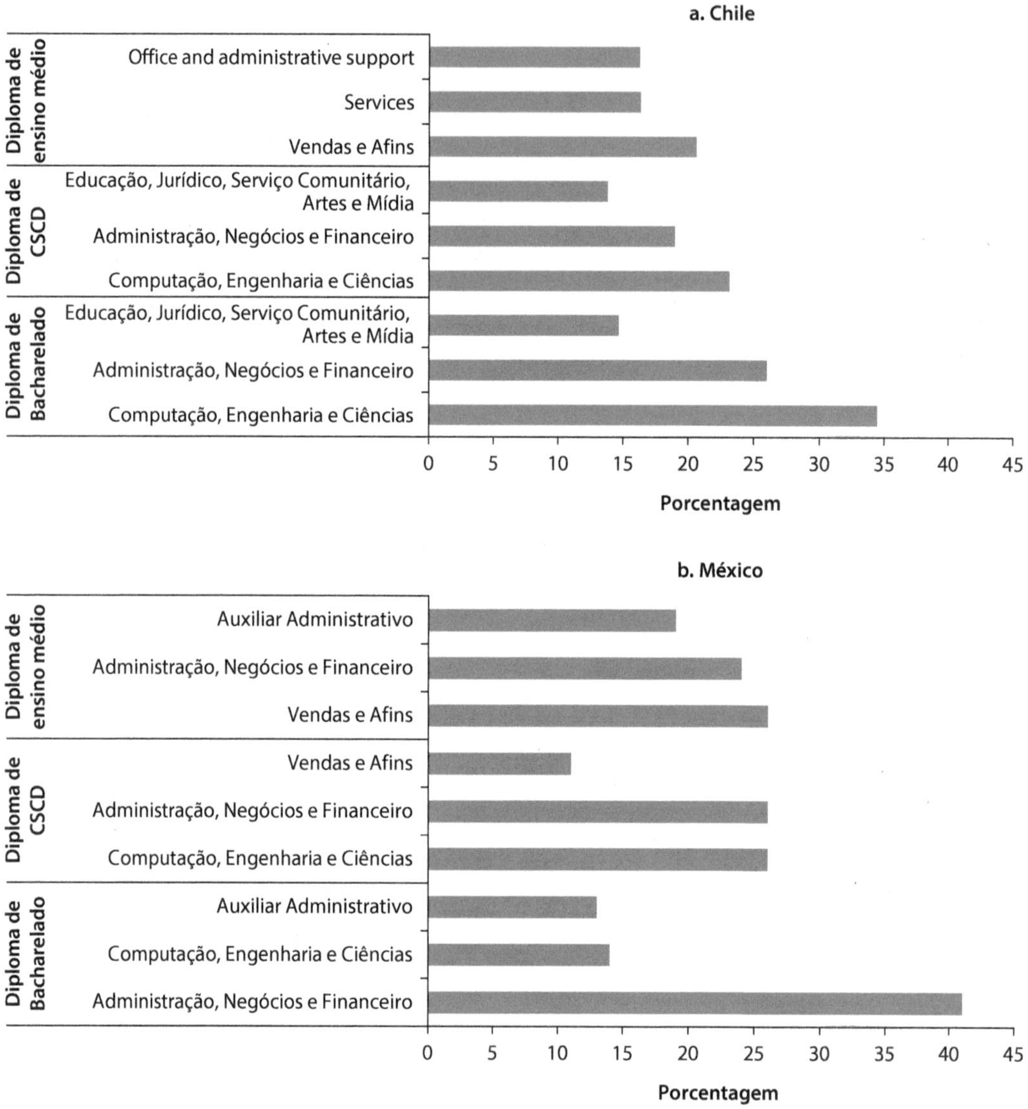

a. Chile

b. México

Fonte: Galindo, Kutscher, and Urzúa (2021), documento de referência para este livro, com base no conjunto de dados do Projeto de Vagas de Emprego da Associação Econômica da América Latina e do Caribe - Banco Interamericano de Desenvolvimento.
Nota: Para cada país e tipo de curso, a figura mostra a porcentagem de vagas para os três setores com maior número de vagas para cada tipo de curso. CSCD = Curso Superior de Curta Duração.

em campos semelhantes. Será interessante avaliar qual visão prevalece nos mercados de trabalho pós-pandemia.

Os dados sobre as vagas online também ajudam a contrastar a distribuição geográfica das vagas que exigem um diploma de CSCD (a demanda do mercado de trabalho por CSCDs) e os indivíduos que se formaram em CSCDs no mesmo período (a oferta do mercado de trabalho de CSCDs). O Mapa 2.1 exibe as distribuições para Argentina e Peru nas divisões administrativas de primeiro nível de

Mapa 2.1 Distribuição geográfica de vagas de CSCD e formados em CSCD

a. Argentina

Porcentagem de vagas de CSCDs

Porcentagem de formados em CSCDs

Legenda

%

☐ 0–1
☐ 1–5
▨ 5–10
▨ 10–30
▨ 30–60
■ 60–69

b. Peru

Porcentagem de vagas de CSCDs

Porcentagem de formados em CSCDs

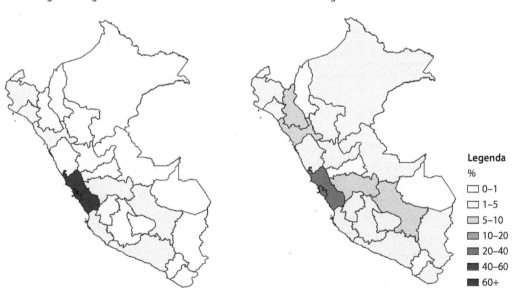

Legenda

%

☐ 0–1
☐ 1–5
▨ 5–10
▨ 10–20
▨ 20–40
■ 40–60
■ 60+

Fontes: Galindo, Kutscher, and Urzúa (2021), documento de referência para este livro, baseado no conjunto de dados do Projeto de Vagas de Emprego da Associação Econômica da América Latina e do Caribe, Banco Interamericano de Desenvolvimento, nos Anais Estatísticos de Ensino Superior da Argentina (2018) e no Banco de Dados de Diplomas Registrados do Peru (2019), *Sistema de gestión de títulos* (SIGETI).
Nota: Para cada país, a figura mostra a porcentagem de vagas que exigem CSCD postadas por empresas de cada local (painel a) e a porcentagem de indivíduos formados em CSCD em 2017-18 (painel b). Ambas as percentagens são relativas a todo o país. O local é a divisão administrativa de nível 1. CSCD = Curso Superior de Curta Duração.

cada país. A demanda e a oferta de formados em CSCD estão concentradas nas principais localidades. No entanto, a oferta de formados em CSCD é menos concentrada geograficamente do que a demanda, sugerindo uma possível incompatibilidade geográfica que deve servir de alerta aos formuladores de políticas. Uma expansão desorganizada de CSCDs em um país pode não atender à demanda por essas habilidades nos locais onde são necessárias e pode dar diplomas a indivíduos que vivem em lugares onde não há empregos que requeiram suas habilidades. Ao impedir que alguns formados em CSCD encontrem empregos locais, essa incompatibilidade pode contribuir para o estigma social dos CSCDs.

2.8 Conclusões

Os formados em CSCDs podem formar uma força de trabalho qualificada com rapidez e eficiência em resposta às demandas do mercado. Apesar dessa promessa, a ALC tem poucos alunos de CSCD e formados nesses cursos em relação a outras regiões. Este capítulo estudou os retornos econômicos para os CSCDs na ALC usando várias métricas - retornos mincerianos, retornos líquidos ao longo da vida, efeitos do tratamento, resultados médios do curso, contribuições de valor agregado e demanda do mercado de trabalho. Embora os retornos mincerianos do ensino superior em relação a um diploma do ensino médio tenham diminuído desde o início dos anos 2000, isso foi principalmente impulsionado por diplomas de bacharelado. As tendências para retornos dos CSCD são menos claras, com mais da metade dos países relatando um aumento. Ainda mais interessante, em relação à alternativa de cursos de bacharelado incompletos, os CSCDs surgem como uma alternativa superior.

Embora os retornos mincerianos forneçam informações sobre os retornos médios, as outras métricas falam mais sobre a variação ou heterogeneidade dos retornos para cursos de ensino superior em geral e CSCDs em particular - e todas mostram grande variação. Usando dados administrativos de cursos de ensino superior no Chile e na Colômbia, o capítulo estimou o valor líquido de custo ao longo da vida de CSCDs e cursos de bacharelado. Os resultados revelam que os retornos econômicos variam muito a depender do tipo de curso, tipo de IES e área de estudo. Para um aluno desinformado, essa alta variação se traduz em alto risco.

A análise de quem se beneficia com a expansão da oferta de CSCDs na Colômbia mostra mais uma perspectiva dos retornos heterogêneos - desta vez entre os alunos. Os resultados da pesquisa mostram que abrir vagas de CSCDs aumentaria de fato as matrículas, em grande parte como resultado de alunos mais desfavorecidos, do sexo masculino, terem uma alternativa para *evitar* os cursos de bacharelado. Se esses alunos escolhessem um curso de bacharelado em vez de um CSCD, seus resultados no mercado de trabalho seriam piores. Por outro lado, alunas do sexo feminino de famílias de baixa renda não responderiam à disponibilidade de CSCDs, mas responderiam à maior demanda local por formados em CSCD ao *ingressar* no ensino superior e matricular-se em um CSCD.

Em outras palavras, os efeitos do tratamento de CSCD variam entre os alunos, dependendo do que eles escolheriam se não entrassem em um CSCD.

Conclusões complementares surgiram da análise de valor agregado realizada para a Colômbia. Embora as contribuições de cada curso variem entre as áreas, elas variam ainda mais dentro da mesma área devido às diferenças nas características de cada instituição e cada curso. Além disso, a análise das vagas de emprego indicou que não há apenas uma grande demanda por CSCDs, mas também uma possível incompatibilidade geográfica entre a demanda e a oferta de formados em CSCDs, uma vez que as empresas que os demandam estão mais concentradas geograficamente do que os novos formados. Em outras palavras, os mercados de trabalho para formados em CSCD também são heterogêneos entre os locais.

Embora a grande variação nos resultados dos diferentes cursos e nas contribuições de valor agregado seja preocupante, também dá aos formuladores de políticas a oportunidade de entender o que torna um curso "bom" ou "pertinente". As características comparativas de instituições e cursos que estão disponíveis em conjuntos de dados administrativos estão associadas à contribuição de valor agregado de um curso. Mas *outras* características do curso - geralmente não medidas em conjuntos de dados administrativos - podem ter uma associação ainda mais forte. Essas características incluem se o curso oferece estágios, como ele se conecta com o mercado de trabalho local, como se relaciona com o setor privado e se oferece uma grade horária flexível. A Pesquisa do Banco Mundial sobre Cursos Superiores Tecnológicos coletou dados sobre essas características, que são usados no capítulo 4 para investigar suas relações com os resultados do curso e com o valor agregado. Junto com as evidências apresentadas aqui e as evidências no capítulo 3 sobre a oferta de CSCDs, esses resultados devem fornecer informações valiosas e úteis para os formuladores de políticas interessados em entender o que torna um CSCD "bom" e em expandir a oferta de cursos "bons".

Notas

1. Cedefop (2018).
2. Ryan (2001); Quintini e Manfredi (2009); Quintini, Martin e Martin (2007).
3. Ryan (2001).
4. Hanushek et al. (2017).
5. Golsteyn e Stenberg (2017); Verhaest et al. (2018)
6. Arias et al. (2014); Arias, Evans e Santos (2019).
7. Bassi et al. (2012).
8. Gonzalez-Velosa et al. (2015).
9. Bahr (2016); Liu, Belfield e Trimble (2015); Dadgar e Trimble (2015); Dynarski, Jacob e Kreisman (2016); Bettinger e Soliz (2016); Jepsen, Troske e Coomes (2014); Minaya e Scott-Clayton (2017); Stevens, Kurlaender e Grosz (2015); Xu e Trimble (2016).
10. Nos Estados Unidos, um aluno em tempo integral pode cursar um *associate degree* em dois anos. Para tanto, são necessários cursos de formação geral. A obtenção de

um certificado de *associate degree* geralmente requer dois anos ou menos de estudos em uma área profissional/técnica apenas. Um curso de bacharelado dura pelo menos quatro anos.

11. Ver, por exemplo, Heckman, Stixrud e Urzúa (2006).

12. Bassi et al. (2012).

13. Ferreyra et al. (2017).

14. Esta seção se baseia no documento de apoio de Kutscher e Urzúa (2020), escrito para este livro.

15. A análise foi realizada apenas para países onde foi possível estabelecer a distinção entre egressos de cursos de bacharelado e de CSCDs.

16. Curiosamente, a comparação dos retornos mincerianos dos CSCDs em relação à alternativa de abandono de cursos de bacharelado ao longo do tempo sugere uma tendência geral de alta. No Equador, El Salvador e Paraguai, os retornos estimados aumentaram mais de 30 pontos percentuais entre o início dos anos 2000 e o final dos anos 2010; em Bolívia, Honduras e Uruguai, esse aumento ficou entre 10 e 30 pontos percentuais, ao passo que na Argentina e no Chile foi inferior a 10 pontos percentuais. Costa Rica e México são os únicos países com queda nos retornos durante esse período.

17. Outras características podem contribuir para a heterogeneidade nos retornos. Por exemplo, pode haver dois grupos de egressos de CSCDs: "alunos iniciantes", em busca do seu primeiro diploma de ensino superior, e "alunos avançados", que buscam acrescentar habilidades específicas e técnicas à sua carteira de habilidades, por meio de CSCDs. Seria de se esperar que esses grupos tivessem perfis diferentes em termos de resultados no mercado de trabalho, características socioeconômicas e até mesmo tipo de IES que frequentam. As limitações atuais de dados não permitem uma investigação mais profunda dessa questão, que continua sendo um tema importante para pesquisas futuras.

18. Esta seção baseia-se no documento de referência de Ferreyra et al. (2020) escrito para este livro. Este artigo estende e generaliza a metodologia usada por Mountjoy (2019).

19. Essas taxas de crescimento correspondem ao número líquido de cursos. As taxas são calculadas como a diferença entre as taxas de abertura e fechamento relatadas na Tabela 3.1, no capítulo 3.

20. Uma limitação importante é que os dados de matrícula do SENA, que representam grande parte das matrículas do ensino médio na Colômbia, não estão disponíveis. Assim, "não matriculados" inclui os alunos que efetivamente concluem o ensino médio e não ingressam no sistema de ensino superior, além dos que se matriculam no SENA.

21. Esta seção se utiliza do documento de base de Ferreyra, Franco, Melguizo e Sanchez (2020), escrito para este livro.

22. As evidências para os Estados Unidos também indicam que cursos mais longos aportam maiores contribuições (Jepsen, Troske e Coomes 2014; Liu, Belfield e Trimble 2015; Xu e Trimble 2016; Bahr 2016).

23. Essas descobertas são semelhantes às de Minaya e Scott-Clayton (2019) para os Estados Unidos.

24. Esta seção se baseia no documento de referência de Galindo, Kutscher e Urzúa (2021), escrito para este livro.

25. Um desafio de usar as ofertas de emprego online é que a amostra dessas ofertas não é representativa de todas as ofertas de emprego. No entanto, à medida que uma parcela

maior da população se conecta à internet, esse viés é progressivamente eliminado. Na América Latina, 65 por cento dos indivíduos usam a Internet. No entanto, a fração varia entre os países. O Chile tem a maior participação, com 82 por cento, e o Peru, a menor, com 53 por cento (conjunto de dados World Telecommunication/ICT Development).

26. Vários autores analisaram as ofertas de emprego online nos Estados Unidos e a variação nos requisitos de qualificação. Deming e Kahn (2018) encontram uma variação substancial nos requisitos de habilidade, mesmo dentro da mesma ocupação, ao longo de 2010–15. Eles argumentam que os mercados de trabalho e as empresas com salários mais altos exigem níveis mais elevados de habilidades cognitivas e sociais de seus funcionários. Hershbein e Kahn (2018) mostram que os requisitos de qualificação em postagens de vagas de emprego aumentaram diferencialmente nas áreas que foram duramente atingidas pela Grande Recessão, em relação às áreas menos afetadas. Eles também descobriram que os efeitos são mais pronunciados em ocupações cognitivas rotineiras, que também exibem um crescimento salarial relativo.

27. González-Velosa e Peña (2019).

Referências

Arias, O. S.; Sánchez-Páramo, C.; Dávalos, M. E.; Santos, I.; Tiongson, E. R.; Gruen, C.; de Andrade Falcão, N.; Saiovici, G.; Cancho, C. A.. 2014. *Back to Work: Growing with Jobs in Europe and Central Asia*. Europe and Central Asia Reports. Washington, DC: World Bank.

Arias, O.; Evans, D. K.; Santos, I. 2019. *The Skills Balancing Act in Sub-Saharan Africa: Investing in Skills for Productivity, Inclusivity, and Adaptability*. Africa Development Forum;. Washington, DC: World Bank and Agence française de développement.

Bahr, P. R. 2016. "The Earnings of Community College Graduates in California." A CAPSEE Working Paper, Center for Analysis of Postsecondary Education and Employment, New York.

Bassi, M., M. Busso, S. Urzúa, and J. Vargas. 2012. *Disconnected: Skills, Education, and Employment in Latin America*. Washington, DC: Inter-American Development Bank.

Becker, G. S., & Chiswick, B. R. (1966). Education and the Distribution of Earnings. The American Economic Review, 56(1/2), 358-369.

Bettinger, E., and A. Soliz. 2016. "Returns to Vocational Credentials: Evidence from Ohio's Community and Technical Colleges." A CAPSEE Working Paper, Center for Analysis of Postsecondary Education and Employment, New York.

Cedefop (European Centre for the Development of Vocational Training). 2018. "Apprenticeship Schemes in European Countries: A Cross-Nation Overview." Cedefop, Thessaloniki, Greece

Dadgar, M., and M. J. Trimble. 2015. "Labor Market Returns to Sub-Baccalaureate Credentials: How Much Does a Community College Degree or Certificate Pay?" *Educational Evaluation and Policy Analysis* 37 (4): 399–418.

Deming, D., & Kahn, L. B. (2018). Skill requirements across firms and labor markets: Evidence from job postings for professionals. Journal of Labor Economics, 36(S1), S337-S369.

Dynarski, S., B. Jacob, and D. Kreisman. 2016. "The Fixed-Effects Model in Returns to Schooling and Its Application to Community Colleges: A Methodological Note." Center for Analysis of Postsecondary Education and Employment, New York.

Espinoza, R., and S. Urzúa. 2018. "The (Un)expected Economic Consequences of the Recent Expansion of Higher Education in Latin America." *Latin American Policy Journal* 7 (spring).

Ferreyra, M., C. Avitabile, J. Botero, F. Haimovich, and S. Urzúa. 2017. *At a Crossroads: Higher Education in Latin America and the Caribbean*. Washington, DC: World Bank Group.

Ferreyra, M., C. Galindo, and S. Urzúa. 2020. "Labor Market Effects of Short-Cycle Programs: Challenges and Evidence from Colombia." World Bank, Washington, DC.

Ferreyra, M., T. Melguizo, A. Franco, and A. Sanchez. 2020. "Estimating the Contribution of Short-Cycle Programs to Student Outcomes in Colombia." Policy Research Working Paper 9424, World Bank, Washington, DC.

Galindo, C., M. Kutscher, and S. Urzúa. 2021. "Online Job Vacancies and Short-Cycle Programs in Latin America." Background paper for this book, World Bank, Washington, DC.

Golsteyn, B. H., and A. Stenberg. 2017. "Earnings over the Life Course: General versus Vocational Education." *Journal of Human Capital* 11 (2): 167–212.

González-Velosa, C., and N. Peña. 2019. "Demanda de Trabajo en América Latina: ¿Qué podemos aprender de los portales de vacantes online?" División de Mercados Laborales, Nota Técnica N. IDB-TN-1769. Inter-American Development Bank. Washington, D.C.

González-Velosa, C., G. Rucci, M. Sarzosa, and S. Urzúa. 2015. "Returns to Higher Education in Chile and Colombia." No. IDB-WP-587, IDB Working Paper Series, Inter-American Development Bank, Washington, DC.

Hanushek, E. A., G. Schwerdt, L. Woessmann, and L. Zhang. 2017. "General Education, Vocational Education, and Labor-Market Outcomes over the Lifecycle." *Journal of Human Resources* 52 (1): 48–87.

Heckman, J., J. Stixrud, and S. Urzúa. 2006. "The Effects of Cognitive and Non-cognitive Abilities on Labor Market Outcomes and Social Behavior". *Journal of Labor Economics* 24(3): 411-482.

Hershbein, B., and L. B. Kahn. 2018. "Do Recessions Accelerate Routine-Biased Technological Change? Evidence from Vacancy Postings." *American Economic Review* 108 (7): 1737–72.

Jepsen, C., K. Troske, and P. Coomes. 2014. "The Labor-Market Returns to Community College Degrees, Diplomas, and Certificates." *Journal of Labor Economics* 32 (1): 95–121.

Kutscher, M., and S. Urzúa. 2020. "An Economic Argument for Short-Cycle Programs in Latin America and the Caribbean." World Bank, Washington, DC.

Liu, V., C. Belfield, and M. Trimble. 2015. "The Medium-Term Labor Market Returns to Community College Awards: Evidence from North Carolina." *Economics of Education Review* 44 (C): 42–55.

MacLeod, W. B., E. Riehl, J. E. Saavedra, and M. Urquiola. 2017. "The Big Sort: College Reputation and Labor Market Outcomes." *American Economic Journal: Applied Economics* 9 (3): 223–61.

Minaya, V. and J. Scott-Clayton. 2019. "Labor market outcomes and postsecondary accountability: Are imperfect metrics better than none?" In C. Hoxby, and K. Stange, (eds.), *Productivity in Higher Education*. University of Chicago Press.

Minaya, V., and J. Scott-Clayton. 2017. "Labor Market Trajectories for Community College Graduates: New Evidence Spanning the Great Recession." A CAPSEE Working Paper. Center for Analysis of Postsecondary Education and Employment, New York.

Mincer, J. 1974. "Schooling, Experience, and Earnings." National Bureau of Economic Research, Cambridge, MA.

Mountjoy, J. 2019. "Community Colleges and Upward Mobility." Unpublished manuscript. University of Chicago.

Quintini, G., and T. Manfredi. 2009. "Going Separate Ways? School-to-Work Transitions in the United States and Europe." Working Papers, No. 90, OECD Social, Employment and Migration, OECD Publishing, Paris, https://doi.org/10.1787/221717700447.

Quintini, G., J. P. Martin, and S. Martin. 2007. "The Changing Nature of the School-to-Work Transition Process in OECD Countries." IZA DP No. 2582, Institute of Labor Economics, Bonn, Germany.

Ryan, P. 2001. "The School-to-Work Transition: A Cross-National Perspective." *Journal of Economic Literature* 39 (1): 34–92.

Stevens, A., M. Kurlaender, and M. Grosz. 2015. "Career-Technical Education and Labor Market Outcomes: Evidence from California Community Colleges." A CAPSEE Working Paper. Center for Analysis of Postsecondary Education and Employment, New York.

Verhaest, D., J. Lavrijsen, W. Van Trier, I. Nicaise, and E. Omey. 2018. "General Education, Vocational Education and Skill Mismatches: Short-Run versus Long-Run Effects." *Oxford Economic Papers* 70 (4): 974–93.

Xu, D., and M. Trimble. 2016. "What about Certificates? Evidence on the Labor Market Returns to Nondegree Community College Awards in Two States." *Educational Evaluation and Policy Analysis* 38 (2): 272–92.

CAPÍTULO 3

Oferta de Cursos Superiores de Curta Duração

María Marta Ferreyra[1]

3.1 Introdução

Os Cursos Superiores de Curta Duração (CSCDs) prometem capacitar os indivíduos em um período de tempo relativamente curto, respondendo às necessidades da economia local. Isso ocorre porque, em um cenário ideal, as instituições abrem CSCDs em resposta às necessidades do mercado, competem entre si para oferecer uma variedade de cursos de alta qualidade e moldam seus produtos para fornecer não apenas uma boa educação, mas também bons resultados no mercado de trabalho. Quando sua oferta se comporta dessa maneira, os CSCDs podem cumprir com sua promessa econômica e social.

Para avaliar se os CSCDs da América Latina e Caribe (LAC) têm capacidade para cumprir com essa promessa, este capítulo investiga a oferta de CSCDs na região. O capítulo começa comparando a dinâmica do mercado entre cursos de bacharelado e CSCDs, analisando a criação de CSCDs — ou seja, quais fatores orientam as instituições na decisão de abrir um novo curso — e comparando a oferta de CSCDs em cidades de diferentes tamanhos. O capítulo então se volta para os países pesquisados (Brasil, Colômbia, República Dominicana, Equador e Peru) para examinar um rico conjunto de características de cursos que descrevem os "produtos" oferecidos pelas instituições.

Normalmente, pouco se sabe sobre o lado da oferta no ensino superior, por exemplo, por que as instituições abrem ou fecham cursos ou como elas competem.[2] Mesmo com alguns indicadores quantitativos, como o tamanho do corpo docente e o número de laboratórios, quase nada se sabe sobre as práticas de CSCDs — por exemplo, como eles contratam e avaliam o corpo docente, como se envolvem com o setor privado e como auxiliam os alunos na busca por empregos. No entanto, as instituições escolhem essas práticas por uma razão e as usam para diferenciar seu "produto". E, como o capítulo 4 demonstra, algumas características dos CSCDs estão claramente associadas aos resultados acadêmicos dos alunos e ao mercado de trabalho.

As principais conclusões deste capítulo são as seguintes:

- O mercado de CSCDs é altamente dinâmico — mais do que o de cursos de bacharelado. CSCDs abrem e fecham ("oscilam") com mais frequência do que cursos de bacharelado.
- Ao decidir sobre a abertura de um novo curso em um determinado local e área de conhecimento, uma instituição considera a demanda potencial para os graduados da área como definida pela atividade econômica no nível local para o setor correspondente e pelo emprego relativo dos recém-formados na área. Instituições de ensino superior (IESs) privadas e IESs não universitárias são as instituições que mais respondem às condições econômicas locais.
- As instituições também levam em consideração seus custos ao decidir se abrem novos cursos, adicionando cursos em áreas onde já estão presentes ou abrindo cursos de baixo custo. O custo é particularmente relevante para IESs privadas, uma vez que dependem principalmente da receita das mensalidades.
- A matrícula no curso é prejudicada quando há mais concorrentes diretos. No entanto, as instituições procuram atrair alunos diferenciando seus produtos em termos de mensalidade, área de conhecimento ou cobertura geográfica. A mensalidade é um fator especialmente importante que determina a distribuição dos alunos nas IESs. Um determinante crítico da estrutura do mercado é a presença de instituições públicas subsidiadas, especialmente quando estas são grandes e espalhadas por todo o país.
- Os CSCDs não são distribuídos igualmente nos espaços geográficos, já que a oferta de cursos de ensino superior é muito maior nas cidades grandes e médias do que nas pequenas. No entanto, os cursos à distância e online mitigam essa desigualdade, expandindo as opções dos alunos para além dos cursos presenciais.
- Nos países da Pesquisa de Cursos Superiores de Curta Duração do Banco Mundial (WBSCPS), as IESs com CSCDs são jovens e os cursos são recentes e frequentemente atualizados. Os CSCDs ensinam principalmente uma grade curricular fixa, com ênfase substancial no treinamento prático. Em média, eles têm uma boa infraestrutura em termos de oficinas e laboratórios, e uma boa proporção entre alunos e professores. Os professores são, em sua maioria, contratados para meio período, homens, relativamente jovens, com boas qualificações acadêmicas e profissionais que costumam trabalhar na área. Quase todos eles são avaliados pelo menos uma vez por ano, e as avaliações dos alunos são os dados mais comuns para a avaliação do corpo docente. Antes da pandemia de COVID-19, o ensino online era raro, o que sugere que esses cursos devem ter enfrentado um grande desafio para oferecer essa modalidade.
- Em média, os CSCDs nos países da WBSCPS se relacionam estreitamente com o setor privado, cujos representantes costumam fazer parte dos conselhos de administração das IESs. Os cursos tendem a ter acordos de estágio com empresas privadas, que muitas vezes participam da elaboração da grade curricular e da avaliação dos alunos. Embora os cursos ofereçam aos alunos vários apoios para a procura de emprego, o apoio mais comum é relativamente passivo — o

fornecimento de informações sobre o mercado de trabalho. Os serviços que seriam mais úteis imediatamente, como arranjar entrevistas de emprego ou preparar os alunos para os aspectos práticos de uma procura de emprego, são menos comuns. Ademais, embora os cursos geralmente avaliem o desempenho dos alunos e professores mais de uma vez por ano, eles se envolvem com menos frequência em atividades relacionadas aos resultados do mercado de trabalho dos alunos, como colher a opinião das empresas sobre seus egressos, questionar sobre as necessidades das empresas ou coletar os dados de emprego de seus egressos.

- Os CSCDs nos países da nossa pesquisa tendem a acreditar que os alunos se preocupam principalmente com a qualidade do ensino, o que pode explicar por que eles parecem mais atentos à grade curricular, ao corpo docente e ao treinamento prático do que à procura de emprego dos alunos e aos resultados no mercado de trabalho. Talvez por esta razão, os CSCDs tendem a se ver como melhores do que seus concorrentes na qualidade do treinamento, mas não nos resultados em termos de emprego. Essa descoberta sugere que, embora esses cursos respondam à economia local e tentem fornecer um bom ensino, pode ser que precisem dar mais ênfase aos resultados dos alunos no mercado de trabalho.

3.2 Dinâmica e Concorrência nos Mercados de CSCDs

O mercado de CSCDs é extremamente dinâmico, pois os cursos abrem e fecham com frequência[3]. Esta seção analisa a dinâmica do mercado com foco em dois países, Colômbia e Chile.

O mercado de CSCDs é mais dinâmico do que o mercado de cursos de bacharelado, já que o primeiro exibe maior rotatividade ou "oscilação" de cursos. A Tabela 3.1 mostra que a vida média de um CSCD é mais curta do que a média dos cursos de bacharelado em ambos os países. Entre os CSCDs oferecidos em um determinado ano na Colômbia, em média 20,8 por cento dos cursos foram

Tabela 3.1 Rotatividade média de cursos superiores de curta duração versus cursos de bacharelado

	Colômbia		Chile	
	CSCDs	Cursos de bacharelado	CSCDs	Cursos de bacharelado
Vida média do curso (anos)	7,5	13,7	11,3	19,6
Novos cursos por ano (%)	20,8	7,2	12,0	5,9
Cursos fechados por ano (%)	18,0	5,5	10,3	4,7

Fontes: Carranza et al. (2021), documento de referência para este livro, baseado no Serviço de Informações sobre o Ensino Superior (SIES), de 2005 a 2018 para o Chile, e Sistema Nacional de Informações do Ensino Superior (SNIES), de 2003 a 2017 para a Colômbia.
Nota: A tabela mostra as médias nacionais para as variáveis listadas nas linhas; as médias são calculadas sobre cursos e anos. CSCD = Curso Superior de Curta Duração.

abertos naquele ano, enquanto apenas 7,2 por cento dos cursos de bacharelado são novos. Os CSCDs não apenas surgem a uma taxa mais alta do que os cursos de bacharelado, mas também são fechados com mais frequência. Na Colômbia, 18 por cento dos CSCDs fecham em um determinado ano, em relação a 5,5 por cento dos cursos de bacharelado. Padrões semelhantes são observados no Chile.

Abertura de CSCDs

Uma questão importante, então, é o que leva as instituições a abrir novos cursos - isto é, o que leva à criação de um curso? A Colômbia e o Chile são estudos de caso interessantes porque representam dois paradigmas de mercado muito diferentes (Tabela 3.2). Os CSCDs respondem por quase metade das matrículas no ensino superior no Chile, e cerca de um terço na Colômbia. Uma grande instituição pública, o Serviço Nacional de Aprendizagem (SENA, *Servicio Nacional de Aprendizaje*), é responsável por 60 por cento do total de matrículas em CSCDs na Colômbia. Possui unidades em todo o país e não cobra mensalidade. Os 40 por cento restantes das matrículas em CSCDs são divididos quase igualmente entre instituições públicas não pertencentes ao SENA (doravante, instituições públicas), que recebem subsídios públicos, mas ainda cobram mensalidades, e instituições privadas. Em contraste, todas as matrículas em CSCDs no Chile são em instituições privadas,[4] quatro das quais — Duoc, INACAP, AIEP e Santo Tomás — respondem por 60 por cento das matrículas e têm unidades em todo o país.

Assim, o mercado de CSCDs é um oligopólio com oferta concentrada nos dois países. Ainda assim, os padrões de ingresso e concorrência dos CSCDs diferem entre os dois países, devido à presença de um provedor público grande e difundido na Colômbia (SENA), que não cobra mensalidade, e a ausência de tal instituição no Chile.[5] Na Colômbia, o tamanho, o alcance e os recursos do SENA tornam extremamente difícil para uma instituição privada crescer e ter filiais em todo o país. Como resultado, as IESs são principalmente locais e pequenas na Colômbia. A ausência de tal instituição no Chile permitiu que algumas IESs privadas crescessem e abrissem unidades em todo o país, também concentrando o mercado, mas nas mãos de alguns fornecedores privados.

Tabela 3.2 Dois paradigmas de mercado: Colômbia e Chile

Indicador	Colômbia	Chile
Participação de CSCDs no ensino superior (%)	32	48
Matrículas em instituições públicas (%)	79	0
Maiores fornecedores (com participação de mercado)	SENA (público - 60%)	• Duoc (privado - 16%) • INACAP (privado - 16%) • AIEP (privado - 16%) • Santo Tomás (privado - 12%)

Fontes: Carranza et al. (2021), documento de referência para este livro, com base no Serviço de Informações sobre o Ensino Superior (SIES) para 2018 no Chile e no Sistema Nacional de Informações do Ensino Superior (SNIES) para 2017 na Colômbia. *Nota:* Para a Colômbia, as matrículas públicas incluem o SENA. Os números são arredondados para o número inteiro mais próximo. AIEP = *Apex International Education Partners*; CSCD = Curso Superior de Curta Duração; INACAP = *Instituto Nacional de Capacitación Profesional*; SENA = *Servicio Nacional de Aprendizaje*.

A maioria dos alunos do ensino superior na ALC estuda em uma instituição local (Ferreyra et al. 2017), e isso é particularmente o caso dos alunos de CSCDs. Como resultado, os provedores de CSCD atendem principalmente aos alunos locais e competem localmente. Os mercados de CSCD variam não apenas de acordo com a localização, mas também por área de conhecimento. Por exemplo, quatro mercados distintos no Chile: saúde em Santiago, saúde em Valparaíso, negócios em Santiago e negócios em Valparaíso. Uma determinada instituição em Santiago, por exemplo, pode ser um forte concorrente na área da saúde, mas não nos negócios. E mesmo que essa instituição também tenha uma unidade em Valparaíso, pode ser uma forte concorrente na saúde em Santiago, mas seria fraca em Valparaíso.

Considere uma instituição que opera em um determinado local (um departamento na Colômbia ou uma região no Chile) e está ponderando se deve abrir um novo curso em uma determinada área (por exemplo, enfermagem).[6] A análise estatística realizada no documento de base por Carranza et al. (2021) sugere que a instituição terá mais probabilidade de abrir o novo curso em pelo menos um dos seguintes casos: [7]

- *A demanda de mão de obra é alta para a área de conhecimento.*
  A demanda de trabalho é alta para a área quando a atividade econômica local no setor relevante (saúde, neste caso) é alta em relação àquela de outros setores, ou quando recém-formados na área têm alta probabilidade de encontrar emprego em relação aos de outras áreas. Neste exemplo, a instituição terá maior probabilidade de abrir o curso de enfermagem se os hospitais e unidades de saúde locais estiverem indo bem ou se as enfermeiras encontrarem emprego facilmente na economia local.

  A Figura 3.1 ilustra que novos cursos são abertos em resposta à economia local. CSCDs são mais responsivos do que cursos de bacharelado à demanda de trabalho (painel a), o que explica a maior taxa de criação de CSCDs na Tabela 3.1. Entre os fornecedores de CSCDs, as instituições privadas são mais responsivas do que as públicas (Figura 3.1, painel b), talvez porque sua principal fonte de receita seja a mensalidade, e atrair alunos é mais fácil quando se oferece cursos relevantes para o mercado de trabalho local. Entre os fornecedores privados de CSCDs, as IESs não universitárias são mais responsivas do que as universidades (painel c), talvez porque tenham uma estrutura de custos mais enxuta e sejam, na maioria dos casos, totalmente especializadas em ofertar CSCDs.

  Como vemos neste capítulo, os CSCDs na WBSCPS se relacionam com o setor privado de várias maneiras. Essas interações podem ser uma das razões por trás de sua capacidade de resposta às condições econômicas locais.

- *O custo de abertura do curso é baixo.*
  O custo de abertura do curso é baixo, por exemplo, quando a instituição já oferece cursos na área, talvez até se especializando. Nesse caso, a instituição já pagou o custo fixo de se ofertar cursos na área. Por exemplo, pode já ter

Figura 3.1 Entrada no mercado de ensino superior e condições econômicas locais

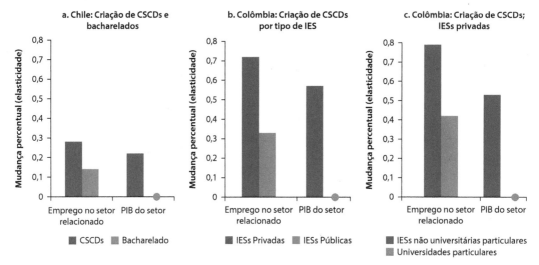

Fonte: Cálculos do Banco Mundial baseados em Carranza et al. (2021), documento de referência para este livro.
Nota: A figura mostra a variação percentual média na probabilidade de uma IES abrir pelo menos um novo curso em sua localização geográfica (departamento para a Colômbia, região para o Chile) em uma determinada área de conhecimento. A probabilidade está associada a um aumento de 1 por cento no PIB da área (defasado) ou emprego relativo para aquele local e área. Um ponto no eixo horizontal indica que a estimativa correspondente não é significativamente diferente de zero. O painel a compara a criação de cursos de bacharelado e CSCDs no Chile. O painel b compara a criação de CSCDs por parte de IESs públicas e privadas na Colômbia (IESs públicas não incluem *Servicio Nacional de Aprendizaje*, SENA). O painel c compara a criação de CSCDs entre IESs privadas (universidades e IESs não universitárias). O PIB da área de conhecimento é a parte do PIB local que pode ser associada à área; a associação é baseada na proporção de graduados de CSCDs que trabalham em cada setor da economia naquela localidade com diploma na área relacionada. O emprego relativo da área de conhecimento é a proporção de formados em CSCD daquela área empregados. CSCD = Curso Superior de Curta Duração; IES = instituição de ensino superior; PIB = Produto Interno Bruto.

contratado o corpo docente relevante e adquirido o equipamento necessário. Embora o custo marginal de abrir um curso adicional em uma área existente seja relativamente baixo, entrar em uma nova área pode ser bastante caro. Essa consideração é particularmente importante para as instituições privadas, que dependem principalmente das receitas das mensalidades e não recebem financiamento público para cobrir os custos fixos de entrada em uma nova área de conhecimento.

Na Colômbia e no Chile, as IESs têm, de fato, mais probabilidade de abrir um curso em uma determinada área quando esta atrai uma parcela maior de suas matrículas, o que significa que são relativamente especializadas (Figura 3.2, painel a). E, como esperado, a coluna mais alta para IESs privadas na Colômbia indica que elas são mais sensíveis aos custos do que suas contrapartes públicas.[8]

- *A instituição tem poder de mercado.*
  É mais provável que uma instituição abra um curso em uma determinada área quando enfrenta menos concorrência. Na Colômbia e no Chile, a entrada em uma determinada área é mais provável quando a instituição atrai uma parcela maior do total de matrículas do mercado naquela área (Figura 3.2, painel b), ou quando há menos instituições concorrentes oferecendo cursos nela — a

Figura 3.2 Entrada, custos fixos e poder de mercado

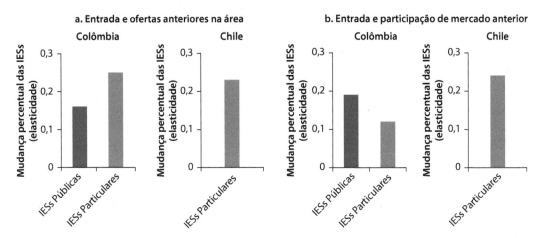

Fonte: Cálculos do Banco Mundial baseados em Carranza et al. (2021), documento de referência para este livro.
Nota: O painel a mostra a variação percentual média na probabilidade de uma IES abrir pelo menos um novo curso em sua localização geográfica (departamento para a Colômbia, região para o Chile) em uma determinada área de estudo. A probabilidade está associada a um aumento de 1 por cento na proporção (defasada) de alunos da IES matriculados na área (em relação ao total de matrículas na IES). Uma alta participação indica que a IES é especializada na área. O painel b mostra a variação percentual média na probabilidade de uma IES abrir pelo menos um novo curso em sua localização geográfica (departamento para a Colômbia, região para o Chile) em uma determinada área de estudo. A probabilidade está associada a um aumento de 1 por cento na parcela (defasada) de matrículas da IES (em relação a todas as instituições) naquele local e área de estudo. Uma alta participação indica que a IES tem poder de mercado. Para a Colômbia, as IESs públicas não incluem o *Servicio Nacional de Aprendizaje* (SENA). IES = instituição de ensino superior.

saber, quando a IES goza de certo poder de mercado naquele local e na área de estudo.

A presença do SENA molda a criação de CSCDs na Colômbia. Ao abrir novos cursos, as IESs privadas reagem apenas à concorrência representada por outras IESs privadas, enquanto as IESs públicas respondem à concorrência vinda de todas as IESs e do SENA. Isso está relacionado à forma como as IESs colombianas competem, uma questão que será discutida posteriormente neste capítulo. No Chile, a presença da maior instituição, Duoc, em uma determinada área de conhecimento e localidade, impede a entrada de outras instituições naquele mercado.

Fechamento de CSCDs

Na Colômbia e no Chile, as IESs que fecham cursos em uma determinada área também têm maior probabilidade de abrir novos cursos nessa área.[9] Para cerca de 90 por cento dos fechamentos de cursos desde o início dos anos 2000, houve uma abertura de curso simultânea por parte da mesma IES, no mesmo local e área de conhecimento. Em vários casos, podem ocorrer aberturas e fechamentos simultaneamente. O primeiro caso é quando uma IES analisa a grade curricular de um curso e a altera substancialmente, criando efetivamente um novo curso. O segundo é quando uma IES remove um curso desatualizado em uma determinada área (por exemplo, administração de turismo de aventura) e o substitui por um novo que é mais geral (por exemplo, gestão de hospitalidade) ou qualitativamente diferente (por exemplo, gestão de organizações sem fins lucrativos). O terceiro caso é quando uma IES abre um novo curso, mas deseja protegê-lo da concorrência de seus próprios cursos na área — ou seja, evitar a canibalização entre os cursos. O quarto é quando a IES fecha um curso que perdeu matrículas recentemente ou não posicionou bem seus egressos. Isso é particularmente relevante no Chile, onde o monitoramento público dos resultados de emprego para cursos individuais incentiva as IESs a fechar cursos cujos egressos apresentem baixa empregabilidade.

Concorrência entre CSCDs

As instituições claramente competem por alunos no mercado de CSCDs. Na Colômbia e no Chile, a inscrição de uma IES em uma determinada área sofre com um aumento no número de instituições concorrentes que oferecem cursos nessa área (Figura 3.3). No caso da Colômbia, a expansão das matrículas no SENA tem forte associação negativa com as matrículas em IESs, especialmente as públicas, que competem mais diretamente com o SENA.

Dadas essas pressões concorrenciais, as IESs diferenciam seus cursos dos de outras instituições por meio de preços e ofertas de cursos.

Colômbia

Na Colômbia, o SENA é gratuito, as IESs públicas cobram mensalidades subsidiadas e as IESs privadas cobram mensalidades ainda mais caras (Figura 3.4, painel a). Como resultado, esses fornecedores atraem diferentes tipos de alunos

Figura 3.3 Matrícula e concorrência

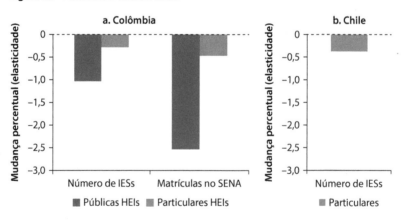

Fonte: Cálculos do Banco Mundial baseados em Carranza et al. (2021), documento de referência para este livro.
Nota: A figura mostra a variação percentual média nas matrículas de uma IES em (área, local, ano) em função de um aumento de 1 por cento no número de IESs concorrentes ou nas matrículas no Servicio Nacional de Aprendizaje (SENA) (para a Colômbia) em tal (área, local, ano). Para a Colômbia, as IESs públicas não incluem o SENA. Azul e laranja denotam a resposta das IESs públicas e privadas, respectivamente. IES = instituição de ensino superior.

Figura 3.4 Mensalidade e seleção de alunos na Colômbia

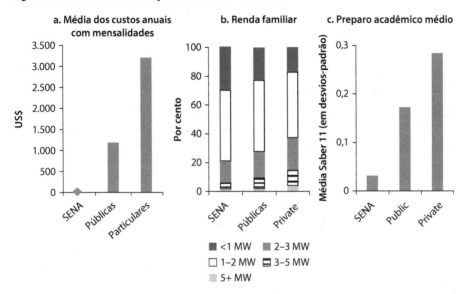

Fontes: Sistema Nacional de Informações do Ensino Superior (SNIES) da Colômbia 2019 para o painel a; *Obsevatorio Laboral para la Educación* (OLE) 2013 e Systems Approach for Better Education Results (Saber) (vários anos) para os painéis b e c. **Nota:** O painel a mostra a média dos custos anuais com mensalidades por tipo de IES, em dólares (PPC 2019). O losango no eixo horizontal para o SENA indica a gratuidade do SENA. O painel b mostra, para cada tipo de IES, o percentual de alunos de cada nível de renda familiar. O painel c mostra a média do SABER 11 (uma medida de preparo acadêmico) por tipo de IES. Os painéis b e c correspondem aos formados em CSCD incluídos no OLE em 2013. As IESs públicas não incluem o *Servicio Nacional de Aprendizaje*, SENA. CSCD = Curso Superior de Curta Duração; IES = instituição de ensino superior; PPC = paridade do poder de compra; SM = Salário-Mínimo mensal.

(Figura 3.4, painéis b e c). Em média, o SENA atrai alunos com menor renda e menos preparo acadêmico. Os alunos restantes são distribuídos entre IESs públicas e privadas dependendo, em parte, de seu preparo acadêmico e de sua renda familiar — em média, aqueles com melhor preparo, mas com menos recursos, frequentam IESs públicas, enquanto o inverso é verdadeiro para alunos que frequentam IESs privadas.

Por ter uma fonte de financiamento dedicada, o SENA pode oferecer cursos com altos custos de produção, como os de engenharia (Figura 3.5), que engloba cursos relacionados à tecnologia. As IESs públicas, que também contam com verbas públicas, também podem financiar cursos relativamente caros. Dada a falta de financiamento público, as IESs privadas tendem a se especializar em áreas de custo mais baixo, como negócios, e enfatizam o ensino de habilidades cognitivas e sociais de aplicabilidade geral. Como resultado dessa diferenciação, as instituições públicas competem com o SENA mais estreitamente do que as privadas, principalmente para atrair os alunos de renda mais baixa, enquanto também competem com as instituições privadas pelos alunos de renda mais alta. As instituições privadas, por sua vez, competem principalmente entre si. Esses padrões explicam por que as matrículas e a abertura de novos cursos respondem de maneira diferente aos concorrentes entre os tipos de IES.

Figura 3.5 Distribuição de áreas de estudo dos CSCDs, por tipo de instituição na Colômbia

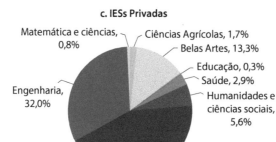

Fonte: Sistema Nacional de Informações do Ensino Superior da Colômbia (SNIES), 2017.
Nota: A figura mostra a porcentagem de cursos correspondentes a cada área por tipo de instituição. As IESs públicas não incluem o SENA.
CSCD = Curso Superior de Curta Duração; IES = instituição de ensino superior; SENA = *Servicio Nacional de Aprendizaje.*

Chile

No Chile, as IESs se diferenciam de várias maneiras. Primeiro, se diferenciam pela cobertura geográfica (Figura 3.6). Por exemplo, o Duoc está presente apenas nas três áreas metropolitanas mais populosas (Santiago, Valparaíso e Concepción, que estão localizadas nas regiões Metropolitana, Valparaíso e Biobio, respectivamente). E, enquanto o INACAP domina o mercado na região de Maule, o mercado em Los Lagos é dominado pelo AIEP. Essa cobertura geográfica está parcialmente relacionada ao modelo de negócios da IES. Por exemplo, o Duoc segue um modelo bastante centralizado que requer coordenação entre as unidades e fornece serviços e amenidades aos alunos com um alto custo fixo. Esse modelo não seria viável fora das maiores áreas metropolitanas.

Em segundo lugar, as IESs competem em preços. Entre as quatro maiores IESs, as mensalidades são semelhantes no Duoc e no INACAP e superiores às do AEIP e de Santo Tomás (Figura 3.7, painel a). Outras IESs não universitárias cobram as mensalidades mais baixas do mercado. Como resultado dessa concorrência de preços, os alunos se distribuem nas IESs de acordo com sua renda. Aqui, a renda é representada pelos tipos de ensino médio: público (municipal), privado

Figura 3.6 Participações nos mercados regionais da maior IES do Chile

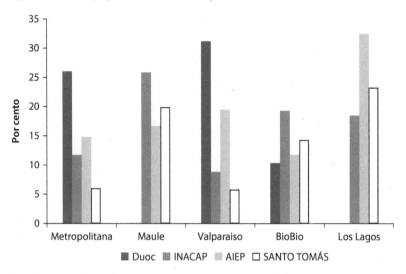

Fonte: Carranza et al. (2021), documento de referência para este livro. Cálculos baseados no Serviço de Informações sobre o Ensino Superior (SIES), 2018.
Nota: Para cada região, a figura mostra a participação de 2018 nas matrículas no primeiro ano nas instituições Duoc, *Instituto Nacional de Capacitación Profesional* (INACAP), *Apex International Education Partners* (AIEP) e Santo Tomás. IES = instituição de ensino superior.

subsidiado (com vouchers) e privado não subsidiado (privado). A proporção de alunos de escolas privadas é mais alta no Duoc, que cobra a mensalidade mais alta (Figura 3.7, painel b).

Terceiro, as IESs diferenciam seus produtos por meio de outros atrativos, como orientação acadêmica, assistência na busca de emprego, qualidade das instalações e vida estudantil. De forma mais geral, se diferenciam criando uma "cultura" que é valorizada pelos alunos e uma "marca" ou reputação que é valorizada por empregadores e alunos.

A capacidade das IESs de competir em preços pode ter mudado desde 2017, quando o ensino superior gratuito *(gratuidad)* para os seis decis mais baixos da distribuição de renda foi aprovado para incluir também CSCDs. Como os gastos próprios agora são zero para todos os cursos, o preço não é mais um fator de diferenciação entre eles. Em vez disso, os alunos escolhem entre os cursos com base nos elementos não relacionados ao preço. Evidências anedóticas indicam que as instituições com as mais altas reputações enfrentaram demanda excessiva desde a *gratuidad* e implementaram alguns requisitos de admissão, ao passo que antes da *gratuidad* as vagas eram preenchidas por ordem de chegada.

As mensalidades estão relacionadas aos resultados no mercado de trabalho (Figura 3.8). Em média, os egressos de instituições com mensalidades mais caras apresentam melhores taxas de emprego e maiores salários. Embora isso não forneça evidências de que as instituições com as mensalidades mais altas tenham o maior valor agregado, sugere que os resultados dessas instituições no mercado de trabalho confirmam ou "justificam" as mensalidades que cobram.

Figura 3.7 Mensalidades e histórico dos alunos no Chile

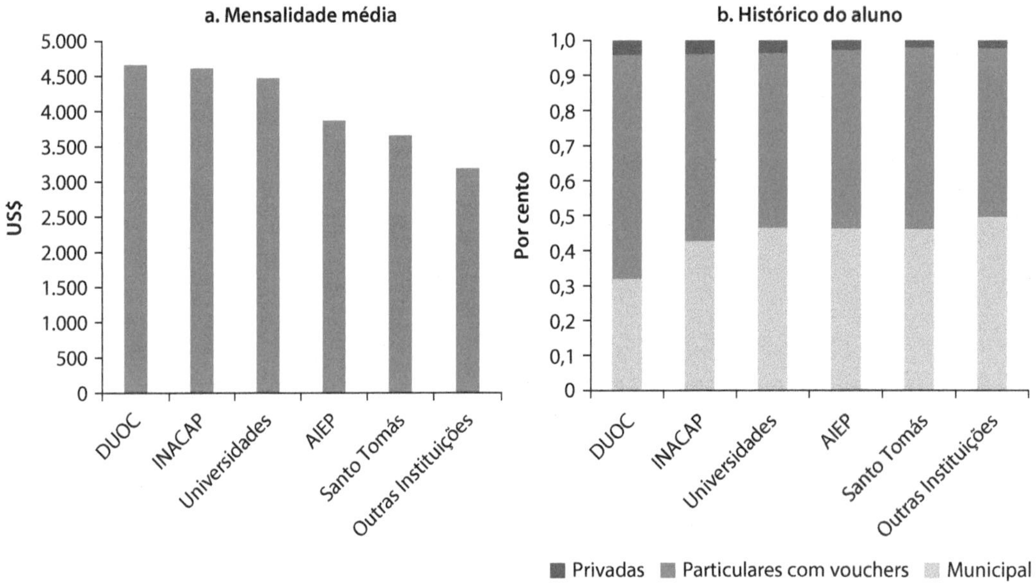

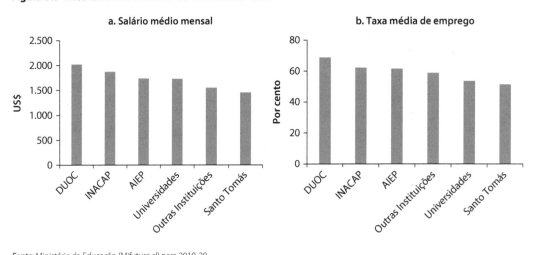

Fonte: Ministério da Educação (Mifuturo.cl), 2018.

Nota: O painel a mostra, para cada IES ou tipo de IES, a mensalidade média (acumulado anual) em dólares PPC 2019. As estatísticas apresentadas para universidades referem-se exclusivamente a CSCDs ministrados em universidades. O painel b mostra, para cada IES ou tipo de IES, o percentual de alunos que se formaram em cada uma das seguintes modalidades de ensino médio: municipal (particular), particular com voucher (particular subsidiado) ou particular (particular não subsidiado). AIEP = *Apex International Education Partners;* IES = instituição de ensino superior; INACAP = *Instituto Nacional de Capacitacion Profesional;* CSCD = curso superior de curta duração.

Figura 3.8 Resultados no mercado de trabalho no Chile

Fonte: Ministério da Educação (Mifuturo.cl) para 2010-20.

Nota: Para cada IES ou tipo de IES, a figura mostra os salários médios para graduados quatro anos após a formatura e a taxa média de emprego dos graduados no ano após a formatura. "Universidades" refere-se exclusivamente a CSCDs ensinados em universidades.

3.3 Papel da Localidade

Nem todos os locais têm o mesmo acesso a CSCDs e, de maneira mais geral, aos cursos de ensino superior (Tabela 3.3). Em relação às cidades de pequeno e médio porte, as maiores são mais propensas a ter pelo menos uma IES oferecendo CSCDs ou cursos de bacharelado e são atendidas por mais IESs. Como resultado, os alunos em grandes cidades podem escolher entre um maior número de cursos, sejam de bacharelado ou CSCDs.

Tabela 3.3 Oferta de CSCDs, por tamanho da cidade

Medida	Colômbia: Tamanho da cidade				Chile: Tamanho da cidade			
	Muito Grande	Grande	Média	Pequena	Muito Grande	Grande	Média	Pequena
Cidades com pelo menos uma instituição que oferecem:								
Cursos de bacharelado (%)	100	97,4	56,3	15,2	100	87,5	21,5	0
CSCDs (%)	100	97,4	40,2	8,1	100	87,5	31,2	0,5
Cidades onde o SENA oferece CSCDs (%)	100	89,5	14,2	0,9	n/c	n/c	n/c	n/c
Número médio de instituições que oferecem:								
Cursos de bacharelado	57	9,3	1,1	0,2	127,0	9,2	0,4	0
CSCDs	42	5,8	0,7	0,1	82,0	7,4	0,7	0
Número médio de cursos oferecidos								
Bacharelado	616,4	73,9	4,8	0,4	2.272	143,5	2,1	0
CSCDs em IESs	403,6	56,6	3,6	0,3	1.544	108,8	6,2	0
CSCDs no SENA	123,8	27,7	1,6	0,1	n/c	n/c	n/c	n/c
Proporção média de cursos								
Presencial	0,76	0,55	0,47	0,46	n/d	n/d	n/d	n/d
À distância	0,15	0,35	0,47	0,50	n/d	n/d	n/d	n/d
Online	0,09	0,10	0,06	0,04	n/d	n/d	n/d	n/d
Índice Herfindahl médio entre instituições								
Cursos de bacharelado	0,010	0,45	0,83	0,96	0,037	0,280	0,699	n/c
CSCDs	0,359	0,623	0,915	0,99	0,122	0,315	0,752	n/c
Número de municípios	5	38	254	770	1	24	93	182

Fontes: Cálculos do Banco Mundial com base em dados do Sistema Nacional de Informação do Ensino Superior (2017) para a Colômbia e Serviço de Informações sobre o Ensino Superior (SIES) (2018) para o Chile.

Nota: A tabela mostra indicadores de disponibilidade de cursos de bacharelado e CSCDs por tamanho de cidade (município). As categorias de tamanho de cidade são dadas pela população e são definidas assim: muito grande (população> 1.000.000); grande (entre 100.001 e 1.000.000); média (população entre 20.001 e 100.000); e pequena (até 20.000). Para a Colômbia, os cursos à distância envolvem arranjos como aulas presenciais uma vez a cada dois finais de semana, e os cursos online são atrelados aos municípios onde seus alunos moram. Para um determinado município, o índice Herfindahl é calculado como a soma das participações de mercado ao quadrado para as instituições no município, onde a participação de uma instituição é a proporção de seus alunos de bacharelado (ou CSCD) em relação ao número total de alunos de bacharelado (ou CSCD) no município. É uma medida de concentração de mercado e varia entre zero e um. Quanto mais próximo de 1, maior a concentração de mercado. CSCD = Curso Superior de Curta Duração; IES = instituição de ensino superior; n/d = não disponível; n/c = não corresponde (o SENA está localizado na Colômbia); SENA = Servicio Nacional de Aaprendizagem.

Quase todas as grandes cidades da Colômbia contam com a oferta de CSCDs do SENA, mas muito poucas cidades pequenas e médias desfrutam do mesmo. Em outras palavras, a partir de 2017, o SENA passou a cobrir áreas geográficas semelhantes a outras IESs, mas não necessariamente menores e mais remotas.[10] Dados da Colômbia também mostram que, embora os cursos presenciais sejam menos comuns em cidades de pequeno e médio porte, os cursos à distância são mais comuns e abrangem uma ampla variedade de modalidades. Por exemplo, uma IES pode não contar com unidades em uma determinada cidade, mas pode alugar um espaço lá para dar aulas em fins de semana alternados. Esses arranjos proporcionam a locais menores e mais remotos acesso a opções de ensino superior.

O mercado de CSCDs no Chile é altamente concentrado em torno das quatro maiores instituições. A questão que surge é se a concentração diminui nas cidades menores, onde algumas dessas instituições podem não estar presentes. Como mostra o índice Herfindahl na Tabela 3.3, a concentração de mercado é maior em cidades de pequeno e médio porte — não apenas no Chile, mas também na Colômbia. A razão é que essas cidades têm menos IESs. Assim, não apenas as cidades pequenas têm menos opções, mas também menos concorrência. No entanto, à medida que os cursos à distância e online continuam a se multiplicar, o número de opções e a extensão da concorrência devem continuar a aumentar.

Para resumir, os CSCDs têm maior rotatividade que os cursos de bacharelado, com aberturas e fechamentos mais frequentes. Isso ocorre porque são mais responsivos à economia local e às necessidades do mercado de trabalho. As instituições privadas e não universitárias, por sua vez, são as que mais respondem à economia local. As instituições levam em consideração seus custos ao decidir se abrem novos cursos, adicionando opções em áreas em que já estão presentes e oferecendo cursos de menor custo, no caso de IES privadas. O fechamento de um curso guarda próxima correlação com a criação de outro. Embora as matrículas sejam sensíveis ao número de concorrentes, as instituições diferenciam seus produtos com mensalidade, áreas de estudo oferecidas e cobertura geográfica. Em particular, a mensalidade contribui para a distribuição dos alunos entre as instituições. Um determinante crítico da estrutura do mercado é a presença de instituições públicas subsidiadas, especialmente quando estas são grandes e disseminadas por todo o país. No entanto, independentemente de tais instituições, as grandes cidades oferecem aos alunos mais opções do que as cidades menores, tanto em cursos de bacharelado quanto em CSCDs, e dão origem a mercados menos concentrados e mais competitivos.

3.4 Cursos e Instituições na ALC

Esta seção analisa a oferta de CSCDs — instituições e cursos — nos países pesquisados: Brasil, Colômbia, República Dominicana, Equador e Peru. No caso do Brasil, a pesquisa concentra-se nos estados de São Paulo e Ceará e, no Peru, nos cursos reconhecidos a partir de outubro de 2019. O número de CSCDs nesses

Tabela 3.4 Cursos nos países da WBSCPS

País	Número de cursos	Cursos ministrados em IESs privadas (%)
Brasil (São Paulo e Ceará)	2.388	84
Colômbia	2.130	60
República Dominicana	209	54
Equador	543	62
Peru (cursos reconhecidos)	387	100

Fonte: Universos do curso para países da WBSCPS.
Nota: IES = instituição de ensino superior; WBSCPS = Pesquisa de Cursos Superiores de Curta Duração do Banco Mundial.

países varia de 209 na República Dominicana até 2.388 no Brasil (Tabela 3.4). A maioria dos cursos é oferecida por IESs privadas. No Brasil e no Peru, onde as IESs com fins lucrativos são permitidas, elas respondem por 39 e 77 por cento de todos os CSCDs, respectivamente.

Em cada país, negócios e engenharia (incluindo cursos relacionados a ciência da computação) respondem por mais da metade das opções (Figura 3.9). Os cursos de negócios são mais prevalentes no Brasil e no Peru, que têm a maior parcela de cursos ministrados por IESs privadas, de forma consistente com o fato de que as instituições privadas normalmente gravitam em torno de áreas de conhecimento com custo mais baixo.

O restante desta seção apresenta uma descrição detalhada de instituições e seus produtos — os cursos — com base na WBSCPS. As características descritas dos cursos certamente não são aleatórias; ao contrário, foram escolhidas pelos cursos para competir de forma mais eficaz no mercado. O Capítulo 4 discute como essas características se relacionam com os resultados acadêmicos dos alunos e com seus resultados no mercado de trabalho.

Características Gerais de Instituições e Cursos

Nos países cobertos pela WBSCPS, quase todos os CSCDs duram dois ou três anos — a maioria dura três anos. Algumas das IESs que oferecem CSCDs têm várias unidades em todo o país, e alguns cursos são oferecidos em várias cidades pela IES correspondente, particularmente na Colômbia, na República Dominicana e no Peru (Figura 3.10). Em contraste, no Brasil e no Equador, as IESs operam principalmente de forma localizada.

A IES média é relativamente nova, variando de 24 a 50 anos no Equador e na República Dominicana, respectivamente (Figura 3.11, painel a). Não apenas as IESs são recentes, os cursos também são novos (Figura 3.11, painel b). A idade média de um curso varia de 10 a 18 anos no Brasil e na República Dominicana, respectivamente, e cerca da metade dos cursos em cada país tem 10 anos ou menos. A média de matrículas em um curso varia entre 140 e 240 alunos no Brasil, Colômbia, Equador e República Dominicana; é substancialmente mais alto no Peru, com 380 alunos (Figura 3.11, painel c). Nos cinco países, o mais comum é que um curso tenha entre 101 e 300 alunos. Peru e Equador têm a maior parcela de cursos muito grandes com mais de 1.000 alunos.

Figura 3.9 Distribuição de cursos entre áreas de estudo nos países da WBSCPS

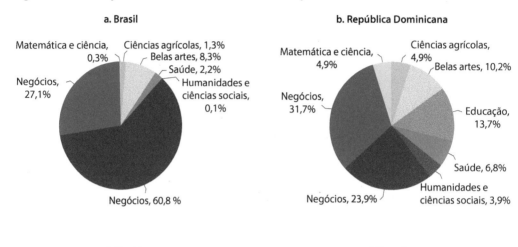

a. Brasil

b. República Dominicana

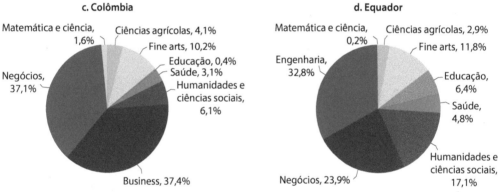

c. Colômbia

d. Equador

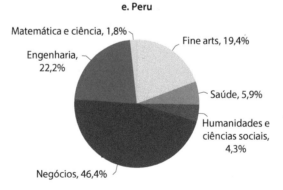

e. Peru

Fonte: Universos do curso para países WBSCPS.

Nota: A figura mostra a porcentagem de cursos em cada área para cada país da WBSCPS. WBSCPS = dados da Pesquisa de Cursos Superiores de Curta Duração do Banco Mundial. Apenas São Paulo e Ceará estão incluídos para o Brasil, além de cursos reconhecidos no Peru.

Figura 3.10 Número de cidades onde a instituição oferece o curso

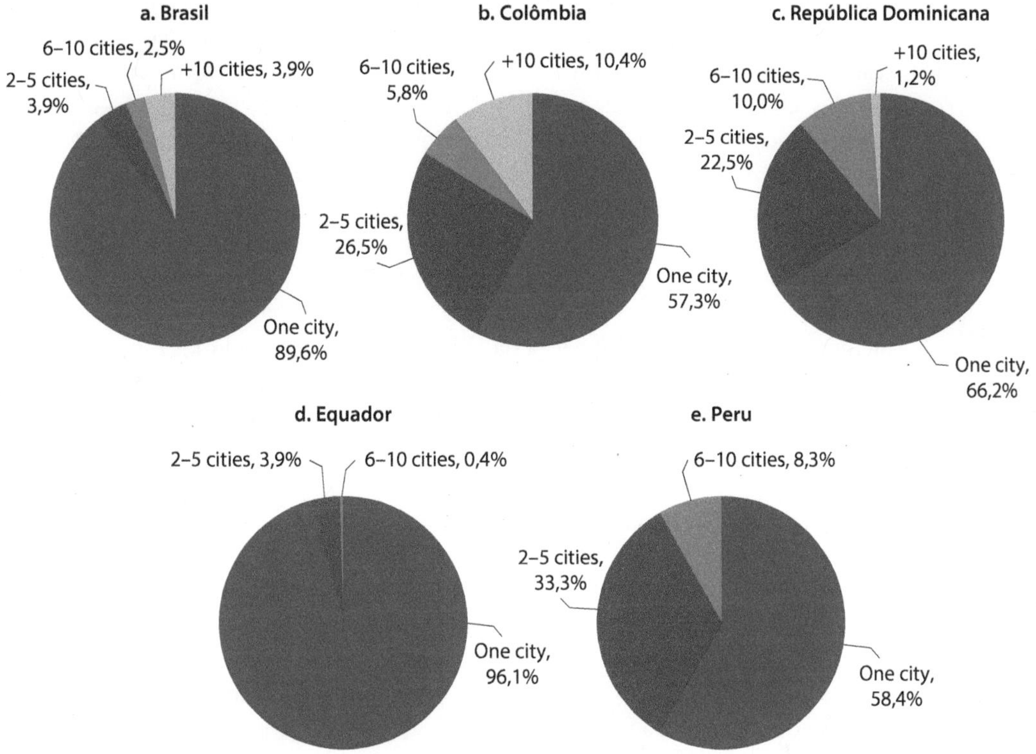

a. Brasil
6–10 cities, 2,5%
2–5 cities, 3,9%
+10 cities, 3,9%
One city, 89,6%
b. Colômbia
6–10 cities, 5,8%
+10 cities, 10,4%
2–5 cities, 26,5%
One city, 57,3%
c. República Dominicana
+10 cities, 1,2%
6–10 cities, 10,0%
2–5 cities, 22,5%
One city, 66,2%
d. Equador
2–5 cities, 3,9%
6–10 cities, 0,4%
One city, 96,1%
e. Peru
6–10 cities, 8,3%
2–5 cities, 33,3%
One city, 58,4%

Fonte: Pesquisa de Cursos Superiores de Curta Duração do Banco Mundial.
Nota: A figura mostra a porcentagem de cursos que são oferecidos em uma cidade, 2 a 5 cidades, 6 a 10 cidades ou mais de 10 cidades pela IES correspondente. Apenas São Paulo e Ceará estão incluídos para o Brasil, além de cursos reconhecidos no Peru. IES = instituição de ensino superior.

Figura 3.11 Idade da IES, idade do curso e tamanho do curso

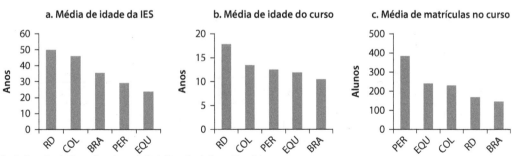

a. Média de idade da IES
Anos
60
50
40
30
20
10
0
RD
COL
BRA
PER
EQU
b. Média de idade do curso
Anos
20
15
10
5
0
RD
COL
PER
EQU
BRA
c. Média de matrículas no curso
Alunos
500
400
300
200
100
0
PER
EQU
COL
RD
BRA

Fonte: Pesquisa de Cursos Superiores de Curta Duração do Banco Mundial.
Nota: Para cada país, a figura mostra a idade média da IES (painel a), a idade média do curso (painel b) e a média do número de matrículas no curso (painel c). Se vários cursos forem ministrados na mesma IES, cada curso será contado separadamente. BRA = Brasil; COL = Colômbia; RD = República Dominicana; ECU = Equador; IES = instituição de ensino superior; PER = Peru. Apenas São Paulo e Ceará estão incluídos para o Brasil, além de cursos reconhecidos no Peru.

Requisitos de Grade Curricular, Treinamento e Formatura

Nos cinco países, a maioria dos cursos oferece uma grade curricular fixa (Figura 3.12, painel a). À luz da experiência negativa com a grade curricular "estilo cafeteria" da maioria das instituições comunitárias de ensino superior nos Estados Unidos (Bailey, Jaggars e Jenkins, 2015), a grade curricular fixa é uma característica positiva. Em média, os cursos gastam cerca de metade do tempo com treinamento prático em oficinas, laboratórios ou prática profissional (Figura 3.12, painel b). Conforme mencionado no capítulo 1, mais de 80 por cento dos cursos oferecem atividades de reforço para alunos despreparados; estas ocorrem antes e/ou durante o curso.

Como esses cursos são voltados para o trabalho em sua essência, muitos deles incluem estágios obrigatórios fora da IES (Figura 3.12, painel c). Embora apenas 28 por cento dos cursos no Brasil incluam estágios, quase todos os cursos no Equador os exigem, bem como mais da metade dos cursos na Colômbia, Peru e República Dominicana também. O estágio obrigatório pode ocorrer durante o curso, no final, ou nos dois momentos.

Além de ensinar habilidades específicas da ocupação, os cursos também visam treinar os alunos em um amplo conjunto de competências gerais. Essas competências são agrupadas em cognitivas (leitura, escrita e familiaridade com números), técnicas (uso do computador para tarefas básicas, apresentações e tarefas avançadas), socioemocionais (comunicação, responsabilidade, trabalho em equipe e adaptabilidade) e hábitos de trabalho (capacidade de trabalhar sob dificuldades ou pressão, persistência em tarefas complexas e capacidade de encontrar maneiras novas e melhores de fazer as coisas). As competências socioemocionais, que são essenciais para os relacionamentos interpessoais, são as mais

Figura 3.12 Grade curricular e treinamento prático

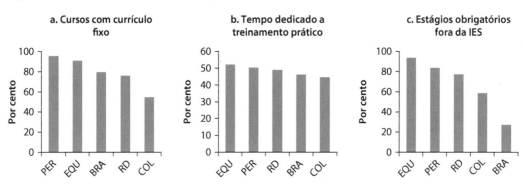

Fonte: Pesquisa de Cursos Superiores de Curta Duração do Banco Mundial.
Nota: Para cada país, a figura mostra a porcentagem de cursos com uma grade curricular fixa (painel a), a porcentagem média de tempo dedicado ao treinamento prático no curso (painel b) e a porcentagem de cursos com estágio obrigatório fora da IES (painel c). BRA = Brasil; COL = Colômbia; RD = República Dominicana; ECU = Equador; IES = instituição de ensino superior; PER = Peru. Apenas São Paulo e Ceará estão incluídos para o Brasil, além de cursos reconhecidos no Peru.

frequentemente ensinadas (por 90 por cento dos cursos; ver Figura 3.13). Competência técnica de computador é a segunda competência mais ensinada. Embora mais de 75 por cento dos cursos afirmem ensinar competências cognitivas, estas estão em apenas terceiro lugar dentre as mais ensinadas. Os hábitos de trabalho vêm em quarto lugar. Para fins de comparação com essas competências gerais, a figura mostra a porcentagem de cursos que ensinam leitura e escrita em língua estrangeira, que é a competência menos ensinada.

Para se formar em um CSCD, o aluno deve completar todas as matérias obrigatórias e, se necessário, o estágio obrigatório. Além disso, alguns cursos têm requisitos adicionais de conclusão (Figura 3.14). Os cursos em todos os países oferecem exames de conclusão específicos da instituição; estes são particularmente prevalentes no Equador. Os exames profissionais ou da indústria, que muitas vezes fornecem habilitação profissional para graduados em algumas áreas (como saúde), também são exigidos em todos os países. Uma parcela dos cursos em todos os países exige a conclusão de um TCC ou projeto de pesquisa, variando de 5 por cento dos cursos na República Dominicana a 40 por cento na Colômbia e 94 por cento no Equador. Embora requisitos adicionais de conclusão possam contribuir para a "qualidade" dos egressos, alguns deles podem ser onerosos para os alunos e exigir habilidades que não foram desenvolvidas durante o curso, como é provavelmente o caso de escrever um projeto de pesquisa ou demonstrar proficiência em uma língua estrangeira.

De forma coerente com seu dinamismo, em média os cursos foram atualizados muito recentemente — cerca de dois anos atrás no Brasil, na República Dominicana, no Equador e no Peru, e quatro anos atrás na Colômbia

Figura 3.13 Competências ensinadas pelos cursos

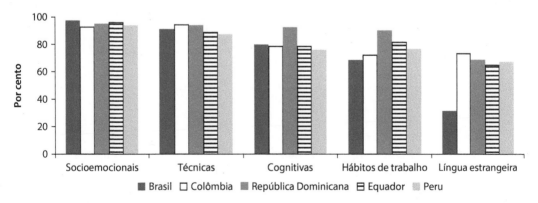

Fonte: Pesquisa de Cursos Superiores de Curta Duração do Banco Mundial.
Nota: Para cada tipo de competência (socioemocional, técnica, cognitiva, hábitos de trabalho e língua estrangeira), a figura mostra a porcentagem de cursos em cada país que afirma ensiná-las. As competências abrangem as seguintes habilidades: cognitivas (leitura, escrita e familiaridade com números), técnicas (uso do computador para tarefas básicas, apresentações e tarefas avançadas), socioemocionais (comunicação, responsabilidade, trabalho em equipe e adaptabilidade) e hábitos de trabalho (capacidade de trabalho sob adversidade ou pressão, persistência em tarefas complexas e capacidade de encontrar maneiras novas e melhores de fazer as coisas). Considera-se que um curso ensina um determinado conjunto de competências quando ensina todas as habilidades relacionadas. Apenas São Paulo e Ceará estão incluídos para o Brasil, além de cursos reconhecidos no Peru.

Figura 3.14 Requisitos adicionais de conclusão de curso

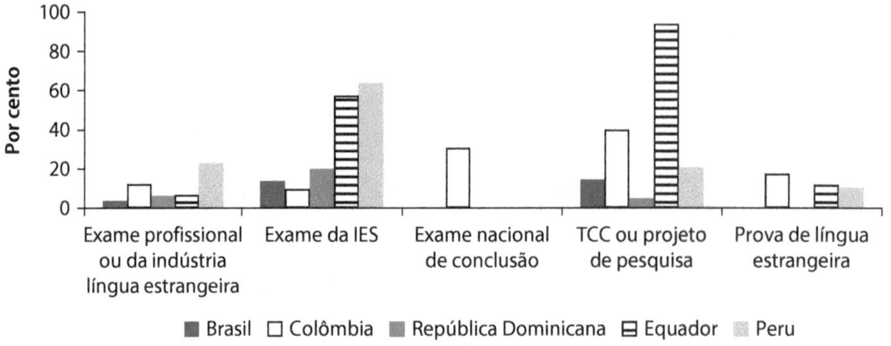

Fonte: Pesquisa de Cursos Superiores de Curta Duração do Banco Mundial.
Nota: Para cada país, a figura mostra a porcentagem de cursos que adotam cada requisito de conclusão de curso. Um curso pode adotar mais de um requisito. Na Colômbia, o Saber T&T é o exame nacional de conclusão. Apenas São Paulo e Ceará estão incluídos para o Brasil, além de cursos reconhecidos no Peru.

Figura 3.15 Atualização de grade curricular e certificação de alta qualidade

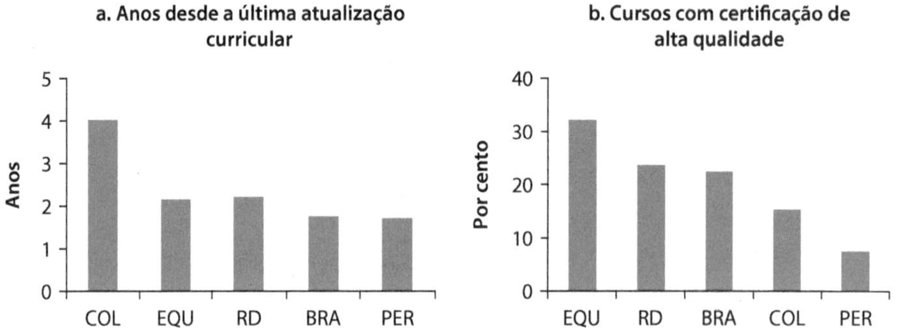

Fonte: Pesquisa de Cursos Superiores de Curta Duração do Banco Mundial.
Nota: O painel a mostra o número médio de anos dos cursos desde a última atualização da grade curricular. O painel b mostra a porcentagem de cursos em cada país com certificação de alta qualidade (CAQ). A CAQ é definida da seguinte forma: Brasil (BRA): cursos ministrados em IES com pontuação do IGC acima do 75º percentil do universo combinado de São Paulo e Ceará; Colômbia (COL): CAQ concedida pelo Ministério da Educação; República Dominicana (RD): certificação internacional; Equador (ECU): CAQ sob o regime de certificação pré-2018; Peru (PER): certificação concedida pelo Ministério da Educação. IES = instituição de ensino superior; IGC = Índice Geral de Cursos. Apenas São Paulo e Ceará estão incluídos para o Brasil, além de cursos reconhecidos no Peru.

(Figura 3.15, painel a). Os cursos são atualizados por vários motivos, como a percepção da IES sobre o mercado de trabalho, o feedback dos alunos, os resultados dos egressos no mercado de trabalho, as solicitações dos empregadores e os padrões do governo — todos os quais demonstram o interesse das IESs em atender às necessidades do mercado de trabalho, assim como fazem quando decidem abrir um novo curso.

Os cursos devem ter uma licença operacional para funcionar. Além disso, eles podem buscar voluntariamente a certificação no Peru, a certificação de alta qualidade na Colômbia e a certificação internacional na República Dominicana (capítulo 1).

A Figura 3.15, painel b, mostra a porcentagem de cursos no Peru, Colômbia e República Dominicana que possuem essas certificações voluntárias ou que foram consideradas de alta qualidade pelas agências reguladoras no Brasil e no Equador. Para facilitar a apresentação, descrevemos todos esses cursos como tendo "certificação de alta qualidade". Esses cursos relatam que seus benefícios são: aumento da reputação entre os empregadores, maior capacidade de se diferenciar dos concorrentes, maior capacidade de atrair bons alunos e melhor posicionamento de seus egressos no mercado de trabalho.

Corpo Docente

Em média, os cursos contam com quantidade e "qualidade" adequadas de professores. A proporção média aluno-professor é baixa (entre 10 e 16), e os professores são contratados principalmente por sua experiência prática na área de conhecimento e experiência em sala de aula (Figura 3.16, painéis a e b).

A proporção de professores em tempo integral é baixa na maioria dos países, como seria de se esperar de instrutores que trabalham em sua área de especialização (Figura 3.17). Os professores são relativamente jovens; 30 a 40 por cento deles (e ainda mais no Equador) têm menos de 40 anos. Professores jovens podem ter um treinamento mais atualizado, embora também possam ser menos experientes do que os mais velhos. A proporção de professoras mulheres é bastante baixa, cerca de um terço, menor ainda do que a parcela de alunas (37 a 53 por cento, dependendo do país), mas isso pode ser esperado devido à natureza dos cursos. O corpo docente é academicamente qualificado: mais de 78 por cento dos professores têm bacharelado. No Brasil e na República Dominicana, cerca de dois terços dos professores possuem pós-graduação.

Figura 3.16 Tamanho do corpo docente e contratação

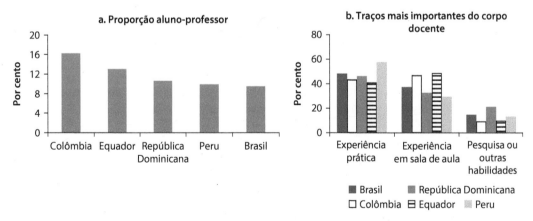

Fonte: Pesquisa de Cursos Superiores de Curta Duração do Banco Mundial.
Nota: O painel a mostra a proporção média de alunos para professores em cada curso, calculada como a proporção entre as matrículas no curso e o número de instrutores. Nem o número matrículas nem de instrutores são ajustados pelo regime de meio período ou período integral. O painel b mostra a porcentagem de cursos que citam cada característica (experiência prática no campo, experiência em sala de aula, pesquisa ou outras habilidades) como mais importante ao contratar professores. Para um determinado país, as respostas somam 100. Apenas São Paulo e Ceará estão incluídos para o Brasil, além de cursos reconhecidos no Peru.

Figura 3.17 Características do corpo docente

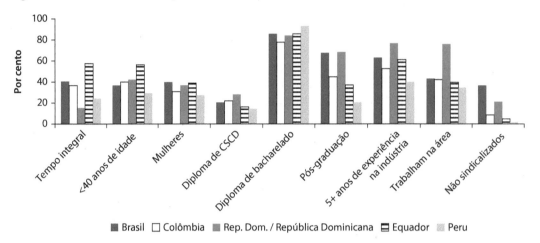

Fonte: Pesquisa de Cursos Superiores de Curta Duração do Banco Mundial.
Nota: Para cada país, a figura mostra a porcentagem média do corpo docente dos cursos com cada característica. "yrs" = anos; "Work in their
area" = o professor atua na sua área de especialização fora da instituição de ensino superior. Apenas São Paulo e Ceará estão incluídos para o Brasil,
além de cursos reconhecidos no Peru. CSCD = Curso Superior de Curta Duração.

Embora a proporção do corpo docente com cinco ou mais anos de experiência na indústria seja alta na República Dominicana, no Brasil e no Equador (acima de 60 por cento), é menor na Colômbia e no Peru. Da mesma forma, a parcela do corpo docente que trabalha na indústria na área de sua especialização é particularmente alta na República Dominicana (76 por cento), mas varia entre 35 e 45 por cento em outros lugares. Na medida em que os alunos se beneficiam dos professores que trabalham atualmente na indústria, isso pode ser um ponto fraco dos cursos. A sindicalização do corpo docente é inferior a 10 por cento na Colômbia, no Equador e no Peru, mas maior na República Dominicana e no Brasil (21 e 37 por cento, respectivamente).

Surpreendentemente, quase todos os cursos avaliam seu corpo docente, sendo que a maioria deles o faz mais de uma vez por ano. Vários critérios são aplicados, incluindo avaliações dos alunos; revisão das ementas e dos planos de aula; observação de sala de aula; comentários informais de alunos, outros professores e funcionários; e avaliações de pares (Figura 3.18, painel a). Embora os diretores do curso considerem vários desses critérios "muito importantes", o mais citado como tal em todos os países são as avaliações dos alunos. Em contraste, o uso de outros critérios varia mais entre os países. O desenvolvimento profissional e o treinamento variam de maneira semelhante entre os países (Figura 3.18, painel b). No ano anterior, 70 por cento ou mais dos cursos no Equador, Brasil e Peru forneceram ou financiaram o desenvolvimento profissional e o treinamento para todos ou quase todos os seus professores, mas apenas 40-50 por cento dos cursos o fizeram na Colômbia e na República Dominicana.

Figura 3.18 Avaliação e treinamento do corpo docente

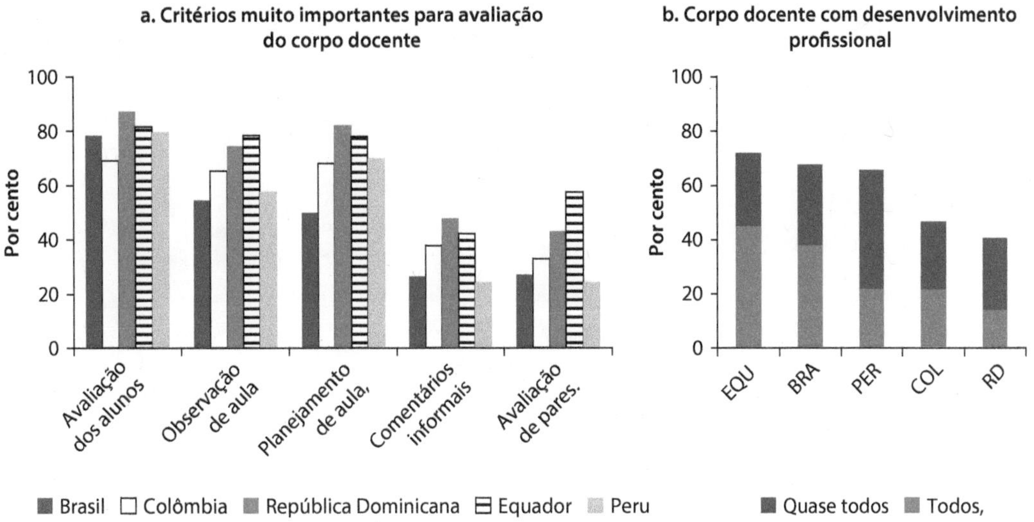

a. Critérios muito importantes para avaliação do corpo docente

b. Corpo docente com desenvolvimento profissional

Legenda: ■ Brasil □ Colômbia ■ República Dominicana ⊟ Equador ▨ Peru   ■ Quase todos ■ Todos,

Fonte: Pesquisa de Cursos Superiores de Curta Duração do Banco Mundial.
Nota: O painel a mostra a porcentagem de cursos que consideram cada critério de avaliação do corpo docente "muito importante". Um curso pode ter mais de um critério "muito importante". O painel b mostra a porcentagem de cursos que relatam ter fornecido ou financiado o desenvolvimento profissional para quase todos ou todos os seus professores durante o ano anterior. Apenas São Paulo e Ceará estão incluídos para o Brasil, além de cursos reconhecidos no Peru.

Infraestrutura e Modo de Entrega

A infraestrutura de treinamento prático inclui laboratórios e oficinas. Parece ser suficiente, pelo menos em termos de quantidade: o número médio de alunos por laboratório ou oficina é baixo, variando de três a oito entre os países (Figura 3.19, painel a), e a maioria dos cursos relata ter infraestrutura suficiente para suas necessidades (Figura 3.19, painel b). No entanto, a infraestrutura varia entre os países: é suficiente em 90 por cento dos cursos no Brasil, mas em apenas 60 por cento no Equador. E, enquanto 83 por cento dos cursos no Brasil realizam manutenção anual de laboratórios e oficinas, menos de 60 por cento o fazem no Equador e na República Dominicana (Figura 3.19, painel c).

O ensino online era raro antes da pandemia de COVID-19. A maioria dos cursos não oferecia nenhuma aula online (Figura 3.20). Mesmo nos três países onde as aulas online são mais prevalentes (Brasil, Colômbia e República Dominicana), na maioria dos cursos, menos de 30 por cento das aulas são online. Antes da pandemia, os alunos frequentavam aulas online por vários motivos, incluindo conflito de horários (motivo predominante no Brasil, na Colômbia e no Equador), preferência pelo aprendizado online (predominante na República Dominicana) e distância geográfica da instituição (predominante no Peru). Como o ensino online era tão raro antes da pandemia, adaptar-se a ele pode ter sido particularmente desafiador para os cursos.

Figura 3.19 Infraestrutura física

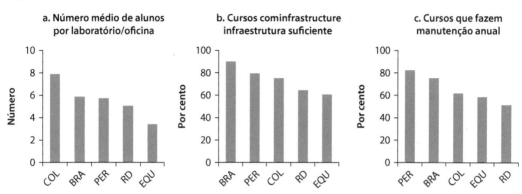

a. Número médio de alunos por laboratório/oficina

b. Cursos cominfrastructure infraestrutura suficiente

c. Cursos que fazem manutenção anual

Fonte: Pesquisa de Cursos Superiores de Curta Duração do Banco Mundial.
Nota: O painel a mostra o número médio de laboratórios/oficinas por aluno em cada curso. O painel b mostra a porcentagem de cursos que relatam ter infraestrutura suficiente para todos os seus alunos. O painel c mostra a porcentagem de cursos que relatam fazer manutenção anual de suas instalações. BRA = Brasil; COL = Colômbia; RD = República Dominicana; ECU = Equador; PER = Peru. Apenas São Paulo e Ceará estão incluídos para o Brasil, além de cursos reconhecidos no Peru.

Figura 3.20 Porcentagem de aulas oferecidas online

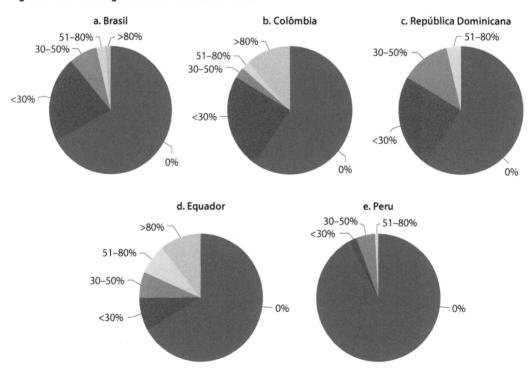

a. Brasil

b. Colômbia

c. República Dominicana

d. Equador

e. Peru

Fonte: Pesquisa de Cursos Superiores de Curta Duração do Banco Mundial.
Nota: A figura mostra, para cada país, a parcela de cursos que se enquadram em cada uma das seguintes categorias para a porcentagem de aulas online: 0 por cento, menos de 30 por cento, 30-50 por cento, 51-80 por cento, mais de 80 por cento. Apenas São Paulo e Ceará estão incluídos para o Brasil, além de cursos reconhecidos no Peru.

Governança e Conexões com o Setor Privado

A maioria dos cursos é ministrada em IESs que possuem um órgão diretivo além do reitor. É o caso de 69 por cento dos cursos do Peru e de mais de 87 por cento dos cursos dos demais países. O órgão diretivo (ou conselho) pode incluir professores, alunos, empresas privadas, funcionários do governo e outros indivíduos. Em média, o corpo docente representa a maior parcela do conselho em todos os países, exceto na República Dominicana, com um papel particularmente proeminente no Brasil e no Equador (Figura 3.21, painel a). Exceto no Equador, as empresas estão mais bem representadas do que os alunos. Como esperado, funcionários do governo são mais comuns em IESs públicas do que privadas.

Além de participar de conselhos de administração, o setor privado se envolve com os cursos de várias maneiras (Figura 3.21, painel b). A mais comum (acima de 80 por cento dos cursos) é contar com acordos de estágio para os alunos. Em mais da metade dos cursos na Colômbia, Equador e Peru, o setor privado também participa da elaboração da grade curricular ou da avaliação dos alunos e empresta ou fornece equipamentos. Além disso, o setor privado participa do treinamento do corpo docente em 45 por cento dos cursos na República Dominicana. Alguns cursos têm convênios com empresas para a contratação de

Figura 3.21 Engajamento do setor privado

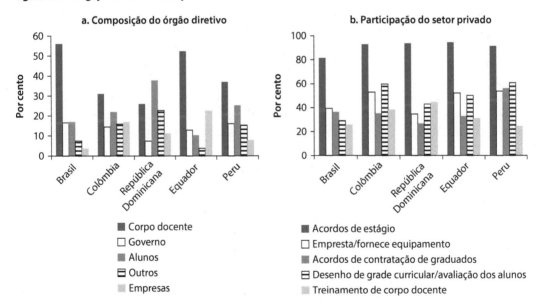

Fonte: Pesquisa de Cursos Superiores de Curta Duração do Banco Mundial.
Nota: O painel a mostra, para cada país, a composição média do corpo diretivo da Instituição de Ensino Superior (IES), ou seja, a porcentagem média de membros que são professores, alunos, representantes de empresas, funcionários públicos e outros (condicionado ao curso ter um corpo diretivo, além do reitor). Para um determinado país, as porcentagens somam 100. O painel b mostra, para cada país, a porcentagem de cursos que envolvem o setor privado por meio de cada um dos seguintes mecanismos não mutuamente exclusivos: acordos de estágio, acordos pelos quais o setor privado contrataria egressos do curso, treinamento do corpo docente por parte do setor privado, aluguel ou fornecimento de equipamento por parte do setor privado, participação na elaboração da grade curricular ou avaliação do aluno. Para o último ponto, a figura mostra a média do percentual de cursos com participação no desenho curricular e o percentual de cursos com participação na avaliação dos alunos. Apenas São Paulo e Ceará estão incluídos para o Brasil, além de cursos reconhecidos no Peru.

seus formandos, principalmente no Peru. Curiosamente, os cursos com uma proporção maior de alunos não tradicionais têm mais envolvimento do setor privado, mas menos assistência na procura de emprego, o que é consistente com a noção de que esses alunos estão particularmente interessados em cursos com fortes conexões com a economia local, mas não precisam de muita assistência para encontrar um emprego — seja porque eles já têm um emprego, ou porque têm experiência em encontrar empregos. No geral, o envolvimento do setor privado parece bastante forte.

Os cursos confiam seu envolvimento com o setor privado a diferentes indivíduos: o diretor do curso, um membro do conselho, alguém especificamente designado ou quem estiver disponível para a tarefa (Figura 3.22). Os cursos parecem envolver deliberadamente o setor privado, já que poucos relatam não se relacionar com o setor privado ou deixam essa responsabilidade para "quem estiver disponível."

Atividades Relacionadas à Busca de Emprego e Resultados dos Alunos

Para apoiar os alunos na busca de emprego, os cursos realizam várias atividades, que incluem oferecer informações sobre o mercado de trabalho, treinar os salunos para entrevistas de emprego, manter um centro de emprego (*bolsa de trabajo*), coordenar entrevistas de emprego com empresas e celebrar acordos com empresas privadas para contratação dos graduados (Figura 3.23). A oferta de informações sobre o mercado de trabalho é a principal atividade em cada país. Apenas no Peru essa atividade é (ligeiramente) suplantada por treinamento ou organização de entrevistas de emprego. A operação de centros de emprego é bem disseminada na Colômbia, Equador e Peru, mas não no Brasil ou na República Dominicana.

Diante de seu foco no emprego, os cursos fornecem relativamente pouco apoio à busca de emprego dos alunos. Embora a oferta de informações seja útil, os alunos podem precisar de uma assistência mais prática e imediata em sua busca de emprego — como a organização de entrevistas de emprego ou a oferta de apoio para a preparação de currículos e candidatura a emprego através de um centro de empregos.

Mais de 78 por cento dos programas realizam avaliações do corpo docente e analisam o desempenho dos alunos mais de uma vez por ano (Figura 3.24, painel a), o que lhes permite abordar rapidamente questões envolvendo alunos ou docentes. Outras atividades relacionadas aos resultados dos alunos no mercado de trabalho são realizadas com menos frequência. É menos provável que os cursos coletem dados sobre o emprego dos graduados, meçam a satisfação dos empregadores com os graduados ou indaguem sobre as necessidades das empresas locais mais de uma vez por ano. E embora alguns cursos coletem dados sobre os empregos iniciais de seus graduados (independentemente da frequência), a fração de tais cursos varia amplamente, de 42 por cento no Brasil a 97 por cento no Peru (Figura 3.24, painel b).

Figura 3.22 Pessoa responsável pelas relações com o setor privado

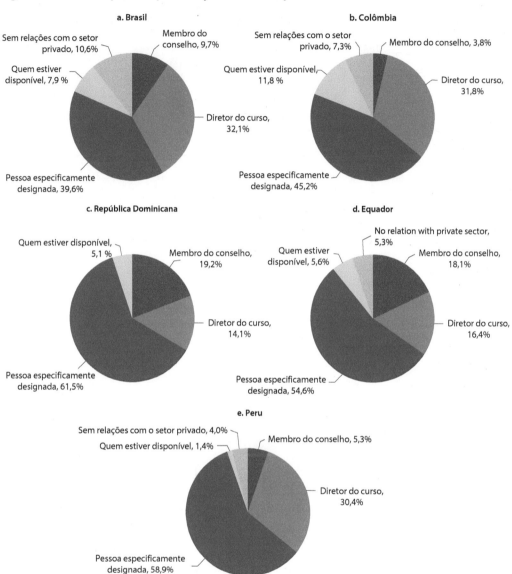

a. Brasil

Sem relações com o setor privado, 10,6%

Membro do conselho, 9,7%

Quem estiver disponível, 7,9 %

Diretor do curso, 32,1%

Pessoa especificamente designada, 39,6%

b. Colômbia

Sem relações com o setor privado, 7,3%

Membro do conselho, 3,8%

Quem estiver disponível, 11,8 %

Diretor do curso, 31,8%

Pessoa especificamente designada, 45,2%

c. República Dominicana

Quem estiver disponível, 5,1 %

Membro do conselho, 19,2%

Diretor do curso, 14,1%

Pessoa especificamente designada, 61,5%

d. Equador

No relation with private sector, 5,3%

Quem estiver disponível, 5,6%

Membro do conselho, 18,1%

Diretor do curso, 16,4%

Pessoa especificamente designada, 54,6%

e. Peru

Sem relações com o setor privado, 4,0%

Quem estiver disponível, 1,4%

Membro do conselho, 5,3%

Diretor do curso, 30,4%

Pessoa especificamente designada, 58,9%

Fonte: Pesquisa de Cursos Superiores de Curta Duração do Banco Mundial.
Nota: A figura mostra, para cada país, a porcentagem de cursos em cada uma dàs categorias definidas pelo responsável pelo relacionamento com o setor privado. Apenas São Paulo e Ceará estão incluídos para o Brasil, além de cursos reconhecidos no Peru.

Figura 3.23 Atividades para apoiar a busca de emprego dos alunos

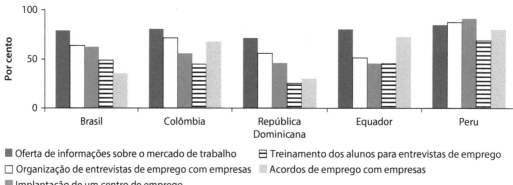

■ Oferta de informações sobre o mercado de trabalho   ▤ Treinamento dos alunos para entrevistas de emprego
□ Organização de entrevistas de emprego com empresas   ▥ Acordos de emprego com empresas
▦ Implantação de um centro de emprego

Fonte: Pesquisa de Cursos Superiores de Curta Duração do Banco Mundial.
Nota: A figura mostra, para cada país, a percentagem de cursos que apoiam a busca de emprego dos seus alunos através de cada um dos seguintes mecanismos: oferta de informações sobre o mercado de trabalho, acordos de emprego pelos quais as empresas contratam os graduados no curso, treinamento de alunos para entrevistas de emprego ou organização de entrevistas de emprego para os alunos e implantação de um centro de emprego ou *bolsa de trabajo*. Apenas São Paulo e Ceará estão incluídos para o Brasil, e cursos autorizados para o Peru.

Figura 3.24 Atividades para apoiar os resultados dos alunos no mercado de trabalho

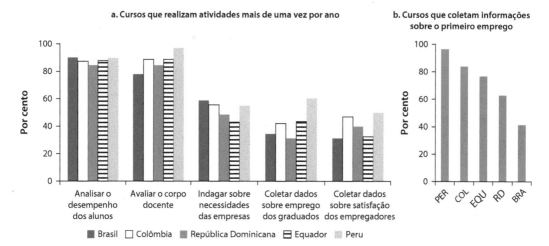

■ Brasil   □ Colômbia   ■ República Dominicana   ▤ Equador   ▦ Peru

Fonte: Pesquisa de Cursos Superiores de Curta Duração do Banco Mundial.
Nota: O painel a mostra a porcentagem de cursos que informam a realização de cada atividade mais de uma vez por ano; as atividades não são mutuamente exclusivas. O painel b mostra a porcentagem de cursos que coletam informações sobre o primeiro emprego dos graduados após a conclusão do curso. BRA = Brasil; COL = Colômbia; RD = República Dominicana; ECU = Equador; PER = Peru. Apenas São Paulo e Ceará estão incluídos para o Brasil, e cursos autorizados para o Peru.

Cursos e Concorrentes

Na visão dos diretores dos cursos, a característica dos cursos mais valorizada pelos alunos é a qualidade da formação, determinada pela qualidade acadêmica do curso, do corpo docente e da formação prática (Figura 3.25, painel a). Na verdade, mais da metade dos diretores relatou que esta é a característica mais valorizada.

Em contraste, menos de um quarto dos diretores apontou o emprego (incluindo perspectivas de emprego, estágios, apoio na busca de emprego e conexões da IES com empregadores) como a característica mais valorizada.

Em cada país, a maioria dos cursos vê outros CSCDs locais como seus principais concorrentes, seguidos pelos cursos de bacharelado locais (Figura 3.25, painel b). Isso condiz com as conclusões da seção "Dinâmica e Concorrência nos Mercados de CSCDs", que revelam a capacidade de resposta dos CSCDs às condições do mercado local. Em relação aos seus concorrentes (Figura 3.26), mais de 60 por cento dos cursos acreditam que são melhores na formação (grade curricular mais treinamento acadêmico e prático); entre 45 e 65 por cento dos cursos acreditam que são melhores em termos de serviços acadêmicos, materiais e equipamentos; e entre 40 e 60 por cento acreditam que são melhores em termos de emprego (conexões com o setor privado, oportunidades de emprego e assistência na busca de emprego). Além disso, entre 35 e 55 por cento acreditam que oferecem melhores opções de financiamento.

Essa autopercepção em relação aos concorrentes é interessante por vários motivos. Em primeiro lugar, não é matematicamente possível que mais da metade dos cursos sejam melhores do que seus concorrentes no quesito formação. Mais importante, o fato de que a maioria dos cursos se consideram superiores em formação, mas não em emprego dos graduados, sugere que eles podem estar

Figura 3.25 Principais características dos cursos e concorrentes

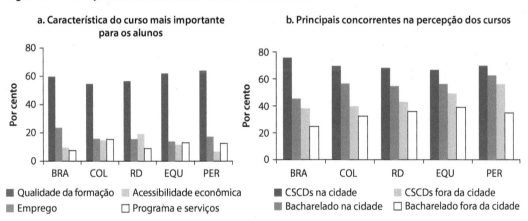

Fonte: Pesquisa de Cursos Superiores de Curta Duração do Banco Mundial.
Nota: O painel a mostra, para cada país, a porcentagem de cursos que apontam cada característica como a mais importante para seus alunos. As características são qualidade da formação, acessibilidade econômica, programa e serviços estudantis e emprego. "Qualidade da formação" inclui a qualidade do corpo docente, formação prática e qualidade acadêmica; "Acessibilidade econômica" inclui o custo do curso e apoio financeiro da IES; "Programa e serviços" incluem programa de aulas e qualidade dos serviços estudantis; "Emprego" inclui perspectivas de emprego após a graduação, oportunidades de estágio, assistência na busca de emprego e conexões da IES com empregadores em potencial. Para a qualidade da formação, a figura mostra a soma da porcentagem de cursos que mencionam cada um dos três componentes como o mais importante para os alunos, e o mesmo para as demais características. Para um dado país, as porcentagens somam 100. O painel b mostra a porcentagem de cursos que consideram cada um dos seguintes como concorrente principal: CSCDs na localidade do curso; CSCDs fora da localidade do curso; curso de bacharelado na localidade do curso; curso de bacharelado fora da localidade do curso. As categorias de principais concorrentes não são mutuamente exclusivas. BRA = Brasil; COL = Colômbia; CSCD = Curso Superior de Curta Duração; RD = República Dominicana; ECU = Equador; IES = instituição de ensino superior; PER = Peru. Apenas São Paulo e Ceará estão incluídos para o Brasil, e cursos autorizados para o Peru.

Figura 3.26 Aspectos em que o curso acredita ser melhor do que seus concorrentes

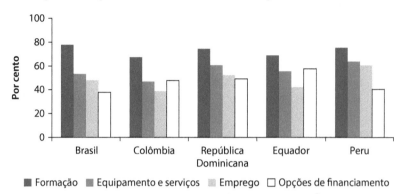

Fonte: Pesquisa de Cursos Superiores de Curta Duração do Banco Mundial.
Nota: A figura mostra, para cada país, a porcentagem de cursos que se consideram melhores do que Cursos Superiores de Curta Duração semelhantes em cada uma das seguintes categorias: formação, emprego, equipamentos e serviços e ajuda financeira. "Formação" inclui os seguintes itens: grade curricular, formação acadêmica e formação prática. "Emprego" inclui assistência na busca de emprego, oportunidades de emprego e contatos com o setor privado. "Equipamentos e serviços" incluem serviços acadêmicos, materiais e equipamentos para os alunos. Para cada curso, "formação" é a resposta média para os três itens (resposta igual a um se o curso se considera melhor que os concorrentes, 0 caso contrário), e da mesma forma para as demais categorias. Apenas São Paulo e Ceará estão incluídos para o Brasil, e cursos autorizados para o Peru.

enfatizando o primeiro em vez do segundo, e que estão cientes disso. Talvez eles entendam que seu papel é oferecer a melhor formação possível, contando que isso seja suficiente para proporcionar aos alunos um bom emprego. Essa visão seria coerente com a percepção de que a formação é, de fato, a característica mais valiosa para os alunos. O cursos podem acreditar que, como os alunos valorizam mais a formação, eles devem oferecer uma formação melhor do que seus concorrentes. Por outro lado, eles podem acreditar que, como sua formação supera a de seus concorrentes, é a característica mais valorizada pelos alunos. De qualquer forma, eles parecem estar cientes de uma certa fragilidade no quesito emprego.

Para resumir, a Pesquisa de Cursos Superiores de Curta Duração do Banco Mundial produz um retrato rico e diferenciado dos CSCDs e seus provedores na ALC. A maioria dos provedores é relativamente jovem. Coerentes com o dinamismo desse mercado, os cursos também são novos e foram recentemente atualizados. Eles normalmente apresentam uma grade curricular fixa, dedicam metade do tempo à formação prática e exigem estágios obrigatórios. Antes da pandemia de COVID-19, eles ofereciam uma pequena proporção de aulas online, sugerindo que podem ter tido dificuldade para se adaptar à entrega do curso à distância. Em geral, eles estão bem equipados em termos de instalações voltadas à prática. Eles têm uma proporção baixa de alunos por professor, e seus docentes são academicamente qualificados, relativamente jovens e bastante envolvidos na indústria. Os cursos avaliam o corpo docente com cuidado e as avaliações dos alunos são um critério de avaliação importante. Eles envolvem deliberadamente o setor privado e o fazem de várias maneiras, principalmente por meio de acordos de estágio.

Ao mesmo tempo, há uma variação substancial nas características e práticas dos CSCDs — assim como há uma variação substancial em seus resultados (capítulo 2). De fato, o capítulo 4 explora essa variação, investigando se as características e práticas dos cursos estão relacionadas aos resultados. E, embora os cursos ofereçam várias formas de apoio à busca de emprego, o principal tipo de apoio — fornecimento de informações sobre o mercado de trabalho — é relativamente passivo e talvez menos útil do que outros, como organizar entrevistas de emprego ou operar um centro de emprego. É importante ressaltar que a maioria dos diretores dos cursos acredita que o que os alunos mais valorizam é a qualidade da formação — em oposição, por exemplo, ao emprego. Essa visão da demanda pode orientar a oferta. Ou seja, se os alunos valorizam mais a qualidade da formação, é razoável que os cursos se concentrem nela, talvez na esperança de que isso seja suficiente para ajudar os alunos a encontrar emprego. Da mesma forma, a maioria dos cursos se considera melhor que seus concorrentes em qualidade da formação, mas não em termos de emprego. Em suma, embora os cursos pareçam ter a intenção de oferecer uma boa formação e se coordenarem com o setor privado, eles podem precisar de um foco maior nos resultados no mercado de trabalho.

3.5 Conclusões

Este capítulo começou considerando como a oferta de CSCDs poderia contribuir para cumprir com sua promessa econômica e social. Ao encerrar o capítulo, esta seção conclui que os CSCDs na ALC têm várias características positivas que podem de fato contribuir para esse papel, mas também podem enfrentar algumas deficiências.

Pelo lado positivo, o mercado de CSCDs é dinâmico — com mais rotatividade (entrada e saída de cursos) do que o mercado de cursos de bacharelado. As instituições abrem novos cursos em resposta à economia local e ao sucesso dos graduados no mercado de trabalho da área correspondente. As instituições privadas e não universitárias são as que mais respondem às condições locais. A entrada de cursos também responde a padrões competitivos relacionados à existência, tamanho e cobertura geográfica de IESs públicas subsidiadas. Além disso, os cursos são altamente estruturados e têm foco na formação prática. Eles interagem intensamente com o setor privado e apoiam os alunos na busca de emprego. A combinação dessas características pode ser a razão pela qual as taxas de graduação são mais altas nos CSCDs do que nos cursos de bacharelado, e porque o desempenho dos graduados no mercado de trabalho supera o de alunos que largaram o bacharelado (capítulo 1).

No entanto, há uma variação substancial nas características e práticas dos cursos. Além disso, os cursos parecem se concentrar mais na qualidade da formação do que no emprego — talvez acreditando que a qualidade da formação por si só ajudará os alunos a encontrar bons empregos. Os alunos, no entanto, podem precisar de mais. Por exemplo, eles podem precisar de ajuda para se candidatar a um emprego, treinar para entrevistas e fazer contato com empregadores em potencial.

Essa falta de foco no emprego pode ser um "ponto cego" — não apenas para os CSCDs, mas também para os alunos, que parecem valorizar a qualidade da formação mais do que o emprego.

Esse ponto cego pode ser eliminado? Talvez, se os alunos começarem a ter acesso a informações sobre emprego e começarem a esperar bons resultados no emprego, ou se a regulamentação e o financiamento proporcionarem às instituições maiores incentivos para se que se concentrem nesses resultados. Parece que esses cursos precisam urgentemente repensar suas atividades, especialmente aquelas relacionadas aos resultados dos graduados no mercado de trabalho.

Notas

1. Agradecimentos a Andrea Franco, Manuela Granda, Angelica Sánchez e Gabriel Suárez por sua excelente assistência na pesquisa.

2. Nos Estados Unidos, Cellini (2009, 2010) descobriu que um aumento no financiamento de instituições comunitárias de ensino superior reduz as matrículas em IESs com fins lucrativos. Grosz (2019) descobriu que as respostas das instituições comunitárias de ensino superior às mudanças locais de emprego parecem operar por meio da demanda dos alunos, e não da oferta por parte das IESs. Para a Colômbia, Carranza e Ferreyra (2019) descobriram que as IESs têm mais probabilidade de abrir cursos de bacharelado em mercados maiores, onde enfrentam menos concorrência e há um maior número de alunos semelhantes aos atendidos pela IES, e em áreas nas quais a IES já oferece cursos.

3. Esta seção se utiliza do documento de base de Carranza, Ferreyra, Gazmuri, and Franco (2021) escrito para este livro.

4. No Chile, as primeiras IESs públicas de CSCDs foram abertas em 2018. Em 2018, representavam apenas 0,02 por cento das matrículas em CSCDs. Fonte: Ministério da Educação do Chile.

5. Para a Colômbia, a análise não estuda a abertura por parte do SENA. Isso porque as decisões do SENA são tomadas pelo Ministério do Trabalho, do qual depende o SENA, com base em considerações políticas.

6. Embora esses locais possam parecer grandes demais para representar os mercados locais, eles são, na verdade, razoáveis. A maioria dos mercados locais corresponde a áreas metropolitanas e a muitos alunos do departamento (ou região) que não vivem em uma área metropolitana, mas viajam para lá para assistirem aulas. Na prática, portanto, o mercado local é de fato todo o departamento (ou região).

7. Os resultados relatados aqui são baseados em coeficientes parciais de regressões que controlam outros regressores, incluindo efeitos fixos de departamento, área de conhecimento e ano. Ver Carrenza et al. (2021) para mais detalhes.

8. Esses achados são semelhantes aos das pesquisas com cursos de bacharelado exclusivamente, em Carranza e Ferreyra, (2019), descritos em Ferreyra et al., (2017).

9. Da mesma forma, a entrada e a saída de empresas em um determinado setor estão positivamente correlacionadas (Dunne, Roberts e Samuelson, 1988).

10. A parcela de pequenos municípios cobertos pelo SENA aumentou entre 2003 e 2012, até atingir o pico de 56 por cento, e diminuiu rapidamente nos anos seguintes, à medida que muitos cursos foram fechados.

Referências

Bailey, T., S. Jaggars, and D. Jenkins. 2015. Redesigning America's Community Colleges: A Clearer Path to Student Success. Harvard University Press.

Carranza, J. E., and M. M. Ferreyra. 2019. "Increasing Higher Education Coverage: Supply Expansion and Student Sorting in Colombia." Journal of Human Capital 13 (1).

Cellini, S. R.. 2009. "Crowded Colleges and College Crowd-Out: The Impact of Public Subsidies on the Two-Year College Market." American Econ. J.: Econ. Policy 1 (2): 1–30.

Cellini, S. R.. 2010. "Financial Aid and For-Profit Colleges: Does Aid Encourage Entry?" J. Policy Analysis and Management 29 (3): 526–52.

Dunne, T., M. J. Roberts, and L. Samuelson. 1988. "Patterns of Firm Entry and Exit in US Manufacturing Industries." The RAND Journal of Economics 19 (4): 495–515.

Ferreyra, M., Avitabile, C., Botero, J., Haimovich, F., & Urzúa, S. 2017. *At a Crossroads: Higher Education in Latin America and the Caribbean*. World Bank Group.

Carranza, J. E., M. M. Ferreyra, A. Gazmuri, and A. Franco. (2021). "The Supply Side of Short-Cycle Higher Education Programs." Unpublished manuscript. Washington, DC: World Bank, Washington, DC.

Grosz, M. 2019. Do Postsecondary Training Programs Respond to Changes in the Labor Market?" FTC Bureau of Economics Working Paper 34. Federal trade Commission, Washington, DC.

CAPÍTULO 4

Determinantes da Qualidade dos Cursos Superiores de Curta Duração na América Latina e no Caribe

Lelys Dinarte Díaz
Marina Bassi

4.1 Introdução

As evidências apresentadas nos capítulos anteriores indicam que a expansão dos cursos superiores de curta duração (CSCDs) na América Latina e no Caribe (ALC) pode ser um caminho promissor para capacitar a força de trabalho. No entanto, os países da região enfrentam o desafio de expandir os sistemas de CSCD e, ao mesmo tempo, garantir sua qualidade. Conforme descrito no capítulo 2, os resultados e o valor agregado dos CSCDs na ALC são muito díspares, indicando grande variação na qualidade dos cursos. No entanto, pouco se sabe sobre os determinantes da qualidade dos CSCDs — o que torna um curso "bom" depois de levar em consideração as características do aluno. A qualidade parece ser uma "caixa preta" na qual as características do curso interagem entre si e com as características do aluno, resultando no bom desempenho dos alunos e egressos.

A falta de evidências estabelecendo uma ligação clara entre aspectos específicos dos cursos e os resultados dos alunos decorre, em certa medida, da disponibilidade limitada de dados sobre as práticas, insumos e características dos cursos. Os dados geralmente coletados em conjuntos de dados administrativos incluem, na melhor das hipóteses, indicadores básicos de insumos e características dos cursos, como o número de alunos matriculados, a duração do curso e a proporção aluno-professor. Em geral, não são coletadas informações sobre como as instituições e cursos recrutam, treinam e avaliam seu corpo docente; como eles apoiam a aprendizagem dos alunos; ou como eles estabelecem vínculos com empresas locais, que são os potenciais empregadores de seus graduados. Para preencher essa lacuna, a Pesquisa de Cursos Superiores de Curta Duração do Banco Mundial

(WBSCPS) coletou dados exclusivos sobre essas atividades para cinco países — Brasil (os estados de São Paulo e Ceará), Colômbia, República Dominicana, Equador e Peru (cursos autorizados) — conforme relatado pelos diretores dos cursos.

Este capítulo tem como objetivo desvendar os determinantes da qualidade dos CSCDs. Baseia-se em Dinarte et al. (2021), um documento de referência elaborado para este livro. A análise identifica as práticas, insumos e características dos CSCDs que estão associadas a bons resultados acadêmicos e de mercado de trabalho para os graduados, após considerar as características institucionais e dos alunos. O capítulo começa descrevendo quatro resultados usados como medidas de qualidade dos CSCDs: taxa de evasão, tempo adicional para graduação (TAG) para além da duração oficial do curso, emprego formal e salários dos graduados. Em seguida, os determinantes dos CSCDs são agrupados em seis áreas que, conforme sugerido pela literatura, podem contribuir para a qualidade. Essas áreas são infraestrutura, grade curricular e formação, custos e financiamento, conexões com a indústria, corpo docente e outras práticas relacionadas a admissão, graduação e governança. Por fim, o capítulo apresenta as contribuições estimadas dos determinantes nessas seis áreas para os resultados dos CSCDs, após levar em consideração as características institucionais e dos alunos.

As principais constatações revelam que:

- Em média, os programas informam que utilizam boas práticas e contam com bons insumos em termos de infraestrutura, formação e grade curricular, custos e financiamento, conexões com a indústria, corpo docente e outras práticas. No entanto, há muita variação nesses aspectos entre os cursos. Embora essa variação permita estimar a associação entre os determinantes da qualidade e os resultados, ela também suscita preocupações, pois indica que muitos cursos não empregam boas práticas ou insumos. Isso, por sua vez, contribui para a grande variação nos retornos documentada no capítulo 2.
- Entre as práticas relacionadas a conexões com a indústria, especificamente de que forma os cursos apoiam a busca de emprego de seus alunos, os CSCDs que têm um centro de emprego são mais propensos a relatar que quase todos os seus graduados estão empregados no setor formal e ganham salários mais altos. Em contraste, alguns determinantes relacionados a conexões com a indústria parecem estar negativamente associados aos resultados dos graduados. Especificamente, os cursos para os quais as empresas fornecem equipamentos para o treinamento de alunos tendem a relatar piores resultados em termos de emprego formal, enquanto aqueles que têm acordos para contratar graduados relatam salários mais baixos, talvez porque os termos desses acordos não sejam necessariamente benéficos para os alunos, ou porque os acordos podem estar substituindo outros arranjos, como oportunidades de estágio.
- Vários determinantes relacionados à estrutura e ao conteúdo da grade curricular também parecem contribuir para bons resultados. Os cursos com grade curricular fixa apresentam taxas de evasão mais baixas do que cursos com currículos mistos ou flexíveis. Além disso, a oferta de reforço acadêmico

durante o curso para lidar com déficits cognitivos anteriores está associada a empregos formais e salários mais altos para os graduados. Além disso, a oferta de créditos para promover a continuação em cursos de ensino superior mais longos e o ensino de competências numéricas estão associados a salários mais altos para os graduados.

- Certas práticas de admissão, requisitos de graduação e características de governança parecem ser relevantes para os resultados. Por exemplo, os cursos que têm mecanismos de admissão mais rigorosos (como entrevistas e testes de admissão adicionais para garantir que os alunos que ingressam tenham conhecimento mínimo do conteúdo) relatam um tempo adicional para graduação (TAG) mais curto e salários mais altos para os graduados. Em contraste, a exigência de uma tese para a graduação parece aumentar o TAG médio substancialmente, indicando que requisitos menos alinhados com o enfoque prático dos CSCDs podem ser mais eficazes. Além disso, os alunos em instituições de ensino superior (IESs) que têm um conselho diretor, além de um diretor ou reitor, têm mais probabilidade de concluir o curso ou encontrar um emprego formal, o que pode sugerir que uma estrutura de governança mais diversificada possa atender melhor às necessidades das várias partes interessadas.

- Em termos de custos e financiamento do curso, mensalidades mais altas estão associadas a menores taxas de evasão e salários mais altos para os graduados. A associação entre evasão e mensalidades possivelmente funciona como um sinal da alta reputação do curso entre os empregadores. Por outro lado, a disponibilidade de bolsas de estudo da IES está associada a maior emprego formal, talvez porque essas bolsas aliviem as restrições financeiras dos alunos, permitindo que se concentrem exclusivamente em sua formação.

- Em geral, a infraestrutura está positivamente associada aos resultados no mercado de trabalho. Cursos que informam ter materiais e equipamentos suficientes para treinamento, independentemente da matrícula e que fornecem acesso à Internet, apresentam melhores resultados no mercado de trabalho. Embora a literatura educacional em geral indique que aumentar os insumos não é, por si só, eficaz para melhorar os resultados dos alunos (uma vez que os insumos podem não ser bem utilizados), os achados neste capítulo sugerem que a disponibilidade de equipamentos e materiais adequados, que são essenciais para a formação prática, proporciona aos alunos a aquisição de mais habilidades que são valorizadas no mercado de trabalho. A garantia de acesso à Internet, por sua vez, pode expandir as oportunidades de busca de emprego para os alunos e, assim, aumentar seu emprego formal.

- Entre as práticas relacionadas ao corpo docente, o uso da avaliação por pares para avaliar o desempenho do corpo docente está relacionado a menores taxas de evasão escolar. Da mesma forma, a inclusão do planejamento das aulas como um elemento importante da avaliação do corpo docente está associada a um maior emprego formal. Além disso, algumas características do corpo docente também estão relacionadas aos resultados. Cursos com uma proporção maior de docentes com mais experiência de trabalho relatam uma graduação mais rápida dos alunos e taxas mais altas de emprego formal. Além disso, um número maior de docentes do sexo feminino está associado a uma graduação mais rápida. Por outro lado, uma maior proporção de docentes jovens está associada a uma taxa menor de emprego formal, pois podem ter menos experiência prática. Por fim, uma parcela maior de docentes que trabalham na indústria está associada a taxas mais altas de evasão. Esses docentes podem atrair alunos para empregos na indústria antes da conclusão do curso, levando-os à evasão.

- A maior parte do capítulo relata constatações baseadas em dados dos cursos provenientes da WBSCPS. Além disso, o capítulo usa dados administrativos individualizados para estimar as contribuições das características dos cursos para os resultados dos alunos no caso do Brasil (no momento em que este artigo foi escrito, o Brasil era o único país que fornecia acesso a dados administrativos). As estimativas mostram que determinantes específicos da qualidade dos cursos — como a oferta de informações sobre o mercado de trabalho e o fato de serem considerados de alta qualidade pelas autoridades reguladoras — bem como algumas características, como tamanho do curso e tipo de IES, contribuem para os resultados acadêmicos e no mercado de trabalho dos alunos.

4.2 Definindo e Medindo a Qualidade dos CSCDs

Desafios para Medir a Qualidade dos CSCDs

Medir a qualidade do ensino superior é difícil por alguns motivos. Primeiro, há pouco consenso sobre o que se espera do ensino superior ou como medir sua qualidade de forma padronizada. Além disso, as medidas realizadas em um dado país são geralmente determinadas pela disponibilidade de dados em seu sistema de informação de ensino superior.

Um segundo desafio é decidir se a qualidade deve ser medida por meio dos resultados dos alunos ou do valor agregado do curso. A distinção entre resultados e valor agregado, descrita na introdução deste livro e no capítulo 2, ajuda a esclarecer esse desafio. Considere o salário recebido por um graduado imediatamente após a conclusão do curso. O salário constitui o resultado, determinado pelas contribuições do aluno (habilidade, esforço e outras características básicas), dos colegas e do curso. A contribuição do curso para o salário do aluno, deduzidas as contribuições feitas pelo próprio aluno e seus pares, é o valor agregado do curso.

Estimar o valor agregado de um CSCD requer dados individualizados detalhados sobre todos os elementos da função de produção que podem afetar o salário do graduado. Infelizmente, é difícil obter esse nível de detalhe nos dados administrativos do ensino superior dos países da região. Alguns países não coletam esses dados. Outros o fazem, mas obter acesso a esses dados é um enorme desafio, visto que eles costumam conter informações confidenciais ou individuais.[1] A coleta dos dados e melhoria do acesso a eles continuam sendo uma tarefa fundamental na ALC.

Devido à falta de dados ou à complexidade da obtenção de acesso aos dados, este capítulo segue uma abordagem alternativa, descrita em detalhes em

Dinarte et al. (2021). O capítulo usa os dados relatados pelos diretores dos cursos à WBSCPS sobre infraestrutura, grade curricular e formação, conexões com a indústria, custos e financiamento, corpo docente e práticas adicionais, bem como dados sobre outras características dos cursos, das instituições e dos alunos. Além disso, o capítulo usa dados coletados pela WBSCPS sobre os resultados médios acadêmicos e no mercado de trabalho dos graduados em nível de curso, incluindo taxa de evasão, tempo de graduação, emprego formal e salários.

Ao longo de todo o capítulo, o termo "determinante" se refere a práticas (por exemplo, a oferta de informações sobre o mercado de trabalho aos alunos), insumos (por exemplo, workshops para formação prática) ou características de insumos (por exemplo, a porcentagem de docentes com mais de cinco anos de experiência de trabalho na indústria) que os cursos podem escolher e podem ter o potencial de afetar os resultados dos graduados.

Usando dados da WBSCPS para os cinco países cobertos na pesquisa — Brasil (os estados do Ceará e São Paulo), Colômbia, Equador, Peru e República Dominicana (cursos autorizados) — o capítulo estima as contribuições marginais dos determinantes dos CSCD para os resultados acadêmicos e no mercado de trabalho dos graduados, deduzidas as características dos alunos. Por exemplo, estima como a oferta de informações sobre o mercado de trabalho pelos cursos está associada a melhorias no emprego formal dos alunos, após levar em consideração as características dos alunos. A análise se concentra em duas categorias de resultados: desempenho acadêmico — medido por taxas de evasão e tempo de graduação — e resultados no mercado de trabalho — que incluem empregos no setor formal e salários dos graduados.

Algumas observações são necessárias. Primeiro, o capítulo estima associações sem alegar causalidade. Para estabelecer o *efeito causal* de um determinante — por exemplo, disponibilidade de um centro de emprego — sobre um resultado de interesse — por exemplo, emprego formal — idealmente, os indivíduos seriam randomizados entre um grupo para o qual um centro de emprego está disponível e um grupo de comparação sem acesso a um centro de emprego. Como os indivíduos seriam muito semelhantes entre os dois grupos, qualquer diferença no emprego formal seria atribuída ao centro de emprego. No entanto, essa abordagem não é viável para milhares de cursos e um grande número de determinantes da qualidade.

Em segundo lugar, os diretores dos cursos relataram resultados *médios* para seus cursos e características *médias* dos alunos, não resultados para alunos individuais. Para facilitar a explicação, imagine que os diretores dos cursos relataram um resultado médio (salário dos graduados), uma característica média dos alunos (porcentagem de alunos em meio período) e uma característica do curso (oferta de reforço acadêmico). A estimativa responde à seguinte pergunta: se os cursos A e B têm corpos discentes semelhantes (a mesma porcentagem de alunos em meio período), mas o curso A oferece reforço, ao passo que o curso B não oferece reforço, qual é a diferença de salário médio entre os graduados de A e B? Nesse sentido, a estimativa é uma tentativa de quantificar o valor agregado do curso usando dados agregados da WBSCPS.

O restante desta seção descreve os resultados de interesse. Também são documentados os resultados médios dos cursos usando dados da WBSCPS. A próxima seção descreve os determinantes da qualidade, e a seguinte resume as principais associações entre os determinantes da qualidade e os resultados de interesse. O Anexo 4A fornece estatísticas resumidas para os resultados, determinantes da qualidade e outras características dos cursos.

Resultados

Taxa de evasão e tempo adicional de graduação

Dados foram coletados para dois resultados acadêmicos: taxa de evasão e tempo de graduação. Para medir a taxa de evasão, foi solicitado aos diretores que se concentrassem na coorte que deveria se formar no ano letivo anterior. Para esta coorte, os diretores relataram a porcentagem de alunos que alcançaram cada um dos seguintes resultados: graduaram-se no tempo esperado, abandonaram o curso, e ainda estavam matriculados no curso. A porcentagem de alunos dessa coorte que abandonou o curso é a medida da taxa de evasão.

Em média, a taxa de evasão é de aproximadamente 14 por cento. Como mostra a figura 4.1, as taxas médias de evasão entre os países são semelhantes, variando de 13 por cento no Equador e Peru, a 14 por cento na Colômbia e 15 por cento no Brasil e na República Dominicana.

A medida do tempo de graduação corresponde ao tempo adicional que, em média, uma coorte leva para se graduar em relação à duração oficial do curso (em termos percentuais). Os diretores foram solicitados a se concentrar nos alunos que se formaram no ano letivo anterior e a relatar o tempo médio gasto por esses alunos para se formarem. Por exemplo, se um curso dura dois anos e os alunos

Figura 4.1 Resultados acadêmicos dos alunos, por país

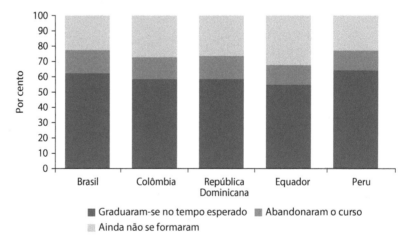

Fontes: Dinarte et al. (2021); cálculos baseados na Pesquisa de Cursos Superiores de Curta Duração do Banco Mundial.
Nota: A figura mostra a média, entre os cursos, da porcentagem de alunos que alcançam cada resultado acadêmico, conforme informado pelos diretores dos cursos. A questão refere-se a alunos que deveriam ter se formado no ano anterior. Apenas São Paulo e Ceará estão incluídos para o Brasil, e cursos autorizados para o Peru.

levam em média três anos para se graduarem, o tempo adicional para graduação é de 50 por cento. Conforme apresentado na Figura 4.2, painel a, há mais variação entre os países para esse resultado do que para as taxas de evasão. O tempo adicional médio para graduação varia de menos de 10 por cento no Peru a cerca de 31 por cento na República Dominicana.

O tempo adicional médio para graduação não está relacionado à duração média do curso por país. Como mostra a Figura 4.2, painel b, as durações médias dos CSCDs nos cinco países são muito semelhantes, com uma média de 5,2 semestres, embora o tempo adicional para graduação varie substancialmente entre os países.

Emprego Formal

O emprego dos graduados é uma dimensão importante da qualidade dos CSCDs. Nesse sentido, CSCDs de alta qualidade devem ter uma alta proporção de graduados que estão empregados — ou que trabalham como autônomos — no setor

Figura 4.2 Tempo adicional médio para graduação e duração oficial do curso, por país

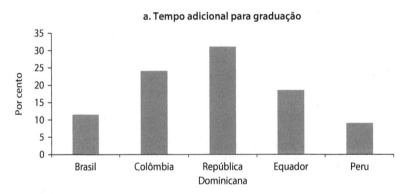

a. Tempo adicional para graduação

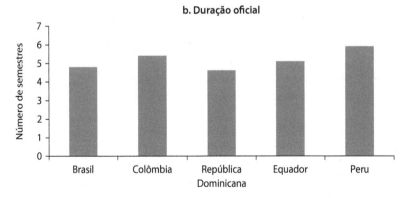

b. Duração oficial

Fontes: Dinarte et al. (2021); cálculos baseados na Pesquisa de Cursos Superiores de Curta Duração do Banco Mundial.
Nota: O painel a apresenta o tempo adicional médio para os alunos se graduarem em seu curso, como uma porcentagem da duração oficial do curso, e o painel b apresenta a duração oficial do curso (semestres). A pergunta sobre o tempo para graduar-se diz respeito aos alunos que se formaram no ano anterior. Apenas São Paulo e Ceará estão incluídos para o Brasil, e cursos autorizados para o Peru.

formal, uma baixa proporção de graduados que trabalham no setor informal e uma baixa proporção de graduados que nem trabalham, nem estudam (os *"ninis"*, que *"no estudia, ni trabaja"*). Para entender como os graduados estão distribuídos entre esses três status de emprego (emprego formal, emprego informal e nem trabalho nem estudo), os diretores foram solicitados a indicar quantos (Em uma escala que inclui quase todos, alguns e quase nenhum) dos graduados da coorte mais recente tinham cada status.

A Figura 4.3 apresenta a porcentagem de diretores que relatam resultados de status de emprego "bons" dos graduados, ou seja, a parcela que informa que "quase todos estão empregados no setor formal", "quase nenhum está empregado no setor informal" e "quase nenhum está nem estudando, nem trabalhando." Como mostra o painel a, 59 por cento dos diretores relataram que quase todos os graduados estavam empregados no setor formal, com a porcentagem mais alta relatada no Brasil (74 por cento) e a mais baixa no Equador (39 por cento).

Por décadas, a informalidade tem sido um dos desafios mais significativos e persistentes nas economias da ALC. Em média, cerca de 48 por cento dos trabalhadores são considerados informais na América Latina. Na amostra, cerca de um terço dos diretores relatou que quase nenhum aluno está empregado no setor informal. Em outras palavras, em cerca de dois terços dos cursos, há pelo menos alguns alunos no setor informal. O país com pior desempenho em termos de emprego no setor informal é a República Dominicana (Figura 4.3, painel b).

Um relatório sobre o emprego de jovens documenta que um em cada cinco jovens na ALC — totalizando mais de 20 milhões de pessoas com idades entre 15 e 24 anos — era um *nini* em 2015, com maior incidência entre as famílias mais pobres.[2] A alta incidência de *ninis* pode trazer alguns efeitos negativos ao bem-estar devido à sua correlação com a violência, o crime e a persistência intergeracional da desigualdade. A grande maioria dos diretores relatou que quase nenhum graduado de seus cursos era *nini* (Figura 4.3, painel c).

Juntos, esses resultados indicam que os diretores de CSCDs no Brasil e na Colômbia relatam os melhores resultados de emprego. Para o Brasil em particular, a probabilidade de que quase todos os graduados estejam empregados no setor formal é de cerca de 73 por cento, conforme relatado pelos diretores. Além disso, menos de 18 por cento dos diretores de CSCDs nesses países relatam que alguns de seus graduados não estão trabalhando nem estudando, o que é inferior ao do restante dos países da amostra.

Salários

A maioria das evidências recentes sobre valor agregado no ensino superior analisa os efeitos da qualidade do curso usando salários como resultado.[3] Assim, os diretores foram solicitados a relatar o salário médio dos alunos da última coorte de graduados em seu primeiro emprego após a formatura. Eles relataram uma média única, sem distinguir entre os graduados empregados nos setores formal e informal.

Duas medidas salariais são calculadas. Em primeiro lugar, para comparar os salários entre os países, os salários médios são expressos em dólares de 2019

Figura 4.3 Cursos que informam resultados de emprego "bons" dos graduados

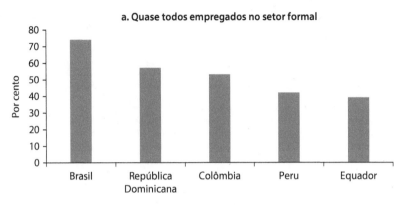

a. Quase todos empregados no setor formal

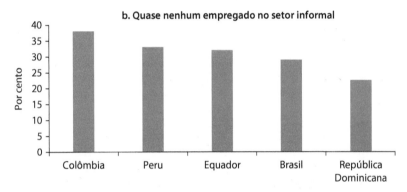

b. Quase nenhum empregado no setor informal

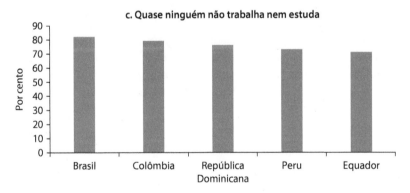

c. Quase ninguém não trabalha nem estuda

Fontes: Dinarte et al. (2021); cálculos baseados na Pesquisa de Cursos Superiores de Curta Duração do Banco Mundial.
Nota: A figura mostra, para cada país, a porcentagem de cursos que relatam cada um dos três resultados de emprego: quase todos os alunos estão empregados no setor formal; quase nenhum aluno está empregado no setor informal; quase nenhum aluno não está nem trabalhando, nem estudando. Os resultados foram relatados pelos diretores dos cursos. Apenas São Paulo e Ceará estão incluídos para o Brasil, e cursos autorizados para o Peru. RD = República Dominicana.

(ajustados para paridade do poder de compra, PPC). Em segundo lugar, para comparar os salários dos graduados de CSCDs com outros salários correspondentes no país, os salários médios são expressos como um múltiplo do salário-mínimo do país. A Tabela 4.1 apresenta um resumo das medidas salariais.

Tabela 4.1 Salário médio anual dos graduados, por país (US$)

Medida de salário médio	Brasil	Colômbia	República Dominicana	Equador	Peru
Salário PPC	US$10.730	US$10.313	US$11.275	US$11.910	US$7.481
Múltiplo do salário-mínimo	2,2	1,3	1,3	1,4	1,3

Fontes: Dinarte et al. (2021); cálculos baseados na Pesquisa de Cursos Superiores de Curta Duração do Banco Mundial.
Nota: A tabela mostra o salário médio anual por país, expresso em dólares PPC de 2019 ou como um múltiplo do salário-mínimo anual do país. O ajuste PPC dos salários foi feito usando o fator de conversão da paridade do poder de compra (PPC) de 2019. O salário médio em termos de salários-mínimos (SM) foi estimado com base no salário-mínimo em moeda local disponível no ano anterior. Salário médio anual em salários-mínimos = salário médio anual / SM, onde SM = salário-mínimo anual = salário-mínimo mensal * 12. Todas as estatísticas descritivas e estimativas neste capítulo são feitas excluindo outliers, ou seja, excluindo os percentis 1 e 99 da distribuição de salários dentro de cada país. Apenas São Paulo e Ceará estão incluídos para o Brasil, e cursos autorizados para o Peru.

O salário médio anual (ajustado para PPC) na ALC para os graduados recém-formados é próximo a US$ 10.700, variando de US$ 7.481 no Peru a US$ 11.900 no Equador. Esses salários correspondem em média a 1,5 salário-mínimo da região. No Brasil, um graduado médio ganha cerca de duas vezes o salário de um trabalhador que ganha salário-mínimo; o múltiplo é menor (entre 1,3 e 1,4) nos outros países.

4.3 Determinantes da Qualidade dos CSCDs

Esta seção descreve os diferentes determinantes da qualidade que podem contribuir para a qualidade dos CSCDs, conforme definida pelos resultados descritos na seção anterior. Também resume o conhecimento prévio, com base na literatura pertinente, sobre a associação entre determinantes da qualidade e medidas de qualidade do ensino superior.

A partir da WBSCPS, foram coletados dados sobre várias práticas, insumos e características escolhidas pelos cursos que podem atuar como determinantes da qualidade. Os dados foram agrupados em seis categorias. Além disso, foram coletadas informações sobre características dos cursos, das instituições e dos alunos para servirem de "controle" dos elementos que podem afetar os resultados, mas que não são fatores que os cursos podem selecionar.

A subseção a seguir descreve as seis categorias, os determinantes específicos incluídos em cada uma, bem como seu nível médio nos países da WBSCPS e, quando disponíveis, as evidências existentes sobre seu impacto com base em outros estudos. Em seguida, a seção descreve características adicionais dos cursos, das IESs e dos alunos que são incluídas na análise como variáveis de controle. Para facilitar a interpretação dos resultados das estimativas, o Anexo 4A resume os níveis médios desses determinantes nos países da WBSCPS usando apenas cursos incluídos nas estimativas. As características dos alunos são descritas no capítulo 1, e a variação entre os países para alguns determinantes é discutida no capítulo 3.

Categorias de Determinantes da Qualidade

Com base em pesquisas anteriores sobre o que constitui um bom curso,[4] os determinantes da qualidade são organizados em seis categorias: infraestrutura, grade curricular e formação, custos e financiamento, conexões com a indústria, corpo docente e outras práticas relacionadas à admissão, governança e credenciamento.

Infraestrutura

Como os CSCDs oferecem formação prática orientada para ocupações específicas, eles geralmente precisam de infraestrutura e instalações como laboratórios, oficinas, equipamentos e acesso à Internet. Às vezes, eles precisam oferecer aulas online para se adaptar às necessidades dos alunos.

Evidências anteriores do ensino fundamental e médio sugerem que as intervenções que fornecem apenas insumos educacionais essenciais (como livros didáticos, carteiras ou infraestrutura) costumam ser ineficazes em melhorar a aprendizagem dos alunos. Para o ensino superior, e CSCDs em particular, as evidências são muito limitadas.[5] Em geral, os CSCDs na ALC têm boa infraestrutura e materiais para formação prática. O curso médio tem cerca de 6,3 workshops voltados para a prática, e 73 por cento dos cursos informam ter materiais suficientes em seus laboratórios. Quase seis em cada dez cursos realizam manutenção de seus laboratórios pelo menos uma vez por ano.

Além disso, o acesso à internet oferecido pelos CSCDs é quase universal na pesquisa. Os dados mostram que 92 por cento dos cursos fornecem acesso à Internet para professores, alunos ou ambos. O alto acesso à Internet pode beneficiar os resultados dos alunos no mercado de trabalho. Evidências anteriores indicam que a atual adoção de tecnologias digitais em toda a região da ALC é altamente heterogênea,[6] mostrando que ainda há muito potencial para expansão do acesso à Internet na ALC e para os benefícios de produtividade e crescimento inclusivo que o acompanham.

Além disso, a oferta online de aulas e cursos é de grande importância pela flexibilidade que proporciona. Ainda assim, estudos na Colômbia e nos Estados Unidos apresentam resultados mistos sobre a eficácia dos cursos à distância de ensino superior em comparação com o ensino presencial (ver Quadro 4.1).[7] Um documento de referência elaborado para este livro (Cellini e Grueso 2020) indica que, para CSCDs na Colômbia, certas características fazem a diferença. É o caso, por exemplo, do ensino síncrono e das oportunidades de interação professor-aluno.[8]

Quadro 4.1 Avaliação da eficácia dos CSCDs online e presenciais na Colômbia

As matrículas no ensino superior cresceram dramaticamente na Colômbia nas últimas décadas. Dobraram entre 2000 e 2013, em parte devido à abertura de novos cursos superiores de curta duração (CSCDs) e à expansão dos existentes (Ferreyra et al. 2017; Carranza e Ferreyra 2019). Uma porcentagem importante de alunos de CSCDs tem aulas à distância. De acordo com o Ministério da Educação da Colômbia, cerca de 359.020 alunos estavam matriculados em alguma forma de ensino superior híbrido ou totalmente online em 2017 (cursos de

(quadro continua próxima página)

Quadro 4.1 Avaliação da eficácia dos CSCDs online e presenciais na Colômbia *(continuação)*

bacharelado e CSCDs), representando cerca de 15 por cento do total de matrículas no ensino superior do país (SNIES 2019).

A crescente popularidade da educação à distância suscita a questão de sua eficácia. Apesar da existência de vários estudos com o objetivo de medir os efeitos da educação à distância sobre os resultados dos alunos na Colômbia, nenhum deles abordou a importante questão da auto seleção e, portanto, não fornecem estimativas causais.

Em um documento de referência para este livro, Cellini e Grueso (2020) implementam métodos de ponderação de escore de propensão para abordar a auto seleção em CSCDs presenciais e à distância, para estimar a eficácia dos cursos à distância em relação aos presenciais em campus. Os autores exploram o sistema único de exames finais de nível superior na Colômbia para comparar o desempenho dos alunos no exame final entre alunos decursos à distância e presenciais. Seus dados incluem muitos alunos, cursos e instituições.

Cellini e Grueso (2020) comparam o desempenho em exames de alunos cursando CSCDs à distância e presenciais em termos de análise quantitativa, leitura, redação e habilidades técnicas. Eles encontram resultados mistos. Em primeiro lugar, na maioria das instituições, os alunos de cursos à distância parecem ter notas significativamente mais baixas no exame final (com desvio padrão de cerca de 0,04) do que os alunos presenciais, um resultado que se aplica a matemática, leitura e redação. Esses resultados são semelhantes aos de Bettinger et al. (2017) empregando dados dos Estados Unidos.

No entanto, após incluir os efeitos fixos da instituição, as estimativas indicam ganhos positivos e significativos de notas em exames nos cursos à distância com desvio padrão de cerca de 0,09 a 0,11. Para explorar como as características institucionais podem estar afetando os resultados, os autores analisam o efeito relativo dos cursos à distância em duas amostras. A primeira inclui todos os cursos oferecidos pela maior instituição pública de formação profissional, o Serviço Nacional de Aprendizagem (SENA, *Servicio Nacional de Aprendizaje*), e a segunda contém todos os cursos não-SENA. As estimativas utilizando a segunda amostra indicam que os alunos decursos à distância têm um desempenho pior nos exames finais do que os matriculados em cursos presenciais com desvio padrão de cerca de 0,06. Contudo, na primeira amostra, os alunos do SENA que participam de aulas online apresentam pontuação no exame final com desvio padrão de 0,169 superior ao dos alunos do SENA que participam apenas de cursos presenciais. Este resultado é válido e notavelmente consistente em magnitude, mesmo quando as diferenças são consideradas somente dentro da mesma graduação e área acadêmica. Em outras palavras, os cursos à distância são mais eficazes do que os cursos presenciais do SENA, mas são menos eficazes em instituições não-SENA.

Embora Cellini e Grueso (2020) não possam descartar que alunos do SENA online possam ser selecionados positivamente, entrevistas com funcionários do Departamento de Treinamento, Grupo de Treinamento Virtual e à Distância do SENA sugerem que seus cursos à distância podem ter recursos que os tornam mais exitosos do que outros cursos à distância. Por exemplo, a maioria das aulas à distância do SENA são síncronas, o que significa que os alunos ficam (virtualmente) cara a cara com um instrutor, em vez de assistir a vídeos prégravados. E as aulas do SENA fazem do aprendizado baseado em projetos um elemento central da experiência do aluno.

Na WBSCPS, apenas 35 por cento dos cursos oferecem pelo menos uma aula online como parte de sua grade curricular. Nenhuma conclusão pode ser extraída da pesquisa sobre como os provedores de CSCDs na ALC adaptaram seu ensino durante a pandemia COVID-19. No entanto, é altamente provável que a baixa oferta online tenha dificultado a transição para a aprendizagem remota, e as evidências preliminares sugerem isso (ver capítulo 5).

Grade curricular e formação

Esta categoria abrange determinantes relacionados ao conteúdo do curso, ou seja, o grau de flexibilidade na grade curricular (por exemplo, para fazer disciplinas eletivas), as competências que o curso visa desenvolver, se o curso requer um estágio obrigatório, e até que ponto as disciplinas podem contar como créditos para cursos de bacharelado.

A maioria dos CSCDs na amostra tem uma grade curricular fixa (70 por cento). Em média, os cursos informam dedicar cerca de metade do tempo à formação prática. Uma grade curricular flexível, se bem implementada, pode encorajar os alunos a estabelecer seus próprios objetivos dentro de uma determinada estrutura. No entanto, as evidências dos Estados Unidos mostram que uma maior flexibilidade tem efeitos indesejados sobre os resultados dos alunos.[9] Dentro do que alguns autores chamam de "modelo self-service", no qual se espera que os alunos explorem opções com mínima ou nenhuma orientação, os alunos acabam fazendo cursos que não são sequenciados de forma coerente para propiciar o domínio de habilidades e conhecimentos relevantes para seus objetivos.

Outros resultados da WBSCPS mostram que a maioria dos cursos afirma ensinar uma variedade de competências, incluindo competências numéricas e línguas estrangeiras. Os cursos atualizam suas grades curriculares regularmente, principalmente para tentar atender às demandas dos empregadores.

Na pesquisa, a maioria dos diretores informou que seus alunos apresentam déficits acadêmicos importantes (ver capítulo 1). No entanto, esses déficits poderiam ser corrigidos pelos cursos. Como mostram as evidências dos Estados Unidos, programas de reforço tem efeitos positivos sobre os resultados acadêmicos, como a persistência no início do curso.[10] Cerca de 91 por cento dos diretores que participaram da WBSCPS relataram que seus cursos oferecem algum tipo de reforço, com 51 e 56 por cento dos cursos oferecendo reforço antes e durante o CSCD, respectivamente.

Para promover a formação prática, alguns cursos exigem um estágio obrigatório (61 por cento), um exame final profissional ou da indústria (43 por cento) ou um projeto de pesquisa independente (40 por cento).

Custos e Financiamento

Esta categoria inclui elementos do custo financeiro do curso para o aluno, como mensalidade e a disponibilidade de opções de financiamento para os alunos. Conforme discutido no capítulo 1, os CSCDs são relativamente acessíveis em alguns países (Colômbia, Equador e República Dominicana), mas nem tanto em outros (Brasil e Peru). Em média, o custo anual das mensalidades é de US$ 2.207 (PPC), e varia entre zero e US$ 25.516 (PPC).

A mensalidade pode ter efeitos importantes sobre as matrículas, especialmente entre alunos não tradicionais. Por exemplo, evidências dos Estados Unidos indicam que uma redução nas mensalidades das instituições comunitárias de ensino superior aumentou as matrículas nessas instituições no primeiro ano após o ensino médio, e aumentou as transferências de instituições comunitárias de ensino superior para instituições de quatro anos.[11]

A disponibilidade (e tipo) de instrumentos de financiamento para os alunos pode ter um impacto nas matrículas e nos resultados dos alunos. As evidências dos Estados Unidos indicam que vincular a ajuda financeira ao desempenho acadêmico pode melhorar as notas e a persistência.[12] Especificamente, bolsas e empréstimos podem aumentar os créditos concluídos e as notas no ensino superior.[13] Na Califórnia, por exemplo, a ajuda financeira estadual aumentou a taxa de graduação e, para alguns grupos de alunos, até mesmo aumentou a renda anual após a graduação.[14]

Conforme descrito no capítulo 1, empréstimos e bolsas de estudos de IESs ou governos estão disponíveis na ALC, sendo as bolsas a fonte mais comum de assistência financeira para os alunos. No entanto, conforme documentado no capítulo 1, as opções de financiamento alcançam muito poucos alunos. Isso significa que, na maioria das vezes, os alunos pagam as mensalidades e outras despesas relacionadas com seus próprios recursos. Talvez seja por isso que a maioria dos diretores relatou que a dificuldade financeira é o principal motivo para a evasão dos alunos. Além disso, menos de 34 por cento dos diretores relataram que seus cursos ou instituições receberam fundos adicionais do governo ou da indústria.

Conexões com a indústria

Essa categoria inclui as práticas dos CSCDs que buscam conectar o curso com a indústria e os alunos com o mercado de trabalho. Esses determinantes incluem envolvimento das empresas com o desenho e a atualização da grade curricular, participação no conselho diretor da instituição e avaliação dos alunos. Também leva em conta se o curso coleta informações sobre o emprego dos alunos após a graduação ou sobre a satisfação dos empregadores, se o curso tem funcionários responsáveis pela relação com a indústria e como o curso apoia os alunos em sua busca de emprego.

As informações da pesquisa mostram que os cursos se relacionam com a indústria de várias maneiras. Muitos cursos têm uma pessoa responsável por promover conexões com o setor privado, como um membro do conselho (84 por cento). Outras práticas frequentes incluem a participação de empresas no conselho diretor da IES e a coleta de informações sobre as necessidades das empresas ou a satisfação das empresas com os graduados do curso.

Os cursos também se conectam com empresas por meio de acordos para fornecer estágios a alunos, contratar graduados do curso, treinar professores ou fornecer equipamentos para treinamento. A parcela de diretores que relatam esses tipos de acordos varia de 90 por cento (acordos para estágios) a 36 por cento (acordos para treinar professores).

Os CSCDs da amostra implementam atividades adicionais voltadas para apoiar a empregabilidade de seus graduados. A mais frequente é a oferta de informações aos alunos sobre o mercado de trabalho, que é relatada por 81 por cento dos cursos. Oitenta e três por cento dos cursos treinam alunos ou coordenam com empresas para a realização de entrevistas de emprego, 76 por cento coletam dados sobre a situação profissional de seus graduados e 63 por cento administram um centro de emprego no próprio curso.

Corpo Docente

Embora muita literatura sobre ensino fundamental e médio conclua que as práticas de ensino são preditores mais eficazes do desempenho dos alunos do que as características dos professores (como formação e experiência),[15] algumas dessas características parecem ser associadas a bons resultados dos alunos no ensino superior. Por exemplo, evidências da Colômbia documentam que a proporção de professores em tempo integral está positiva e significativamente relacionada à taxa de graduação nas universidades.[16] Além disso, estudos da literatura sobre modelos de conduta mostram que as características dos professores estão associadas aos resultados dos alunos. Por exemplo, o gênero do professor ou instrutor afeta os resultados para as alunas.[17] As evidências de estudos sobre o corpo docente do ensino superior sugerem que as políticas de pessoal — que são geralmente subdesenvolvidas no ensino superior — podem ser cruciais para melhorar a aprendizagem dos alunos.[18]

Considerando essas evidências, esta seção explora como as características e práticas do corpo docente estão associadas aos resultados dos alunos de CSCDs. A categoria "corpo docente" inclui determinantes como características do corpo docente (por exemplo, gênero e idade) e práticas relacionadas à contratação, treinamento e avaliação do corpo docente.

Na pesquisa, o curso médio tem um corpo docente de cerca de 20 professores ou instrutores, a maioria dos quais são altamente qualificados e experientes. Cerca de 83 por cento dos diretores relataram que a maioria de seus instrutores possui título de bacharel e 48 por cento relataram que a maioria dos instrutores fez pós-graduação. A maioria dos docentes de um curso médio trabalha em meio período e é do sexo masculino, e mais da metade dos docentes tem mais de cinco anos de experiência na indústria. Poucos são sindicalizados, exceto no Brasil.

Quase todos os diretores informaram que avaliam o desempenho do corpo docente. Para avaliação dos docentes, quase 65 por cento dos cursos relataram que a observação ou o planejamento das aulas são práticas muito importantes. No entanto, apenas 34 por cento dos cursos informaram que as avaliações por pares são uma prática muito relevante para a avaliação do corpo docente. Os cursos também relataram o treinamento de seu corpo docente: 55 por cento dos diretores pesquisados relataram que todos ou quase todos os seus docentes receberam treinamento no ano anterior.

Outras Práticas

Além dos determinantes da qualidade mapeados para as cinco categorias descritas, os cursos implementam outras práticas relacionadas aos processos de admissão, governança e certificação de alta qualidade. Para os requisitos de admissão, 58 por cento dos cursos exigem um exame de conhecimentos gerais ou específicos, e 64 por cento exigem uma média mínima de notas no ensino médio ou pontuação mínima no exame. Além disso, 52 por cento dos cursos exigem uma entrevista.

A maioria dos cursos (89 por cento) relatou ter um conselho diretor além do diretor. Embora essa prática ainda não tenha sido analisada na literatura, um corpo administrativo diversificado pode representar as necessidades das diferentes partes interessadas (por exemplo, alunos, professores e o setor privado) na concepção e implementação das atividades do curso.

Por fim, foram coletados dados administrativos para medir a proporção de cursos que passaram por um processo de acreditação de alta qualidade. Embora uma acreditação de alta qualidade[19] possa gerar benefícios potenciais para os resultados dos graduados, os dados da pesquisa mostram que apenas 20 por cento dos cursos foram acreditados pelas autoridades locais.[20] Ainda assim, quase 94 por cento dos diretores de CSCDs credenciados creem que a acreditação aumentou a reputação de seus cursos junto à indústria.

Outras características dos Cursos, das Instituições e dos Alunos

O objetivo deste capítulo é estimar as associações entre os determinantes da qualidade dos cursos e os resultados acadêmicos e no mercado de trabalho dos graduados, depois de considerar as características dos alunos, e chegar o mais perto possível (dadas as limitações dos dados) das contribuições de valor agregado. Para tanto, foram coletadas informações sobre características adicionais dos cursos, das instituições e dos alunos, que são utilizadas para controlar as estimativas desses elementos.

Os resultados da pesquisa mostram que o curso médio possui um corpo discente formado em sua maioria por alunos do sexo masculino, com menos de 25 anos e que estudam em meio período. A maioria dos diretores relatou que os alunos ingressam nos cursos com déficits em matemática, leitura e escrita. Por exemplo, 81 por cento dos cursos relataram que os novos alunos não possuem as habilidades matemáticas necessárias. Por fim, os diretores indicaram que a IES média tem 38 anos e oferece cursos em quatro cidades.

No geral, os cursos usam boas práticas e contam com bons insumos em termos de infraestrutura, formação e grade curricular, custos e financiamento, conexões com a indústria, corpo docente e outras práticas relacionadas a admissão, graduação e governança. No entanto, há muita variação nesses aspectos entre os cursos (ver Anexo 4A). Essa variação permite estimar a associação entre os determinantes da qualidade e os resultados. Ao mesmo tempo, a variação é preocupante porque indica que muitos cursos não usam boas práticas ou insumos — o que, como mostra a próxima seção, está associado à variação nos resultados entre os cursos.

4.4 Associações entre Determinantes da Qualidade dos CSCDs e Resultados dos Alunos

Esta seção analisa até que ponto os determinantes da qualidade descritos na seção "Determinantes da qualidade dos CSCDs" estão associados aos resultados acadêmicos e no mercado de trabalho discutidos na seção"Definindo e medindo a qualidade dos CSCDs". Em outras palavras, a seção responde a perguntas como as seguintes: a oferta de informações sobre o mercado de trabalho aos alunos está correlacionada à taxa de evasão, tempo de graduação, emprego formal ou salários? Em caso afirmativo, qual a força dessa associação?

A estratégia empírica usada para estimar essas contribuições ou associações está descrita no Quadro 4.2[21] e os resultados estão resumidos nas figuras 4.4 a 4.7. Os valores nas figuras correspondem apenas às variáveis que apresentaram correlação relevante com o resultado correspondente (ou seja, as figuras incluem apenas as associações que são estatisticamente significativas no nível de 10 por cento ou menos). As magnitudes dos coeficientes são comparáveis nas figuras, mas têm interpretações diferentes entre os gráficos, dependendo do resultado em análise. Para aproximar as estimativas de uma abordagem de valor agregado, as especificações principais incluem controles para alunos, cursos e características da IES, conforme descrito no Quadro 4.2.

Quadro 4.2 Estimando as contribuições dos determinantes da qualidade para os resultados acadêmicos e no mercado de trabalho: uma abordagem de regressão LASSO

Para estimar as contribuições das práticas e insumos dos cursos para os resultados acadêmicos e no mercado de trabalho, a Pesquisa de Cursos Superiores de Curta Duração do Banco Mundial (WBSCPS) tem a vantagem fascinante de fornecer um grande conjunto de variáveis explicativas que podem ser vistas como determinantes da qualidade. No entanto, o grande número de variáveis explicativas apresenta dois desafios. O primeiro é selecionar o conjunto "certo" de variáveis explicativas. Por um lado, usar poucos controles ou controles errados pode criar um viés de variável omitida. Por outro lado, usar muitos pode levar ao sobreajuste do modelo. O segundo desafio é que os tamanhos das amostras em alguns países são pequenos. Por exemplo, existem apenas 80 CSCDs na República Dominicana. Como podem existir mais variáveis do que observações, o modelo pode não ser identificado.

O primeiro desafio poderia ser abordado com a criação de índices dentro de cada uma das cinco categorias de determinantes usando técnicas estatísticas para redução de dados, como análises de fatores ou componentes principais. No entanto, esta técnica requer dados de cada intervalo, um requisito não atendido por algumas das variáveis da pesquisa. Além disso, os tipos de variáveis (de intervalos ou dummies) variariam dentro de cada determinante, o que impossibilitaria o uso dessas técnicas.

Assim, para enfrentar os desafios de selecionar variáveis explicativas e potencial subidentificação ou não-identificação do modelo, os parâmetros de interesse são estimados usando a

---

(quadro continua próxima página)

Quadro 4.2 Estimando as contribuições dos determinantes da qualidade para os resultados acadêmicos e no mercado de trabalho: uma abordagem de regressão LASSO *(continuação)*

técnica de Menor Contração Absoluta e Operador de Seleção (Least Absolute Shrinkage and Selection Operator [LASSO]). Ela vem sendo usada na literatura para estimar parâmetros em modelos lineares com diversos controles com o objetivo de melhorar o ajuste do modelo. Intuitivamente, a técnica LASSO elimina as variáveis que pouco (ou nada) contribuem para o ajuste.

É seguido um processo de duas etapas. A primeira etapa usa uma metodologia LASSO adaptativa e estima o seguinte modelo para cada resultado de interesse:

$$y_{jc} = \alpha_0 + \sum_{d=1}^{6} \mathbf{Q}_{jc}^{d}{}'\alpha_1 + \mathbf{C}_{jc}{}'\alpha_2 + \phi_c + \in_{jc}, \qquad (B4.2.1)$$

onde y_{jc} representa o resultado médio de interesse acadêmico (taxas de evasão e tempo adicional para graduação) ou no mercado de trabalho (emprego formal e salários) para graduados no CSCD j no país c. $\mathbf{Q}_{jc}^{d}$ é um vetor que inclui todas as variáveis dentro de cada uma das seis categorias determinantes da qualidade.

C_{jc} é um vetor de variáveis de controle dos cursos e instituições de ensino superior (IESs). Esses controles são características do curso ou IES que não constituem um determinante da qualidade, como o número de anos de funcionamento da IES e de oferta do curso, entre outros. Algumas dessas características (como, por exemplo, se a IES tem fins lucrativos, se é pública ou privada, ou se é uma universidade) são "fixas" na primeira etapa. Ou seja, a LASSO é "solicitada" a mantê-los como controles para a primeira e segunda etapas. Outras características, incluindo número de anos da IES, número de filiais e características dos alunos, não são fixas. Em outras palavras, elas podem ser mantidas ou eliminadas pelo procedimento LASSO.

O vetor de coeficientes α_1 corresponde às associações entre o resultado e cada determinante da qualidade. Da mesma forma, os coeficientes α_2 indicam as correlações entre as variáveis de controle e o resultado. Para as estimativas entre países, efeitos fixos do país ϕ_c são incluídos. Finalmente, $\in_{jc}$ é o termo de erro. Em todos os modelos agrupados (com todos os países) e específicos de cada país, os erros padrão agrupados são estimados para cada IES.

Entre todos os determinantes da qualidade incluídos em $\mathbf{Q}_{jc}^{d}$, a LASSO calcula um parâmetro de "penalidade" que determina o conjunto de variáveis que minimiza o erro mínimo quadrado fora da amostra das estimativas. Nesse sentido, a LASSO realiza uma seleção baseada em dados do conjunto de determinantes, $\mathbf{Q}^*$, que proporciona o melhor ajuste aos dados.

Na segunda fase, cada resultado de interesse y_{jc} é regredido no conjunto de determinantes selecionados e a seguinte equação é estimada:

$$y_{jc} = \beta_0 + \sum_{d=1}^{6} \mathbf{Q}_{jc}^{*d}{}'\beta_1 + \mathbf{N}_{jc}{}'\beta_2 + \gamma_c + \omega_{jc}, \qquad (B4.2.2)$$

onde $\mathbb{N}_{jc}$ é um vetor das variáveis de controle dos cursos e IESs que são afixadas pela LASSO durante a primeira etapa e mantidas para a segunda; nesta segunda, γ_c corresponde aos efeitos fixos do país, e ω_{jc} é o termo de erro. O restante das variáveis é definido como anteriormente.

(quadro continua próxima página)

Quadro 4.2 Estimando as contribuições dos determinantes da qualidade para os resultados acadêmicos e no mercado de trabalho: uma abordagem de regressão LASSO *(continuação)*

A Equação B4.2.2 é estimada usando mínimos quadrados ordinários para a taxa de evasão, tempo adicional para graduação e salários, e o modelo Probit é usado para emprego formal. Os parâmetros estimados de interesse estão no vetor $\widehat{\beta}_1$, que reflete a associação entre os determinantes da qualidade e os resultados da amostra. Como na primeira etapa, em todos os modelos entre países e específicos de cada país, os erros-padrão agrupados são estimados para cada IES.

Desempenho Acadêmico e Determinantes da Qualidade dos CSCDs
Taxa de evasão

A Figura 4.4 resume os determinantes da qualidade associados à taxa de evasão. As estimativas mostram quatro determinantes associados a menores taxas de evasão. O primeiro está relacionado à grade curricular: cursos com uma grade curricular fixa têm maior probabilidade de apresentar taxas de evasão mais baixas. Este resultado está de acordo com a literatura dos Estados Unidos, que encontra evidências de que cursos com uma grade curricular totalmente flexível podem afetar negativamente os resultados dos alunos, como a formação adicional e o emprego.[22]

Figura 4.4 Associações entre determinantes da qualidade dos CSCDs e taxas de evasão

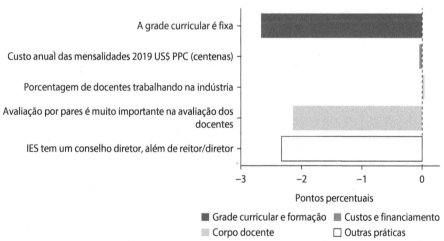

Fonte: Dinarte et al. (2021).
Nota: A figura mostra a mudança na taxa de evasão associada aos determinantes da qualidade (em pontos percentuais). A estimativa foi feita usando apenas cursos para os quais a taxa de evasão pode ser calculada e que possuem dados sobre todos os determinantes da qualidade. A taxa média de evasão para este conjunto de cursos é de 14,1 por cento. Todas as variáveis são dummies, exceto quando indicado. Uma mudança positiva denota piora; uma mudança negativa indica melhora nas taxas de evasão. CSCD = Curso Superior de Curta Duração; IES = instituição de ensino superior; PPC = paridade do poder de compra.

O segundo determinante associado a taxas de evasão (ligeiramente) menores está relacionado aos custos. Os CSCDs com mensalidades mais altas apresentam menores taxas de evasão. Uma possível explicação é que a mensalidade mais alta torna o aluno mais propenso a se formar para recuperar seu investimento. Outra possível explicação é que a mensalidade mais alta captura aspectos não medidos da qualidade do curso (por exemplo, qualidade do laboratório ou tamanho da biblioteca) que ajudam o aluno a se formar.

O terceiro determinante diz respeito à avaliação do corpo docente. Cursos em que os docentes são avaliados por seus pares apresentam taxas de evasão mais baixas do que cursos que não empregam essa prática. As evidências sobre as avaliações do corpo docente no ensino superior mostram que a avaliação por pares é positivamente aceita e percebida como promotora de boas práticas de ensino.[23] Quando os professores recebem feedback dos colegas sobre seu desempenho, eles podem melhorar o ambiente de aprendizagem, o que pode ajudar os alunos a concluir o curso.[24] Curiosamente, a associação entre a taxa de evasão e as avaliações por pares do corpo docente é maior entre as IESs privadas (ver Figura 4B.1, no Anexo 4B).

O quarto determinante associado a taxas mais baixas de evasão é a presença de um conselho diretor além do diretor ou reitor. Uma possível explicação é que a participação de partes interessadas de diferentes setores — incluindo professores, alunos e indústria — permite que os cursos considerem as demandas e necessidades de todos eles, adaptando assim seu treinamento e grade curricular para ajudar os alunos a se graduarem.

A análise também revelou que uma característica do corpo docente está ligeiramente associada a taxas de evasão mais altas: a proporção de professores trabalhando na indústria. Evidências anedóticas sugerem que professores que trabalham na indústria às vezes convidam seus alunos para trabalhar com eles em projetos específicos da indústria enquanto ainda estão frequentando o curso. Embora isso possa aumentar sua empregabilidade no longo prazo, também restringe o tempo que eles têm para dedicar ao curso, aumentando a probabilidade de evasão.[25]

Em suma, a análise sugere que uma grade curricular fixa e um conselho diretor além do reitor estão associados às maiores reduções na taxa de evasão. Ter uma grade curricular fixa é a prática associada à maior redução da taxa de evasão (2,7 pontos percentuais). Considerando que a taxa média de evasão do curso é de 14,1 por cento, a existência de uma grade curricular fixa está associada a uma redução de 19,1 por cento na taxa média de evasão. Embora a análise não consiga estabelecer que uma grade curricular fixa levará a uma redução na taxa de evasão, a associação é informativa.

As taxas de evasão não diferem por tipo de administração (pública ou privada), de acordo com os dados da WBSCPS. Depois de considerar todos os determinantes da qualidade e outras características das IESs e dos cursos, não há diferenças estatisticamente significativas nas taxas médias de evasão entre IESs públicas e privadas.

Tempo Adicional para Graduação

A Figura 4.5 mostra que três determinantes estão associados a *menos* tempo para graduação. Primeiro, os CSCDs que têm uma parcela maior de docentes com experiência na indústria têm um TAG (ligeiramente) menor. Como esses docentes podem traduzir o seu know-how e experiência em um treinamento mais prático, os alunos podem ser mais motivados para aprender e concluir o curso no tempo regular. De fato, os cursos com uma parcela maior de docentes com experiência na indústria tendem a ser aqueles cujos alunos veem a qualidade da formação como a característica mais importante do curso, sugerindo que esses docentes melhoram a qualidade da formação.[26]

Uma segunda característica do corpo docente associada a um TAG menor é a participação de docentes do sexo feminino. Os CSCDs com uma proporção maior de docentes do sexo feminino são (ligeiramente) mais propensos a ter coortes que se formarão no tempo regular. As evidências existentes na literatura mostram que a presença de docentes do sexo feminino pode afetar positivamente os resultados acadêmicos das alunas.[27] De fato, na WBSCPS, os cursos com uma proporção maior de docentes do sexo feminino também têm uma proporção maior de alunas.

A exigência de um exame de admissão de conhecimentos gerais ou específicos é o terceiro determinante associado a um TAG menor. Esta associação é liderada pelas IESs públicas (ver Figura 4B.2, no Anexo 4B), que são mais propensas do que as IESs privadas a aplicar requisitos de admissão. Dentre todos os determinantes, essa prática é a que apresenta maior associação com o TAG (4,8 pontos percentuais). A escolha de quem admitir presumivelmente permite que o curso escolha os alunos mais adequados para o curso e que, portanto,

Figura 4.5 Associações entre os determinantes da qualidade dos CSCDs e o tempo para graduação

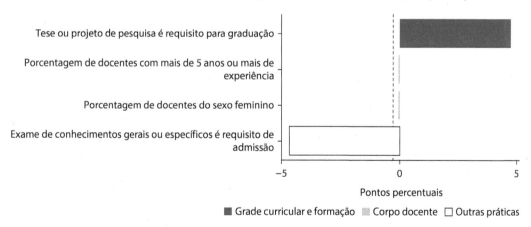

Fonte: Dinarte et al. (2021).
Nota: A figura mostra a variação no tempo adicional para graduação em relação à duração oficial do curso que está associada aos determinantes da qualidade (em pontos percentuais). A estimativa foi feita usando apenas cursos para os quais havia dados disponíveis sobre a duração do curso, o tempo médio para graduação para a última coorte de graduados e todos os determinantes da qualidade. O tempo adicional médio para graduação neste conjunto de cursos é de 18,6. Todas as variáveis são dummies, exceto quando indicado. Uma mudança positiva denota piora; uma mudança negativa indica melhora no resultado. CSCD = Curso Superior de Curta Duração

terminarão mais cedo. Essa constatação está de acordo com a evidência de que os alunos em CSCDs oferecidos por instituições mais "seletivas" têm melhores resultados do que aqueles em instituições menos seletivas (embora, como discutido no capítulo 1, os CSCDs geralmente não sejam seletivos no sentido convencional).[28]

Por outro lado, os CSCDs que exigem uma tese como requisito de graduação têm um TAG *maior*. Em média, a exigência de tese para graduação está associada a um aumento de 4,8 pontos percentuais no TAG. Considerando um TAG médio de 18,6 por cento, esse determinante pode aumentar o TAG em 26 por cento. Na pesquisa, essa prática é mais comum em IESs públicas e nas áreas de educação, ciências humanas e ciências sociais. Esse achado contraria a exigência de uma tese para a graduação de cursos de curta duração com um foco prático mais forte, como os CSCDs.

No geral, os resultados das associações entre os determinantes da qualidade e o TAG indicam que o exame de admissão está associado a uma redução expressiva do TAG, enquanto a exigência de uma tese para graduação pode aumentar o TAG substancialmente.

Resultados no Mercado de Trabalho e Determinantes da Qualidade dos CSCDs

Emprego no Setor Formal

A Figura 4.6 resume as associações estimadas entre os determinantes da qualidade e a probabilidade de ter quase todos os graduados empregados no setor formal. Para simplificar, esse resultado é chamado de "emprego formal."

O emprego formal está associado a determinantes em todas as categorias. Em primeiro lugar, dois determinantes da infraestrutura para a formação prática estão associados ao emprego formal. Os resultados sugerem que os graduados de cursos com internet disponível para docentes e alunos e que disponibilizam equipamentos e materiais suficientes para a prática profissional têm uma taxa mais alta de emprego formal. Como esses insumos complementam a formação prática, os alunos podem ser mais bem preparados para o mercado de trabalho. A oferta de acesso à Internet no local do curso também está associada a uma taxa mais alta de emprego formal — presumivelmente por facilitar a busca de emprego dos alunos.

Uma segunda categoria de determinantes associados ao emprego formal diz respeito à categoria de grade curricular. Graduados de CSCDs que fornecem reforço durante o curso (em oposição a nenhum reforço ou reforço antes do curso) têm taxas de emprego formal mais altas. Condicionadas à conclusão do curso, essas aulas de reforço parecem fortalecer a formação dos alunos.

Também há um determinante associado ao maior emprego formal em uma terceira categoria: custos e financiamento. Os graduados de CSCDs onde os alunos recebem bolsas de estudo da IES têm maior probabilidade de serem empregados formalmente. Como as restrições financeiras são atenuadas pela disponibilidade de bolsas de estudo da IES, os alunos são mais propensos a se concentrar em concluir seus cursos e formação prática, consolidando

Figura 4.6 Associações entre determinantes da qualidade dos CSCDs e emprego formal

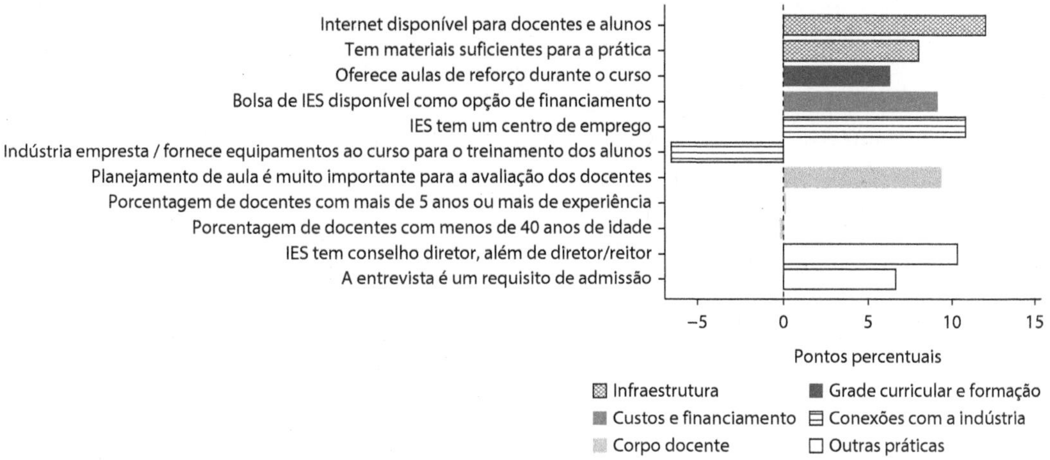

Fonte: Dinarte et al. (2021).

Nota: A figura mostra a mudança na probabilidade média de quase todos os graduados obterem emprego formal (em pontos percentuais) que está associada aos determinantes da qualidade. A estimativa foi feita usando apenas cursos para os quais havia dados disponíveis sobre a probabilidade de quase todos os graduados obterem emprego formal e todos os determinantes da qualidade. Em média, 58 por cento dos CSCDs informam que quase todos os seus egressos trabalham no setor formal. Todas as variáveis são dummies, exceto quando indicado. Um coeficiente positivo denota melhora; uma associação negativa indica piora do resultado. MGA = média geral acumulada; IES = instituição de ensino superior; CSCD = curso superior de curta duração.

assim seu conjunto de habilidades e melhorando suas perspectivas de emprego formal.

A quarta categoria de determinantes associados ao maior emprego formal são as conexões com a indústria. Existem resultados mistos aqui. Por um lado, os graduados de cursos em IESs que possuem um centro de emprego informam taxas mais altas de emprego formal para seus graduados. Isso está alinhado à evidência de que a formação técnica, complementada com assistência personalizada na busca de emprego, melhora os resultados de emprego.[29] Por outro lado, os graduados de cursos que possuem acordos que permitem aos alunos o uso de equipamentos das empresas para a formação prática apresentam taxas de emprego formal mais baixas entre seus egressos. A literatura mostra que a formação profissional bem-sucedida inclui contratos bem elaborados entre os provedores de formação e os empregadores locais.[30] Acordos que apenas permitem que os alunos usem equipamentos podem envolver muito pouco comprometimento da indústria e prejudicar outros tipos de acordo.

Quinto, existem associações positivas entre as características do corpo docente e o emprego formal. Em cursos com uma proporção maior de docentes com experiência na indústria, os graduados têm taxas de emprego formal (ligeiramente) mais altas. Em contraste, uma maior proporção de docentes jovens está associada a uma taxa de emprego formal (ligeiramente) mais baixa. O corpo docente com experiência na indústria provavelmente sabe quais habilidades são mais relevantes no mercado de trabalho e as ensina, enquanto o corpo docente jovem pode não ter experiência suficiente para atender as necessidades dos alunos.[31] Além disso, os cursos em que a avaliação do corpo docente depende muito do planejamento das aulas relatam maior emprego formal.

Por fim, há associações positivas entre a categoria "outras práticas" e o emprego formal. A exigência de entrevista para admissão está associada ao aumento de empregos formais entre os graduados. Como mostra a literatura, a seletividade pode estar associada a melhores resultados de emprego.[32]

Duas lições principais podem ser extraídas dessas constatações. Em primeiro lugar, pelo menos uma prática de cada categoria de determinantes da qualidade parece estar positivamente associada ao emprego formal. Entre estes determinantes, a oferta de acesso à Internet a docentes e alunos está associada ao maior aumento de emprego formal (cerca de 12 pontos percentuais).

Em segundo lugar, algumas práticas podem ter efeitos indesejados sobre o emprego formal quando substituem outras que podem ser mais eficazes para melhorar a empregabilidade dos graduados. Por exemplo, acordos com a indústria em que as empresas desempenham um papel passivo, como permitir que os alunos usem os equipamentos da empresa, podem estar substituindo outras formas de acordo que envolvem mais a indústria, como a oferta de oportunidades de estágio.

Depois de levar em consideração os determinantes da qualidade e outras características dos cursos e das IESs, nenhuma associação foi encontrada entre o tipo de administração (pública ou privada) e as taxas de emprego formal. Além disso, algumas associações entre os determinantes da qualidade e o emprego no setor formal são semelhantes para instituições públicas e privadas (ver Figura 4B.3, no Anexo 4B). É o caso da associação entre a avaliação do corpo docente baseada no planejamento de aulas e o emprego formal.

Salários

A Figura 4.7 resume os principais resultados sobre as associações entre salários e os determinantes da qualidade dos CSCDs. Oito determinantes dos cursos estão associados a salários mais altos.

Tal como acontece com o emprego formal, os salários dos graduados de cursos com materiais suficientes para a formação prática — independentemente da matrícula — são altos em comparação com os dos graduados de outros cursos. Mais oportunidades de formação prática podem estar proporcionando aos alunos habilidades adicionais que são recompensadas no mercado de trabalho com salários mais altos.

Três determinantes da grade curricular e formação dos cursos estão positivamente associados a salários mais altos: a oferta de créditos para a educação adicional dos alunos, o ensino de competências numéricas e o apoio aos alunos mal preparados.

Os egressos de CSCDs que oferecem créditos para bacharelado ganham salários mais altos, de acordo com os diretores. Os empregadores podem valorizar o fato de que, se seus empregados desejarem obter um diploma de bacharel, eles não precisam começar do zero — o que poderia levá-los a abandonar o emprego.

Figura 4.7 Associações entre determinantes da qualidade dos CSCDs e salários de graduados

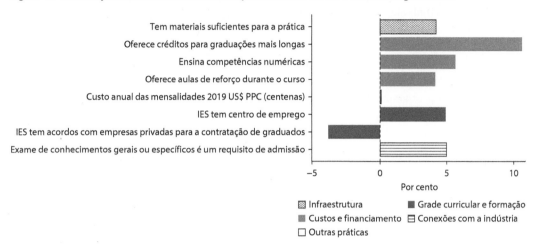

Fonte: Dinarte et al. (2021).
Nota: A figura mostra a variação percentual nos salários médios associada aos determinantes da qualidade. A mudança associada à variável X é calculada como (*exp*(*coeficiente sobre* X) − 1) * 100. A estimativa foi feita usando apenas cursos para os quais havia dados disponíveis sobre salários e todos os determinantes da qualidade. O salário médio dos graduados para este conjunto de cursos (PPC ajustado) é de US$ 10.435. Todas as variáveis são dummies, exceto quando indicado. Uma mudança positiva indica um aumento nos salários, enquanto uma mudança negativa indica uma redução nos salários dos graduados. IES = instituição de ensino superior; PPC = paridade do poder de compra; CSCD = curso superior de curta duração.

Como alternativa, os créditos de bacharelado só podem ser concedidos por cursos de alta reputação, em cujo caso a associação positiva pode refletir a recompensa pela reputação do curso.

A oferta de reforço acadêmico durante o curso para alunos mal preparados está associada a salários mais altos entre os formados. Como mostram evidências recentes, os alunos que recebem reforço acadêmico têm maior probabilidade de persistir no ensino superior.[33] Ao remediar os déficits dos alunos, esses cursos podem ajudá-los a aprender mais ao longo de seus estudos e obter salários mais altos após a formatura. E, de acordo com as conclusões do *Relatório de Desenvolvimento Mundial 2019: A Natureza Mutável do Trabalho*, em termos de habilidades, os resultados indicam que graduados de cursos que ensinam competências numéricas parecem ter maior probabilidade de receber salários mais altos do que graduados de cursos que não as ensinam.

Além disso, um determinante relacionado a custos e financiamento está associado a maiores salários. A mensalidade mais alta está associada a salários mais altos, talvez porque os cursos com uma reputação mais elevada possam cobrar mensalidades mais altas. Por outro lado, mensalidades mais altas podem garantir recursos para melhorar a qualidade do curso — por exemplo, com a contratação de professores mais bem treinados, atualização da infraestrutura ou oferta de mais serviços aos alunos, que podem melhorar a aquisição de habilidades e contribuir para o aumento dos salários dos graduados.

Tal como acontece com o emprego formal, existem diferentes associações entre salários e determinantes relacionados às conexões com a indústria. Por um lado,

os graduados de cursos ou instituições que possuem centro de emprego têm salários mais altos do que os de cursos sem esse serviço, um resultado que está alinhado
com as evidências de que a assistência na busca de emprego melhora os resultados
de emprego.[34] Por outro lado, os cursos que têm convênios com empresas para a
contratação de graduados relatam salários mais baixos para seus graduados. Esses
acordos podem criar uma contrapartida: embora as empresas concordem em contratar os graduados, elas oferecem um salário mais baixo.[35]

A associação entre o tipo de administração (pública ou privada) e salários não
é estatisticamente significativa quando se leva em consideração todos os outros
determinantes. No entanto, as estimativas mostram que a maioria das associações
entre os determinantes e os salários ocorrem nas IESs privadas (ver Figura 4B.4,
no Anexo 4B). Ou seja, embora o tipo de governança (pública ou privada) por si
só não esteja associado a salários, a relação entre os determinantes da qualidade
e salários é diferente para cursos públicos e privados.

Até agora, o capítulo apresentou constatações baseadas em dados dos cursos
provenientes da WBSCPS. Em um cenário ideal, os resultados seriam medidos a
partir de dados administrativos individualizados. Até o momento da elaboração
deste relatório, o Brasil era o único país em que esses dados estavam acessíveis. O
Quadro 4.3 descreve o uso desses dados para estimar as contribuições das características e práticas dos cursos para os resultados dos alunos no Brasil. As estimativas mostram que determinantes específicos da qualidade — como fornecer
informações sobre o mercado de trabalho e receber uma nota alta das autoridades
reguladoras — bem como algumas características, como tamanho do curso e tipo
de IES, estão associadas aos resultados acadêmicos e no mercado de trabalho dos
alunos.

Quadro 4.3 Determinantes da qualidade e valor agregado: o caso do Brasil

Conforme discutido na seção "Definindo e medindo a qualidade dos CSCDs", uma possível
medida da qualidade do curso é o valor agregado aos resultados dos alunos. A estimativa do
valor agregado exige dados detalhados individualizados sobre todos os elementos que
podem afetar os resultados dos alunos, para separar as contribuições de todos os insumos
envolvidos, incluindo as características e competências anteriores do aluno, antecedentes e
competências dos colegas e outros.

Esses dados foram obtidos para o Brasil, especificamente os estados incluídos na Pesquisa
de Cursos Superiores de Curta Duração do Banco Mundial, São Paulo e Ceará. Dados de várias
fontes foram mesclados: as Relações Anuais de Informações Sociais (RAIS), um conjunto de
dados empregador-empregado de todos os trabalhadores e empresas do setor formal; o
Censo da Educação Superior; e o Exame Nacional de Ensino Médio (ENEM), a avaliação nacional realizada pelos alunos no final do ensino médio. Além das notas dos testes, o ENEM inclui
características do aluno e da família. Assim, o conjunto de dados contém informações

(quadro continua próxima página)

Quadro 4.3 Determinantes da qualidade e valor agregado: o caso do Brasil *(continuação)*

detalhadas sobre a preparação acadêmica para o ensino superior e o histórico socioeconômico do aluno e de seus pares, bem como os resultados no mercado de trabalho (salários e emprego) para graduados dos cursos superiores de curta duração (CSCDs) empregados no formal setor após a graduação.

Com esses dados, uma abordagem de duas etapas é usada para estimar as contribuições dos cursos, deduzidas as contribuições do próprio aluno e de seus pares. Três resultados são considerados para graduados de CSCDs: graduação, emprego no setor formal e salários. Na primeira etapa, seguindo o artigo de referência de Ferreyra et al. (2020), o seguinte modelo é estimado:

$$Y_{ijt}^k = R_i^k{}'\alpha_1 + Z_{ijt}^k{}'\alpha_2 + \hat{u}_j^k + \epsilon_{ijt}^k,$$ (B4.3.1)

onde Y_{ijt}^k é o resultado de interesse, $k = \{1,2,3\}$, para aluno i, no curso j, e a coorte t. R_i^k inclui características individuais, como pontuação do ENEM, gênero, idade, nível socioeconômico e escolaridade dos pais. Z_{ijt}^k é um vetor de características dos pares, incluindo pontuação média do ENEM, idade, status socioeconômico e escolaridade dos pais dos pares do aluno i. Finalmente, u_j^k são efeitos fixos do curso. O vetor de estimativas de efeitos fixos ($\hat{u}$) constitui o principal vetor de interesse da primeira etapa — as contribuições estimadas dos cursos (a aplicação desta metodologia à Colômbia é descrita no capítulo 2).

Na segunda etapa, o vetor $\hat{u}$ é mesclado com as características do curso coletadas por meio da Pesquisa de Cursos Superiores de Curta Duração do Banco Mundial (WBSCPS). Em seguida, a abordagem de menor contração absoluta e operador de seleção do operador (LASSO) é implementada para identificar os determinantes que, em conjunto, explicam a maior variação em $\hat{u}$ (ver Quadro 4.2).

Os resultados mostram que as taxas de graduação de CSCDs no Brasil estão associadas a um determinante importante e a duas características dos cursos ou instituições de ensino superior (IESs) (ver Figura B4.3.1). Os cursos que receberam uma nota alta do regulador no ano anterior e os cursos oferecidos por universidades têm taxas de graduação mais elevadas. Além disso, as taxas de graduação são maiores para cursos com maior número de matrículas.

O emprego formal é maior para cursos que fornecem informações sobre o mercado de trabalho aos alunos, em consonância com as conclusões da WBSCPS. Curiosamente, a oferta de aulas online tem uma associação negativa com o emprego formal para graduados, em linha com os resultados de Ferreyra et al. (2020) para CSCDs em cidades de grande porte na Colômbia.

Os resultados para salários mostram que o determinante que mais contribui é ter uma nota alta. Como esse resultado pode ser explicado? Conforme discutido no capítulo 1, o Instituto Nacional de Estudos e Pesquisas Educacionais Anísio Teixeira (INEP) avalia cursos anualmente no Brasil. Para esta avaliação, o INEP utiliza dados do Sistema Nacional de Avaliação do Ensino Superior, que atribui um Conceito Preliminar de Curso (CPC) a cada curso com base em vários indicadores relacionados aos insumos do curso e ao valor agregado ao aprendizado do aluno, mas não aos resultados no mercado de trabalho.

O Índice Geral de Curso (IGC) é um resumo de outros indicadores dos IES, incluindo os respectivos CPCs. Portanto, a pontuação do IGC é um indicador geral da qualidade da IES.

(quadro continua próxima página)

Quadro 4.3 Determinantes da qualidade e valor agregado: o caso do Brasil *(continuação)*

Devido à disponibilidade de dados, o IGC é utilizado, e um curso é definido como tendo uma nota alta se estiver no quartil superior da distribuição da pontuação do IGC para todos os cursos dos universos da WBSCPS de São Paulo e Ceará. Considerando que o IGC reflete alguns determinantes dos cursos, incluindo insumos e, potencialmente, práticas, não é surpreendente que seja o único determinante associado ao valor agregado aos salários do curso.

Essas constatações significam que todas as avaliações regulatórias (como CPC, IGC e processos de acreditação) têm a capacidade de identificar cursos que fazem contribuições positivas para os resultados no mercado de trabalho? Não necessariamente — depende da estrutura e do conteúdo da avaliação. Quando bem elaboradas, essas avaliações devem, de fato, identificar cursos de alto valor agregado. No caso do Brasil, as avaliações parecem cumprir esse papel.

Figura B4.3.1 Determinantes da qualidade dos CSCDs e valor agregado dos CSCDs no Brasil

Determinantes da qualidade	Resultado		
	Taxa de graduação	Emprego formal	Salários
Acreditação de alta qualidade			
Porte do curso (matrícula)			
IES é uma universidade			
Fornece informações sobre o mercado de trabalho			
Oferece pelo menos uma disciplina à distância			
Observações	431	330	317

Fonte: Cálculos do Banco Mundial baseados em Dinarte et al. (2021).
Nota: A figura apresenta um resumo dos determinantes da qualidade que estão correlacionados com estimativas de valor agregado de taxa de graduação, emprego formal e salários. Verde indica que a característica "melhora" o resultado, enquanto vermelho indica que a característica "piora" o resultado. IES = instituição de ensino superior; CSCD = curso superior de curta duração.

4.5 Conclusão

Na literatura, pouco se sabe sobre o que determina a qualidade dos CSCDs — a saber, as práticas do curso, insumos e características que contribuem para bons resultados para os graduados. Os valiosos dados coletados pela WBSCPS fornecem uma oportunidade única de explorar essa questão. Conforme descrito neste capítulo, determinantes específicos que podem ser adotados por um curso e características específicas dos cursos, dos alunos e das IESs estão associados a melhores resultados acadêmicos e no mercado de trabalho para os graduados.

A variação nos determinantes entre os cursos é útil para os pesquisadores porque permite estimar as correlações dos determinantes com os resultados dos alunos. Ao mesmo tempo, é preocupante do ponto de vista das políticas. O fato de práticas, insumos e características específicas estarem associadas a bons resultados indica que os cursos que não possuem esses elementos podem não apresentar os bons resultados associados. Em outras palavras, pelo menos parte da grande variação em termos de retornos entre os CSCDs documentada no capítulo 2 pode estar relacionada à variação nos determinantes dos cursos. Melhorar os resultados para eliminar a cauda inferior requer, pelo menos até certo ponto, a adoção de boas práticas como as documentadas neste capítulo.

Duas advertências finais são necessárias. Primeiro, uma associação negativa entre um determinante e um resultado não indica que o determinante seja indesejável. No entanto, indica a necessidade de foco em certos determinantes específicos para avaliar como ele se encaixa nos objetivos do curso. Por exemplo, os resultados não significam que acordos com a indústria para a contratação de graduados não sejam desejáveis, mas indicam que entender como esses acordos estão relacionados aos resultados do curso é de extrema importância.

Em segundo lugar, embora este capítulo não possa afirmar que tenha identificado os determinantes que tornam um curso melhor do que outro, esses achados inéditos ainda são de grande interesse. Elas podem informar os mecanismos de regulação e supervisão para garantir que boas práticas sejam adotadas e comunicadas com mais frequência por cursos e instituições. Elas também podem informar a criação e replicação de CSCDs de alta qualidade — que, em última análise, são os únicos capazes de cumprir a promessa dos CSCDs. Finalmente, os resultados podem inspirar uma coleta mais detalhada e diferenciada de dados sobre cursos e instituições, fornecendo mais informações sobre essas práticas e características do que normalmente é revelado por dados administrativos. E, idealmente, os resultados encorajariam as autoridades educacionais a construir sistemas de coleta de dados mais eficazes e facilitar a fusão de vários conjuntos de dados administrativos, um esforço que produziria percepções muito mais profundas sobre a qualidade do ensino superior.

Anexos

Anexo 4A. Determinantes e Resultados da Qualidade

Tabela 4A.1 Estatísticas descritivas

Painel A. Categorias de determinantes da qualidade	Média	Mediana	DP	Min	Máx
Grade curricular e formação					
A grade curricular é fixa	0,70	1,00	0,46	0,00	1,00
Ensina competências numéricas	0,80	1,00	0,40	0,00	1,00
Ensina competências de leitura e escrita	0,97	1,00	0,18	0,00	1,00
Ensina língua estrangeira	0,62	1,00	0,48	0,00	1,00
Ensina competências de comunicação	0,99	1,00	0,08	0,00	1,00
Oferece aulas de reforço antes do início do curso	0,51	1,00	0,50	0,00	1,00
Oferece aulas de reforço durante o curso	0,56	1,00	0,50	0,00	1,00
Exame obrigatório para graduação	0,43	0,00	0,49	0,00	1,00
Tese ou projeto de pesquisa é requisito para graduação	0,40	0,00	0,49	0,00	1,00
O segundo idioma é um requisito para graduação	0,12	0,00	0,32	0,00	1,00
Oferece créditos para graduações mais longas	0,90	1,00	0,30	0,00	1,00

(tabela continua próxima página)

Tabela 4A.1 Estatísticas descritivas *(continuação)*

Painel A. Categorias de determinantes da qualidade	Média	Mediana	DP	Min	Máx
A grade curricular é atualizada com mais frequência do que o tempo médio	0,70	1,00	0,46	0,00	1,00
Mais de uma vez por ano: analisa o desempenho dos alunos para resolver problemas	0,88	1,00	0,33	0,00	1,00
Mais de uma vez por ano: coleta dados sobre satisfação do aluno	0,71	1,00	0,45	0,00	1,00
Tempo atribuído à formação prática (%)	46,80	50,00	16,67	0,00	90,00
Estágios fora da instituição são obrigatórios	0,61	1,00	0,49	0,00	1,00
Infraestrutura					
O curso oferece pelo menos uma disciplina à distância	0,35	0,00	0,48	0,00	1,00
> 30% das aulas podem ser feitas à distância	0,16	0,00	0,37	0,00	1,00
Internet disponível para professores e alunos	0,92	1,00	0,27	0,00	1,00
Número de workshops / laboratórios disponíveis para a prática	6,33	4,00	7,30	0,00	76,00
Tem mais laboratórios do que a mediana no país	0,60	1,00	0,49	0,00	1,00
Possui materiais suficientes para a prática	0,73	1,00	0,45	0,00	1,00
Custos e financiamento					
Custo anual das mensalidades 2019 USS PPC (centenas)	22,07	22,44	18,19	0,00	255,16
Bolsas de IES disponíveis como opção de financiamento	0,79	1,00	0,41	0,00	1,00
Bolsas do governo disponíveis como opção de financiamento	0,64	1,00	0,48	0,00	1,00
Empréstimo de IES disponível como opção de financiamento	0,29	0,00	0,45	0,00	1,00
A IES recebeu financiamento do governo	0,34	0,00	0,47	0,00	1,00
A IES recebeu financiamento do setor privado	0,20	0,00	0,40	0,00	1,00
Corpo docente					
Número de docentes	19,80	14,00	18,96	1,00	200,00
Porcentagem do corpo docente em tempo integral	38,65	31,25	30,16	0,00	100,00
Porcentagem do corpo docente com <40 anos	40,51	35,71	29,25	0,00	100,00
Porcentagem do corpo docente do sexo feminino	34,63	30,77	23,21	0,00	100,00
Porcentagem do corpo docente com grau em E&T	19,93	5,71	29,90	0,00	100,00
Porcentagem do corpo docente com bacharelado	83,03	100,00	28,83	0,00	100,00
Porcentagem do corpo docente com pós-graduação	47,70	41,67	32,21	0,00	100,00
Porcentagem do corpo docente com mais de 5 anos de experiência	56,27	57,14	33,68	0,00	100,00
Porcentagem do corpo docente trabalhando na indústria	42,58	37,50	31,32	0,00	100,00
Importante para a contratação de professores: experiência prática	0,88	1,00	0,33	0,00	1,00
Importante para a contratação de professores: experiência em sala de aula	0,91	1,00	0,28	0,00	1,00
A observação em sala de aula é muito importante na avaliação do corpo docente	0,65	1,00	0,48	0,00	1,00
O planejamento das aulas é muito importante na avaliação do corpo docente	0,65	1,00	0,48	0,00	1,00
A avaliação dos alunos é muito importante na avaliação do corpo docente	0,75	1,00	0,44	0,00	1,00
Comentários informais de alunos e pares são muito importantes na avaliação do corpo docente	0,34	0,00	0,47	0,00	1,00
A avaliação de pares é muito importante na avaliação do corpo docente	0,34	0,00	0,48	0,00	1,00

(tabela continua próxima página)

Tabela 4A.1 Estatísticas descritivas *(continuação)*

Painel A. Categorias de determinantes da qualidade	Média	Mediana	DP	Min	Máx
Quase todos ou todos os professores participaram de formação profissional no ano passado	0,55	1,00	0,50	0,00	1,00
Conexões com a indústria					
Mais de uma vez por ano: coleta dados sobre emprego ou satisfação dos empregadores	0,59	1,00	0,49	0,00	1,00
Mais de uma vez por ano: comunica-se com empresas locais sobre suas necessidades	0,54	1,00	0,50	0,00	1,00
A indústria participa na avaliação das habilidades dos alunos	0,71	1,00	0,45	0,00	1,00
Indústria possui convênios de estágio com a IES	0,90	1,00	0,29	0,00	1,00
A indústria tem acordos com a IES para contratar graduados	0,39	0,00	0,49	0,00	1,00
A indústria tem acordos para treinar professores	0,36	0,00	0,48	0,00	1,00
A indústria empresta ou fornece equipamentos ao curso para o treinamento de alunos	0,51	1,00	0,50	0,00	1,00
Responsável pelas relações com a indústria: membro do Conselho	0,84	1,00	0,36	0,00	1,00
Responsável pelas relações com o setor privado: qualquer pessoa disponível	0,07	0,00	0,26	0,00	1,00
IES treina alunos ou coordena com empresas para entrevistas de emprego	0,83	1,00	0,37	0,00	1,00
IES tem acordos com empresas privadas para contratar graduados	0,50	0,00	0,50	0,00	1,00
IES tem um centro de emprego	0,63	1,00	0,48	0,00	1,00
IES fornece informações sobre o mercado de trabalho	0,81	1,00	0,39	0,00	1,00
O curso tem uma equipe designada para coletar dados de emprego dos graduados	0,76	1,00	0,43	0,00	1,00
Outras práticas					
Acreditação de alta qualidade	0,19	0	0,39	0	1
Exame de conhecimentos gerais ou específicos é requisito de admissão	0,58	1,00	0,49	0,00	1,00
A entrevista é um requisito de admissão	0,52	1,00	0,50	0,00	1,00
Pontuação mínima no MGA do ensino médio ou teste de admissão nacional é um requisito de admissão	0,64	1,00	0,48	0,00	1,00
IES tem um conselho diretor além do diretor/reitor	0,89	1,00	0,32	0,00	1,00
Painel B. Outras características dos cursos, instituições e alunos					
Idade da IES	38,01	32,00	31,33	1,00	300,00
Número de cidades onde a IES oferece o curso	4,04	1,00	14,79	1,00	401,00
Porcentagem de alunos em tempo integral é maior do que a mediana	0,47	0,00	0,50	0,00	1,00
Porcentagem de alunos com idade > 25 anos é maior que a mediana	0,47	0,00	0,50	0,00	1,00
Porcentagem de estudantes do sexo feminino é maior que a mediana	0,47	0,00	0,50	0,00	1,00
Os novos alunos chegam com déficit em matemática	0,81	1,00	0,39	0,00	1,00
Os novos alunos chegam com déficit em leitura	0,69	1,00	0,46	0,00	1,00
Os novos alunos chegam com déficit em expressão oral	0,56	1,00	0,50	0,00	1,00
Os novos alunos chegam com déficit em redação	0,67	1,00	0,47	0,00	1,00

(tabela continua próxima página)

Tabela 4A.1 Estatísticas descritivas *(continuação)*

Painel C. Resultados	Média	Mediana	DP	Min	Máx
Taxa de evasão (%)	14,06	10,00	13,08	0,00	75,00
Tempo adicional para graduação (%)	18,56	16,67	27,14	-60,00	200,00
Quase todos os graduados empregados no setor formal	0,58	1,00	0,49	0,00	1,00
Salário médio anual (primeiro emprego) — (US$ PPC)	10.434,86	9.763,74	3.242,97	5.000,88	22.782,06

Fonte: Dinarte et al. (2021).
Nota: A tabela apresenta estatísticas descritivas das principais variáveis utilizadas na análise. O painel A apresenta as variáveis em cada uma das categorias determinantes da qualidade. Os painéis B e C resumem as estatísticas para outras características e resultados principais usados na análise, respectivamente. A amostra usada nesta tabela foi restrita a *cursos* que estão incluídos nas estimativas. As variáveis são binárias, a menos que indicado de outra forma. BA = bacharelado; DP = desvio padrão; IES = instituição de ensino superior; Máx = máximo; Min = mínimo; MGA = média geral acumulada; PPC = paridade do poder de compra; E&T = ensino e tecnologia.

Tabela 4A.2 Resumo dos resultados

Categorias	Determinantes da qualidade	Taxa de evasão	Tempo para graduação	Emprego formal	Salários
Infraestrutura	Internet disponível para docentes e alunos			□	
	Possui materiais suficientes para a prática			□	□
Formação e grade curricular	A grade curricular é fixa	□			
	Ensina competências numéricas				□
	Oferece créditos para graduações mais longos				□
	Oferece aulas de reforço durante o curso				□
	Tese ou projeto de pesquisa é requisito para graduação		■		
Custos	Custo anual das mensalidades 2019 US$ PPC (centenas)	□			
	Bolsas de IES disponíveis como opção de financiamento			□	
Relações com a indústria	IES tem um centro de emprego			□	
	A indústria empresta / fornece equipamentos para treinamento dos alunos			□	
	A IES tem acordos com empresas para contratar graduados				■
Corpo docente	A avaliação por pares é muito importante na avaliação do corpo docente	□			
	O planejamento das aulas é muito importante na avaliação do corpo docente			□	
	Porcentagem do corpo docente que trabalha na indústria	■			
	Porcentagem do corpo docente do sexo feminino		□		
	Porcentagem do corpo docente com mais de 5 anos de experiência		□		
	Porcentagem do corpo docente com <40 anos de idade			■	
Outras práticas	Exame de conhecimentos gerais ou específicos é requisito de admissão		□		□
	A entrevista é um requisito de admissão			□	
	A IES tem um conselho diretor além do diretor/reitor	□		□	

Fonte: Cálculos do Banco Mundial baseados em Dinarte et al. (2021).
Nota: A tabela apresenta um resumo dos resultados sobre os correlatos dos determinantes da qualidade e os resultados acadêmicos e no mercado de trabalho do curso. Verde indica que a característica "melhora" o resultado, enquanto o vermelho indica que a característica "piora" o resultado. IES = instituição de ensino superior; MGA EM = média geral acumulada no ensino médio; PPC = paridade do poder de compra.

Anexo 4B. Determinantes da Qualidade de Cursos Superiores de Curta Duração, por Tipo de Instituição de Ensino Superior

Figura 4B.1 Taxa de evasão e determinantes da qualidade

Determinantes da qualidade	Tipo de administração	
	Privada	*Pública*
A avaliação por pares é importante na avaliação do corpo docente		
A IES tem um conselho diretor além do diretor / reitor		
A grade curricular é fixa		
Porcentagem do corpo docente que trabalha na indústria		
Cursos	750	430
Taxa média de evasão	13,8	15,5

Fonte: Cálculos do Banco Mundial baseados em Dinarte et al. (2021).
Nota: A figura apresenta um resumo dos determinantes da qualidade que se correlacionam com as taxas de evasão, separados por tipo de administração. Verde indica que a característica "melhora" o resultado, enquanto o vermelho indica que a característica "piora" o resultado. IES = instituição de ensino superior.

Figura 4B.2 Tempo adicional para graduação e determinantes da qualidade

Determinantes da qualidade	Tipo de administração	
	Privada	*Pública*
Porcentagem do corpo docente com mais de 5 anos de experiência		
Exame de conhecimentos gerais ou específicos é requisito de admissão		
Tese ou projeto de pesquisa é requisito para graduação		
Observações	770	382
TAG médio	16,6	21,5

Fonte: Cálculos do Banco Mundial baseados em Dinarte et al. (2021).
Nota: A figura apresenta um resumo dos determinantes da qualidade que se correlacionam com o percentual de tempo adicional para graduação em relação à duração teórica do curso, separados por tipo de administração. Verde indica que a característica "melhora" o resultado, enquanto o vermelho indica que a característica "piora" o resultado. TAG = tempo adicional para graduação.

Figura 4B.3 Emprego formal e determinantes da qualidade

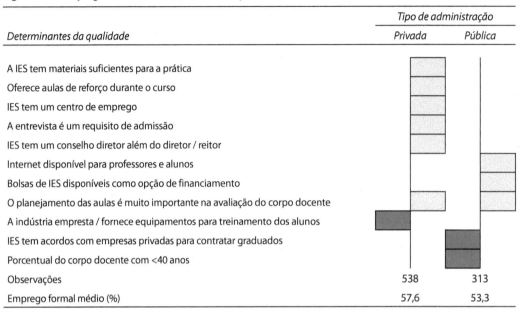

Determinantes da qualidade	Tipo de administração	
	Privada	Pública
A IES tem materiais suficientes para a prática		
Oferece aulas de reforço durante o curso		
IES tem um centro de emprego		
A entrevista é um requisito de admissão		
IES tem um conselho diretor além do diretor / reitor		
Internet disponível para professores e alunos		
Bolsas de IES disponíveis como opção de financiamento		
O planejamento das aulas é muito importante na avaliação do corpo docente		
A indústria empresta / fornece equipamentos para treinamento dos alunos		
IES tem acordos com empresas privadas para contratar graduados		
Porcentual do corpo docente com <40 anos		
Observações	538	313
Emprego formal médio (%)	57,6	53,3

Nota: A figura apresenta um resumo dos determinantes da qualidade que se correlacionam com a probabilidade de os graduados serem empregados no setor formal, separados por tipo de administração. Verde indica que a característica "melhora" o resultado, enquanto o vermelho indica que a característica "piora" o resultado. IES = instituição de ensino superior.

Figura 4B.4 Salários e determinantes da qualidade

Determinantes da qualidade	Tipo de administração	
	Privada	Pública
Possui materiais suficientes para a prática		
Custo anual das mensalidades em US$ PPC 2019 (centenas)		
Oferece reforço durante o curso		
Oferece créditos para graduações mais longas		
IES tem um centro de emprego		
Porcentagem do corpo docente com mais de 5 anos de experiência		
Pontuação mínima no MGA do ensino médio ou teste de admissão nacional é um requisito de admissão		
Ensina competências numéricas		
Exame de conhecimentos gerais ou específicos é requisito de admissão		
IES tem acordos com empresas para contratar graduados		
Cursos	783	419
Salário médio	US$ 9,918	US$ 10,498

Fonte: Cálculos do Banco Mundial baseados em Dinarte et al. (2021).
Nota: A figura apresenta um resumo dos determinantes da qualidade que se correlacionam com os salários, separados por tipo de administração. Verde indica que a característica "melhora" o resultado, enquanto o vermelho indica que a característica "piora" o resultado. MGA EM= média geral acumulada no ensino médio; IES = instituição de ensino superior; PPC = paridade do poder de compra.

Notas

Os autores agradecem a excelente assistência à pesquisa prestada por Gabriel Suarez e Angelica Sanchez.

1. Em dezembro de 2020, a equipe teve acesso a dados individuais sobre salários e empregos na República Dominicana e no Equador. O Brasil foi o único a conceder acesso a tempo para a redação deste livro. Os resultados dos três países estarão disponíveis no documento de referência de Dinarte et al. (2021).

2. No relatório "Out of School and Out of Work", De Hoyos, Popova e Rogers (2016) comparam a América Latina com outras regiões e estimam que a ALC é a região com a maior concentração de *ninis* nas famílias que estão entre os 40% mais pobres da distribuição de renda.

3. Ver Melguizo et al. (2017) e Ferreyra et al. (2020), documento de referência para este livro.

4. Ver, entre outros, Bailey (2015), Cellini e Grueso (2020), Deming et al. (2015), Denning (2017), Dynarski e Scott-Clayton (2013) e Bettinger et al. (2017).

5. Dobbie e Fryer (2013) coletaram dados sobre o funcionamento interno de 39 escolas "charter"; eles correlacionam esses dados com a eficácia da escola. Eles descobriram que medidas de insumos coletadas tradicionalmente não estão correlacionadas com a eficácia da escola. Ver também Hanushek (1997) e Krueger (2003).

6. Ver Dutz, Almeida e Packard (2018). Eles demonstram, por meio de teoria econômica e dados da Argentina, Brasil, Chile, Colômbia e México, que trabalhadores menos qualificados podem se beneficiar da adoção de tecnologias de aumento de produtividade voltadas para trabalhadores qualificados, e muitas vezes se beneficiam.

7. Ver especificamente os estudos de Bettinger et al. (2017) e Cellini e Grueso (2020).

8. Jaggars e Xu (2016) examinam a relação entre quatro características de design de cursos à distância e as notas dos alunos, e descobrem que a qualidade da interação interpessoal à distância está positivamente relacionada às notas dos alunos.

9. Bailey (2015) define o modelo self-service de instituição comunitária de ensino superior como aquele em que os alunos são deixados por conta própria para percorrer caminhos frequentemente complexos e mal definidos.

10. Calcagno e Long (2009) usam dados de instituições comunitárias de ensino superior na Flórida e constatam que programas de reforço podem promover a persistência no início do curso. Contudo, o artigo conclui que é necessário um esforço adicional para estimar o impacto dos programas de reforço sobre os alunos mais fracos com notas muito abaixo da nota de corte para cursos de nível universitário. Os autores também explicam que pesquisas futuras devem se concentrar em políticas e práticas institucionais e estratégias de sala de aula, para explorar as diferenças nos efeitos dos diversos desenhos de programas de reforço.

11. Ver Denning (2017). O autor também documenta que alunos de baixa renda induzidos a frequentar instituições comunitárias de ensino superior por meio de mensalidades reduzidas têm taxas de graduação semelhantes às de alunos médios de instituições comunitárias de ensino superior.

12. Por exemplo, constatações de Dynarski e Scott-Clayton (2013).

13. Ver Marx e Turner (2019). Uma novidade de seus resultados é que eles identificam separadamente os efeitos da concessão de ajuda e dos empréstimos sobre o aproveitamento de curto prazo.

14. Por exemplo, os resultados em Bettinger et al. (2017).

15. Ver Kane e Staiger (2012), Murnane e Ganimian (2014) e Araujo et al. (2016).

16. Ver Saavedra (2009).

17. Por exemplo, Bettinger e Long (2005), Allgood, Walstad e Siegfried (2015) e Porter e Serra (2020) mostram como os modelos de conduta podem impactar positivamente os resultados dos alunos (de graduação).

18. Ver De Vlieger, Jacob e Stange (2020).

19. Conforme discutido nos capítulos 1 e 3, esse processo varia entre os países da WBSCPS.

20. O Capítulo 1 discute resumidamente os processos de acreditação nos diferentes países.

21. Ver Belloni, Chernozhukov e Hansen (2014a, 2014b) e Ahrens, Hansen e Schaffer (2020).

22. Ver Bailey (2015).

23. Ver Daniel, Mittag e Bornmann (2007).

24. Outros estudos nos Estados Unidos descobriram que as avaliações dos professores pelos alunos não são eficazes para prever a eficácia dos professores, conforme evidenciado por De Vlieger, Jacob e Stange 2020. Em consonância com essa evidência, os resultados aqui sugerem que as avaliações dos professores pelos alunos não são relevantes para a taxa de evasão.

25. Entre as características adicionais, os cursos que relatam receber alunos com grandes déficits no conteúdo de matemática também relatam taxas de evasão mais altas do que aqueles que não relatam essa lacuna de conhecimento. Cursos mais longos e ministrados por instituições públicas também apresentam taxas de evasão mais altas. Por fim, o fato de haver uma maioria de estudantes do sexo feminino está associado a taxas de evasão mais altas.

26. Os recursos mais importantes dos cursos são discutidos no capítulo 3.

27. Bettinger e Long (2005) constatam que ter uma docente do sexo feminino em um curso inicial afeta a probabilidade de que uma aluna faça horas de crédito adicionais ou especialização em uma determinada área.

28. Em seu artigo de referência para este livro, Ferreyra et al. (2020) constatam que as contribuições dos CSCDs na Colômbia são maiores para cursos ministrados por instituições seletivas e especializadas. Uma constatação semelhante em termos de seletividade é identificada por Hoxby (2009) usando dados de cursos de faculdade nos Estados Unidos.

29. Ver Almeida et al. (2012) e Betcherman, Olivas e Dar (2004).

30. Ver Almeida et al. (2012).

31. Surpreendentemente, os cursos que relataram receber alunos com déficits no conteúdo de matemática relatam melhores resultados de emprego para seus graduados. É possível que os cursos que estão mais atentos aos déficits acadêmicos dos alunos (e os relatam) façam mais para resolvê-los e, como resultado, ajudem seus alunos a obter mais emprego formal.

32. Barrera-Osorio e Bayona-Rodriguez (2019) estimam que os salários são mais altos para graduados das universidades mais prestigiadas da Colômbia.

33. Ver Bettinger e Long (2005).

34. Ver Almeida et al. (2012) e Betcherman, Olivas e Dar (2004).

35. Assim como no caso do emprego formal, os cursos oferecidos pelas universidades tendem a relatar, em média, salários mais baixos para os graduados. Novamente, pode ser que as universidades estejam sendo conservadoras ao relatar os resultados dos graduados, ou que as universidades estejam investindo menos esforço nos resultados dos graduados de CSCDs do que as instituições não universitárias.

Referências

Ahrens, A., C. B. Hansen, and M. E. Schaffer. 2020. "lassopack: Model Selection and Prediction with Regularized Regression in Stata." *The Stata Journal* 20 (1): 176–235.

Allgood, S., W. B. Walstad, and J. J. Siegfried. 2015. "Research on Teaching Economics to Undergraduates." *Journal of Economic Literature* 53 (2): 285–325.

Almeida, R., J. Arbelaez, M. Honorati, A. Kuddo, T. Lohmann, M. Ovadiya, L. Pop, M. L. Sanchez Puerta, and M. Weber. 2012. "Improving Access to Jobs and Earnings Opportunities: The Role of Activation and Graduation Policies in Developing Countries." Social Protection Discussion Papers and Notes 67610, World Bank, Washington, DC.

Araujo, M. C., P. Carneiro, Y. Cruz-Aguayo, and N. Schady. 2016. "Teacher Quality and Learning Outcomes in Kindergarten." *Quarterly Journal of Economics* 131 (3): 1415–53.

Bailey, T. R. 2015. *Redesigning America's Community Colleges: A Clearer Path to Student Success.* Cambridge, MA: Harvard University Press.

Barrera-Osorio, F., and H. Bayona-Rodríguez. 2019. "Signaling or Better Human Capital: Evidence from Colombia." *Economics of Education Review* 70: 20–34.

Belloni, A., V. Chernozhukov, and C. Hansen. 2014a. "High-Dimensional Methods and Inference on Structural and Treatment Effects." *Journal of Economic Perspectives* 28 (2): 29–50.

Belloni, A., V. Chernozhukov, and C. Hansen. 2014b. "Inference on Treatment Effects after Selection among High-Dimensional Controls." *Review of Economic Studies* 81 (2): 608–50.

Betcherman, G., K. Olivas, and A. Dar. 2004. "Impacts of Active Labor Market Programs: New Evidence from Evaluations with Particular Attention to Developing and Transition Countries." Social Protection Discussion Papers and Notes 29142, World Bank, Washington, DC.

Bettinger, E. P., L. Fox, S. Loeb, and E. S. Taylor. 2017. "Virtual Classrooms: How Online College Courses Affect Student Success." *American Economic Review* 107 (9): 2855–75.

Bettinger, E. P., and B. T. Long. 2005. "Do Faculty Serve as Role Models? The Impact of Instructor Gender on Female Students." *American Economic Review* 95 (2): 152–57.

Calcagno, J. C., and B. T. Long. 2009. "Evaluating the Impact of Remedial Education in Florida Community Colleges: A Quasi-Experimental Regression Discontinuity Design." NCPR Brief. National Center for Postsecondary Research, Columbia University, New York.

Carranza, J. E., and M. M. Ferreyra. 2019. "Increasing Higher Education Access: Supply, Sorting, and Outcomes in Colombia." *Journal of Human Capital* 13 (1): 95–136.

Cellini, S., and H. Grueso. 2020. "Assessing Student Learning in Online Short-Cycle Programs in Colombia." World Bank, Washington, DC.

Daniel, H. D., S. Mittag, and L. Bornmann. 2007. "The Potential and Problems of Peer Evaluation in Higher Education and Research." In *Quality Assessment for Higher Education in Europe*, edited by A. Cavalli, 71–82. London: Portland Press.

De Hoyos, R., A. Popova, and H. Rogers. 2016. "Out of School and Out of Work: A Diagnostic of *Ninis* in Latin America." Policy Research Working Paper 7548, World Bank, Washington, DC, https://openknowledge.worldbank.org/handle/10986/23723.

De Vlieger P., B. Jacob, and K. Stange. 2020. "Measuring Instructor Effectiveness in Higher Education." In *Productivity in Higher Education*, edited by C. Hoxby and K. Stange. University of Chicago Press.

Deming, D. J., C. Goldin, L. F. Katz, and N. Yuchtman. 2015. "Can Online Learning Bend the Higher Education Cost Curve?" *American Economic Review* 105 (5): 496–501.

Denning, J. T. 2017. "College on the Cheap: Consequences of Community College Tuition Reductions." *American Economic Journal: Economic Policy* 9 (2): 155–88.

Dinarte, L, M. M. Ferreyra, S. Urzúa, and M. Bassi. 2021 "What Makes a Program Good? Evidence from Short Cycle Higher Education Programs in Latin America and the Caribbean." World Bank, Washington, DC.

Dobbie, W., and R. G. Fryer, Jr. 2013. "Getting Beneath the Veil of Effective Schools: Evidence from New York City." *American Economic Journal: Applied Economics* 5 (4): 28–60.

Dutz, M. A., R. K. Almeida, and T. G. Packard. 2018. *The Jobs of Tomorrow: Technology, Productivity, and Prosperity in Latin America and the Caribbean*. Directions in Development, Information and Communication Technology. Washington, DC: World Bank, https://openknowledge.worldbank.org/handle/10986/29617.

Dynarski, S., and J. Scott-Clayton. 2013. "Financial Aid Policy: Lessons from Research." No. W18710, National Bureau of Economic Research, Cambridge, MA.

Ferreyra, M., C. Avitabile, J. Botero, F. Haimovich, and S. Urzúa. 2017. *At a Crossroads: Higher Education in Latin America and the Caribbean*. Washington, DC: World Bank.

Ferreyra, M. M., T. Melguizo, A. Franco, and A. Sanchez. 2020. "Estimating the Contribution of Short-Cycle Programs to Student Outcomes in Colombia." Policy Research Working Paper 9424, World Bank, Washington, DC.

Hanushek, E. A. 1997. "Assessing the Effects of School Resources on Student Performance: An Update." *Educational Evaluation and Policy Analysis* 19 (2): 141–64.

Hoxby, C. M. 2009. "The Changing Selectivity of American Colleges." *Journal of Economic Perspectives* 23 (4): 95–118.

Jaggars, S., and D. Xu. 2016. "How Do Online Course Design Features Influence Student Performance?" *Computers & Education* 95: 270–84.

Kane, T. J., and D. O. Staiger. 2012. "Gathering Feedback for Teaching: Combining High-Quality Observations with Student Surveys and Achievement Gains." Research Paper, MET Project, Bill & Melinda Gates Foundation, Seattle, WA.

Krueger, A. B. 2003. "Economic Considerations and Class Size." *Economic Journal* 113 (485): F34–F63.

Marx, B. M., and L. J. Turner. 2019. "Student Loan Nudges: Experimental Evidence on Borrowing and Educational Attainment." *American Economic Journal: Economic Policy* 11 (2): 108–41.

Melguizo, T., G. Zamarro, T. Velasco, and F. J. Sanchez. 2017. "The Methodological Challenges of Measuring Student Learning, Degree Attainment, and Early Labor Market Outcomes in Higher Education." *Journal of Research on Educational Effectiveness* 10 (2): 424–48.

Murnane, R. J., and A. Ganimian. 2014. "Improving Educational Outcomes in Developing Countries: Lessons from Rigorous Impact Evaluations." NBER Working Paper WP20284, National Bureau of Economic Research, Cambridge, MA.

Porter, C., and D. Serra. 2020. "Gender Differences in the Choice of Major: The Importance of Female Role Models." *American Economic Journal: Applied Economics* 12 (3): 226–54.

Saavedra, J. E. 2009. "The Returns to College Quality: A Regression Discontinuity Analysis." Harvard University, Cambridge, MA.

SNIES 2019. *Sistema Nacional de Informacion de la Educacion Superior.* https://snies .mineducacion.gov.co/portal/ESTADISTICAS/Bases-consolidadas/. Accessed on November 2020.

CAPÍTULO 5

Política para Cumprir a Promessa dos Cursos Superiores de Curta Duração

5.1 Fazendo um Balanço

Ao concluir, este capítulo regressa à motivação inicial do livro — a necessidade urgente de capital humano qualificado na América Latina e Caribe (ALC),[1] que se já se mostrava premente no final da "Década de Ouro" da região, hoje é nitidamente urgente. A pandemia de COVID-19 acelerou mudanças estruturais que já estavam em andamento na economia, deixando em evidência o tipo de habilidades — analíticas, técnicas, socioemocionais e interpessoais — necessárias no mundo de hoje. Tanto durante a crise quanto no seu rescaldo, o sustento de muitos dependerá justamente da rápida aquisição dessas habilidades.

Conseguirão os cursos superiores de curta duração (CSCDs) suprir essas habilidades? As evidências apresentadas neste livro sinalizam vários motivos para ter esperança:

- CSCDs, em média, apresentam bons resultados, formando alunos a um ritmo maior que os cursos de bacharelado. Egressos de CSCDs conseguem melhores resultados no mercado de trabalho (emprego, emprego formal e rendimentos do trabalho) que concluintes do ensino médio, e incrivelmente, também melhores que aqueles que abandonam o bacharelado. Os resultados são dignos de nota, já que CSCDs costumam matricular mais alunos desfavorecidos e menos tradicionais que bacharelados.

- Embora os retornos mincerianos dos diplomas de bacharelado (diferencial salarial com relação ao diploma de ensino médio, ajustando para as características dos alunos) sejam maiores que os dos CSCDs, na maioria dos países da ALC os primeiros vêm caindo desde o começo dos anos 2000. Em contrapartida, em vários países os retornos mincerianos dos CSCDs aumentaram no mesmo período. Além disso, CSCDs completos apresentam retornos mincerianos maiores que bacharelados incompletos, um achado de particular importância considerando que menos da metade dos alunos de bacharelados concluem o curso.

- Alguns CSCDs asseguram retornos elevados, inclusive maiores que alguns bacharelados, mesmo levando em conta os seus custos. Existe uma grande demanda por tecnólogos — maior que a demanda por bacharéis — particularmente nas áreas de ciência da computação, tecnologia e administração.

- A disponibilidade local torna mais provável que alguns alunos se matriculem em CSCDs, onde encontram uma compatibilidade maior do que encontrariam em cursos de bacharelado. Os maiores retornos de CSCDs são auferidos por alunos desfavorecidos, em geral homens com pouco preparo acadêmico que vivem fora das grandes áreas urbanas. Na ausência de CSCDs esses alunos cursariam bacharelados, provavelmente os de pior qualidade. Ademais, graças à melhora no mercado de trabalho local para tecnólogos, mulheres desfavorecidas, que normalmente não cursariam o ensino superior, estão se matriculando em cursos superiores de curta duração.

- Relatórios de diretores para a WBSCPS indicam que, em média, os cursos superiores de curta duração da região oferecem um bom equilibro entre conhecimento teórico e treinamento prático. Contratam docentes com experiência no setor produtivo e ostentam baixa razão aluno/professor. Capacitam o corpo docente e avaliam o seu desempenho regularmente. Contam com infraestrutura adequada. Articulam com a setor privado de várias maneiras, avaliando as suas necessidades, pedindo feedback sobre os egressos, e estabelecendo acordos para a oferta de estágios. CSCDs também ajudam os seus alunos a procurar emprego de várias maneiras, fornecendo informações, arranjando entrevistas de emprego, e administrando agências do emprego.

- Com base em análises estatísticas usando dados da WBSCPS, alguns cursos adotam práticas associadas a melhores resultados tanto acadêmicos quanto no mercado de trabalho, ajustando para as características dos alunos. Cursos cujos egressos têm os salários e taxas de emprego formal mais elevados, por exemplo, costumam ter equipamentos suficientes para as aulas práticas, ensinam competências numéricas e oferecem aulas de reforço durante o curso. Avaliam os planos de aula dos professores como parte da avaliação do corpo docente, e administram uma agência de empregos. Admitem alunos mediante provas e entrevistas, e são oferecidos por instituições governadas por um conselho diretor, além de um diretor ou reitor.

- A oferta de CSCDs é dinâmica — mais até que a de cursos de bacharelado. Cursos abrem e fecham acompanhando os padrões de atividade da economia local, o que sugere que os CSCDs podem estar respondendo ao nível de atividade. Em média, CSCDs atualizam as suas grades curriculares com frequência em resposta à economia local. Por serem flexíveis, ágeis e bem-informados sobre as necessidades da economia local têm o potencial de responder de forma rápida e criativa a emergências.

Ao mesmo tempo, as evidências apresentadas neste livro mostram que há vários motivos para cautela:

- A despeito de mostrarem bons resultados na média, e apesar das evidências de que alguns cursos oferecerem retornos bastante elevados, há outros cujos retornos são muito baixos. Para alunos desinformados, essa grande variabilidade representa um risco considerável. Existe igualmente uma grande variação entre as práticas adotadas pelos cursos — as de alguns são boas e desejáveis, as de outros nem tanto. A variação nos retornos e nas práticas é agravada pelo fato de que as práticas atuais de supervisão e regulação do setor geralmente se concentram nos insumos (como corpo docente e infraestrutura), e não nos resultados.

- A maioria dos CSCDs não oferecia ensino à distância antes da pandemia e deve ter tido dificuldades em se ajustar ao ensino online durante a pandemia. Além disso, as evidências indicam que a oferta de CSCDs à distância antes da pandemia só era eficaz na presença de certas características (como ensino sincronizado e aprendizagem baseada em projetos). Ademais, o ensino de habilidades práticas que costumam ser ensinadas em laboratórios ou oficinas pode ser um grande desafio.

- Embora CSCDs sejam abertos em resposta à atividade econômica local, também respondem a questões de custos, o que gera a preocupação de que algumas instituições possam abrir cursos de baixa qualidade apenas por serem lucrativos. A preocupação aumenta ainda mais quando a autoridade reguladora não faz uma triagem cuidadosa dos novos entrantes, nem examina os resultados regularmente para identificar os cursos de má qualidade.

- O curso médio pode colocar excessiva ênfase no treinamento dos alunos e deixar de lado o emprego, talvez acreditando que os alunos valorizem mais o treinamento que o emprego. Embora alguns cursos possam já estar tendo um foco maior no emprego por motivos de reputação, em geral o curso médio só vai passar a dar mais atenção ao emprego quando receber incentivos específicos para isso, por exemplo, por parte da autoridade reguladora que examina periodicamente o resultado dos alunos no mercado de trabalho.

- O principal motivo de abandono dos cursos superiores de curta duração é a dificuldade financeira, que pode ter se agravado durante a pandemia. Pese às rigorosas restrições orçamentárias enfrentadas atualmente pelos governos, equacionar o financiamento dos CSCDs é fundamental para aliviar a necessidade urgente de trabalhadores qualificados.

- Embora os cursos digam que oferecem um caminho de acesso ao bacharelado, na prática essa possibilidade tem se mostrado extremamente limitada. Isso pode fazer com que os alunos vejam os CSCDs como um caminho "sem saída" acadêmica e prefiram se matricular em cursos de bacharelado. Vale lembrar que bacharelados podem não ser a melhor opção para todos os alunos, conforme mostram as suas taxas de abandono de mais de 50 por cento.

Resumindo: embora pareçam promissores, os CSCDs também têm as suas deficiências, que podem bem ter contribuído para o antigo e persistente estigma que os faz serem vistos pelos alunos como a opção inferior de ensino superior. Contudo, ao invés de descartar os CSCDs ou de relegá-los ao segundo plano — como pode ter ocorrido no passado — sugerimos a utilização de políticas públicas para sanar as suas deficiências e assegurar que cumpram o que prometem. Em soma, trata-se de examinar os reais motivos pelos quais os CSCDs não estão cumprindo o que prometem e de lidar com que os motivos de forma direta.[2] Considerando que é provável que as deficiências tenham se agravado devido a falhas nas políticas públicas, o resto deste capítulo discutirá quatro categorias amplas de políticas com potencial para mitigar essas falhas: informação, financiamento, supervisão e regulação, e caminhos para o desenvolvimento de habilidades. O Quadro 5.1 apresenta o marco teórico que fundamenta as intervenções governamentais nos mercados de ensino superior, apresentando a base lógica para as quatro categorias de políticas.

A existência de várias deficiências exige por sua vez várias ferramentas de política pública. Em outras palavras, nem todas as deficiências podem ser

---

Quadro 5.1 Por que os formuladores de políticas públicas deveriam intervir no mercado de ensino superior?

Na melhor das situações, o ensino superior realiza o potencial das pessoas e supre a necessidade de trabalhadores qualificados da economia. Mas por razões diversas ou *falhas do mercado*, se os alunos e instituições de ensino superior forem deixados unicamente à mercê do mercado esse potencial não poderá ser realizado por causa das várias *falhas de mercado* discutidas abaixo.

Surgem *externalidades*: quando um aluno decide cursar o ensino superior, a sua decisão beneficia a sociedade como um todo, porém essas consequências não são levadas em consideração. Por exemplo, um diploma de ensino superior não só assegura rendimentos mais elevados e oportunidades para os alunos, como também beneficia a sociedade, entre outros tornando os alunos melhores cidadãos e pais mais envolvidos. Deixar de considerar esses benefícios pode resultar em alunos com escolaridade mais baixa do que seria ideal para a sociedade.

Alguns alunos podem não ter os recursos financeiros necessários para aceder ao ensino superior. Tais *restrições de liquidez* não apenas reduzem a equidade entre as pessoas, como também a eficiência econômica, já que a economia deixa de realizar o seu pleno potencial produtivo. Embora o mercado de crédito possa em princípio mitigar as restrições de liquidez no curto prazo, trata-se de um mercado imperfeito. Empréstimos estudantis não costumam contar com as garantias exigidas pelos credores, visto que alunos pegam empréstimos para financiar um investimento que eles mesmos incorporam. Assim, caso o aluno deixe de pagar o empréstimo o banco não poderá tomar posse do aluno como faria com uma casa, por exemplo, se um mutuário deixasse de pagar a hipoteca.

Como o ensino superior oferece "produtos" complexos cuja natureza e qualidade são difíceis de avaliar, o mercado é infestado por *informações assimétricas*. Considerem, por exemplo, um aluno interessado em biologia que está tentando encontrar um curso projetado para atender as demandas específicas do setor produtivo. Com tantos cursos disponíveis, o aluno pode não saber quais deles oferecem o treinamento que está procurando. Ainda que encontre alguns cursos do tipo que procura o aluno pode ter dificuldade em distinguir entre eles, já que as instituições não fornecem informações sobre os salários ou perspectivas

---

(quadro continua próxima página)

Quadro 5.1 Por que os formuladores de políticas públicas deveriam intervir no mercado de ensino superior? *(continuação)*

de emprego dos egressos, por exemplo. Mesmo quando o aluno sabe quais cursos entregam empregos bem-remunerados, nem sempre fica claro se é porque os cursos atraem alunos bem-preparados ou devido à excelência do treinamento que oferecem. E mesmo quando todas essas informações existem e são de fácil acesso, o aluno pode não conseguir entender a informação ou usá-la. O que é mais, o aluno pode superestimar as suas perspectivas no curso ao não perceber, por exemplo, que o seu preparo acadêmico é insuficiente ou inadequado para o curso.

Em mercados que funcionam bem, cursos superiores de curta duração oferecem bons retornos quando as habilidades que desenvolvem são relativamente escassas no mercado de trabalho. Nessa situação pelo menos alguns alunos gravitam em direção aos cursos, satisfazendo assim as demandas da economia. Informações assimétricas sobre os retornos e características dos cursos quebram o ciclo virtuoso. Além disso, mesmo que escolham cursos com retornos elevados, outros tipos de assimetrias da informação podem impedir que os alunos tenham acesso a empregos bem remunerados: as vagas podem ser anunciadas somente para uma rede restrita de alunos e instituições de ensino superior (IESs); algumas IESs podem não promover os seus egressos no mercado de trabalho; ou os alunos podem não conseguir comprovar o domínio das habilidades exigidas. Um exemplo da última situação é quando um aluno domina as habilidades, mas carece das credenciais comprobatórias, o que atrapalha tanto a busca de emprego quanto a possibilidade de cursar um curso de mais longa duração.

Mercados de ensino superior apresentam *concorrência imperfeita*. Como criar e operar instituições de ensino superior custa caro, a oferta pode acabar concentrada em alguns poucos provedores com poder de mercado, particularmente em municípios pequenos que só dão conta de sustentar alguns. A concentração de cursos em si é determinada pelos entraves jurídicos e regulatórios para a entrada de novos cursos. Quando os entraves são poucos e a entrada de novos cursos é fácil, o mercado é mais competitivo. No entanto, o fato de as IESs oferecerem *produtos diferenciados* (em aspectos como localização geográfica, tipo de curso e área de estudo, foco curricular, rigor acadêmico e vinculação ao mercado de trabalho) confere a elas um certo poder no mercado, até mesmo quando a oferta de cursos é abundante. Na América Latina e Caribe, por exemplo, a maioria dos alunos frequenta um curso de ensino superior perto de casa, o que dá às instituições locais um poder de mercado considerável. Além disso, os governos subsidiam generosamente as mensalidades em IESs públicas, mas raramente oferecem ajuda financeira para alunos de IESs privadas, outorgando assim um poder de mercado considerável às IESs públicas. O que é mais, o número de matrículas no ensino superior vem aumentando fortemente na região desde o começo dos anos 2000, atraindo "novos" alunos, de baixa renda e pouco preparo acadêmico (Ferreyra et al., 2017), antes pouco representados no sistema. Esse tipo de aluno, com pouca informação ou familiaridade com o ensino superior, convida a entrada de instituições e cursos de baixa qualidade e preço elevado, merecendo, portanto, uma atenção redobrada por parte das agências reguladoras.

Falhas de mercado como essas justificam a realização de intervenções mediante políticas públicas nas áreas de termos de informação, financiamento, supervisão e regulação, e caminhos para o desenvolvimento de habilidades.

resolvidas simplesmente dando informação aos alunos ou fornecendo financiamentos mais generosos. Além disso, a utilização de uma ferramenta para corrigir um problema pode exacerbar os outros. Por exemplo, aumentar o financiamento pode não só aumentar a demanda por CSCDs, conforme desejado, como também incentivar a entrada de provedores de baixa qualidade. Para lidar com esse efeito indesejado é necessário usar políticas de regulação e financiamento de forma complementar.

Este capítulo defende a necessidade de disponibilizar informações comparativas sobre os cursos para os formuladores de políticas públicas — que supervisionam e regulam os cursos — e para os alunos — que precisam tomar decisões fundamentadas. A mera disponibilização de informação não basta; é preciso trabalhar diretamente com os alunos para assegurar que tenham recebido e processado a informação. Atualmente o subsídio por aluno em instituições de ensino superior (IESs) é maior para cursos de bacharelado que para CSCDs, além de não existir auxílio financeiro para alunos de CSCDs em instituições privadas. Para restaurar a equidade e promover a aquisição de habilidades essas práticas precisam ser corrigidas. Os cursos de pior qualidade precisam ser eliminados com supervisão e regulação, promovendo um ambiente onde só existam "bons" cursos no mercado. Caminhos flexíveis precisarão ser implementados para facilitar a aquisição de habilidades em blocos ou módulos ao fim dos quais os alunos possam receber credenciais que os levem a um diploma, além de promover aprendizagem ao longo da vida Em termos gerais o objetivo da política pública deve ser a criação de um sistema em que informações comparativas sobre os cursos sejam divulgadas e usadas tanto pelos alunos quanto pelos formuladores de políticas, que por sua vez devem monitorar todos os cursos de perto e intervir ativamente para eliminar os piores. Sabendo-se atentamente observados pelos alunos e formuladores de políticas, nesse ambiente os cursos se esforçariam para oferecer um bom produto.

Se a implementação de políticas como essa já seria um desafio em qualquer situação, o desafio é ainda maior na situação atual, em que a pandemia de COVID-19 afetou profundamente o ensino superior na ALC (Quadro 5.2).

Quadro 5.2 O impacto da pandemia de COVID-19 no ensino superior na ALC

A COVID-19 causou grandes disrupções no ensino superior na América Latina e Caribe. A maioria dos governos fechou as Instituições de Ensino Superior (IESs) no começo de março de 2020. O efeito imediato foi o cancelamento de quase todas as aulas, com apenas algumas poucas instituições oferecendo aulas online. Embora a maioria das IESs tenha implementado o ensino à distância nos meses seguintes, quando este texto foi escrito (março de 2021), cerca de 27 milhões de alunos estavam sem aulas presenciais há cerca de um ano.

A despeito da limitação de recursos, a maioria dos governos da região têm se esforçado em apoiar o ensino superior durante a pandemia, entre outros oferecendo kits de conectividade

---

(quadro continua próxima página)

Quadro 5.2 O impacto da pandemia de COVID-19 no ensino superior na ALC
(continuação)

aos alunos, desenvolvendo aprendizado remoto pela TV ou rádio, alocando recursos adicionais às IESs para a realização de aulas online, e aumentando o financiamento estudantil. Apesar disso, a transição para o ensino à distância tem sido tudo menos fácil. Antes da pandemia o ensino superior na ALC fazia um uso muito limitado da tecnologia no ensino e na aprendizagem. Os custos da tecnologia são elevados na região e muitos alunos e professores não tem acesso a ela, o que sempre foi um grande obstáculo para o investimento na e-aprendizagem por parte das IESs. Durante a pandemia, as desigualdades de acesso à tecnologia por parte dos alunos revelaram-se profundas, tendo exacerbado desigualdades pré-existentes no acesso e na qualidade da educação. A qualidade da educação foi ainda mais afetada pela necessidade das instituições, professores e alunos de se adaptar abruptamente à modalidade on-line, com recursos escassos e pouco treinamento. Embora 90 por cento do corpo docente acredite na importância de incorporar a tecnologia ao ensino, apenas 25 por cento sente-se plenamente preparado para usar ferramentas digitais em suas aulas. Os cursos que exigem aulas práticas de laboratório ou oficinas foram ainda mais afetados devido à limitação de alternativas para que os alunos desenvolvam habilidades práticas.

A expectativa é que o acesso e a conclusão do ensino superior também sejam prejudicados. Os alunos do ensino médio estão fora da escola há muitos meses, com grandes perturbações no aprendizado, exames de conclusão de curso, formatura e transição para o ensino superior de modo geral. Da mesma forma, muitos alunos e famílias vem enfrentando graves dificuldades financeiras, o que tem feito muitos alunos abandonar a escola. Para IESs privadas, que atraem cerca da metade dos alunos do ensino superior na ALC e representam a maior parte da oferta do ensino superior em vários países, perdas na receita das mensalidades podem resultar em redução do corpo docente, quadro funcional e ofertas acadêmicas no curto prazo, e fechamento de muitas IESs no médio e longo prazos. As restrições orçamentárias que já eram substanciais antes da pandemia agravaram-se ainda mais. Na ausência de recursos adicionais, os sistemas públicos de ensino superior precisarão ficar mais eficientes, possivelmente reduzindo o corpo docente e quadro funcional, ajustando a variedade e duração dos cursos, e transferindo recursos dos programas de pesquisa e auxílio estudantil para a tecnologia e aprendizagem à distância. Embora algumas dessas ações possam criar benefícios no longo prazo, não há dúvida de que os ajustes de curto prazo serão um desafio.

Este Quadro conta com informações de Becerra, Alonso e Frias (2021).

Contudo, a sua implementação é crucial porque as habilidades são cruciais. A discussão sobre políticas a seguir apresenta princípios gerais; o desenho e a implementação de políticas específicas estão aquém do escopo deste livro. Em última análise, a discussão busca chamar mais atenção, do ponto de vista de políticas públicas, para um tipo de curso que, pese a não ter recebido um papel de destaque na agenda recente, pode mostrar-se de grande valia no contexto atual e no futuro.

5.2 Informação

Dispor de informações sobre os cursos é crucial para alunos e formuladores de políticas públicas, mas também para a economia como um todo. Alunos não podem escolher "bons" cursos sem conhecer as suas características e resultados. Formuladores de políticas não podem supervisionar e regular um setor sem conhecer o seu desempenho. A economia não pode receber as habilidades avançadas das quais precisa se aqueles que as fornecem (ou seja, os alunos do ensino superior) não sabem que habilidades estão em falta no mercado de trabalho. Digamos, por exemplo, que o mercado precise mais de cientistas de dados que de gestores de turismo. Em um mercado que funciona bem, cientistas de dados receberiam salários mais altos que gestores de turismo. Munidos dessa informação, pelos menos alguns alunos virariam cientistas de dados. Sem informações sobre salários, muitos alunos virariam gestores de turismo. Nesse cenário, nem os alunos iam obter os maiores salários possíveis, nem as empresas iam conseguir as habilidades que precisam — uma situação perde/perde. Assim, a informação é fundamental para o bom funcionamento dos mercados de trabalho e da educação.

Na ALC, a vasta dispersão nos retornos dos CSCDs e cursos de bacharelado, bem como o estigma dos CSCDs, aponta para a probabilidade de que os alunos ignorem os bons resultados médios dos CSCDs, particularmente em comparação com um bacharelado incompleto. Mesmo estando cientes dos resultados, é possível que acreditem que realmente se formariam de um curso de bacharelado caso se matriculassem. Contudo, é importante que os alunos entendam alguns fatos essenciais antes de tomar uma decisão: na ALC, a probabilidade de concluir um bacharelado é inferior a 50 por cento (Capítulo 1); é menor para alunos de baixa renda e pouco preparo acadêmico que para os outros;[3] e nem todos os que concluem um bacharelado se saem melhor que os que concluem um curso superior de curta duração (Capítulo 2). O que é mais, os alunos podem não só ignorar os retornos dos cursos, como também o seu conteúdo. É fácil imaginar o que faz um contador, mas não necessariamente o que faz um especialista em segurança cibernética ou um técnico de logística.

Essas questões são ainda mais sérias na ALC, onde os alunos escolhem a área acadêmica antes mesmo de começar a estudar (Capítulo 1). Embora seja possível mudar de área, isso envolve começar praticamente do zero, já que o baixo número de disciplinas de cunho geral dificulta a transferência de créditos entre áreas acadêmicas. Além disso, alunos da ALC tendem a cursar o ensino superior uma única vez ao longo da vida, o que faz com que a maioria dos alunos tome uma decisão de peso sobre a carreira que vão seguir apenas uma vez, quando muito jovens. A falta de informação sobre o conteúdo e os retornos dos cursos, bem como percepções pouco realistas sobre o próprio preparo acadêmico para os diversos cursos, podem certamente levar os alunos a fazer escolhas erradas.

Mitigar esses problemas requer que os alunos tenham acesso a informações sobre os cursos em nível de programa, incluindo o conteúdo, custos e opções de financiamento, resultados médios do mercado de trabalho, características básicas do egresso médio (p. ex., preparo acadêmico médio), e requisitos para o sucesso nos estudos (p. ex., formação forte em matemática). Com base nessas informações os alunos devem conseguir avaliar o próprio preparo acadêmico e a sua compatibilidade com o curso. É preciso disponibilizar informações comparativas sobre os cursos já no ensino médio, pelo menos dois ou três anos antes da formatura, para que os alunos tenham tempo suficiente para fazer essas importantes escolhas. As informações precisam chegar não só aos alunos, como também às famílias, que podem precisar fazer grandes sacrifícios financeiros pelos seus filhos, e aos professores do ensino médio, que conhecem os seus alunos e podem ajudá-los a processar a informação. O processamento da informação é particularmente importante, já que os alunos podem ter uma "sobrecarga de informação" devido ao excesso de informação, ou podem não saber interpretá-la, particularmente no caso de alunos com pais de escolaridade mais baixa.

A escolha dos resultados ou métricas dos cursos que serão compartilhados para permitir uma comparação não é simples. Existem várias possibilidades, inclusive a proporção de graduados, tempo até a formatura, desempenho acadêmico (p. ex., notas no exame de conclusão de curso ou na prova de certificação), resultados no mercado de trabalho no curto prazo, resultados no mercado de trabalho no longo prazo, e contribuições de valor agregado para um ou vários desses resultados. Algumas dessas métricas podem ser facilmente manipuladas. Por exemplo, um curso pode abaixar os critérios para a graduação de modo a aumentar a proporção de graduados. Olhando dessa perspectiva é preferível usar os resultados no mercado de trabalho, bem com resultados acadêmicos certificados de forma independente (como as notas em um exame de conclusão de curso de abrangência nacional). No que tange os resultados no mercado de trabalho, no entanto, os de curto prazo e os de longo prazo podem mostrar quadros bastante diferentes. Por exemplo, um curso pode oferecer melhores perspectivas de emprego logo após a formatura que 10 ou 15 anos depois. Com frequência vemos uma discordância entre métricas, conforme documentado por Ferreyra et al. (2020) para a Colômbia no documento que serviu de referência para este livro, e por outros autores para os Estados Unidos e a ALC.[4] Até certo ponto, as informações relatadas dependem do que está disponível. Contudo, mesmo se todos os resultados e métricas possíveis estivessem disponíveis e fossem informados, os alunos ainda poderiam precisar de ajuda para interpretá-los.

Por serem simples e fáceis de interpretar, os sistemas de classificação oferecem uma maneira interessante de apresentar informações comparativas sobre os cursos. Porém, pelos motivos apresentados no parágrafo acima, classificações podem ser facilmente alteradas com a escolha de outras métricas. Mesmo se construíssemos um índice com múltiplos indicadores (como vários resultados acadêmicos e relacionados ao mercado de trabalho), e desenvolvêssemos uma classificação com base nesse índice, a classificação seria afetada pelo peso atribuído a cada indicador do índice. É justamente devido à capacidade das classificações de afetar o comportamento tanto das IESs quanto dos alunos,[5] que os formuladores de políticas públicas devem evitar a sua construção. Como sempre existe a possibilidade de que essas classificações sejam construídas de forma independente por terceiras partes, os alunos devem pelo menos estar cientes do seu conteúdo e deficiências.[6]

Naturalmente que uma pergunta importante consiste em saber quem forneceria as informações sobre os cursos que formariam a base de todas as políticas relacionadas com informação. Para construir essa informação é preciso ter informações comparativas dos alunos sobre salários, empregos e cursos de ensino superior concluídos. Em países como Chile e Peru, os governos coletam as informações relevantes sobre cada curso e as colocam à disposição do público em um site. No entanto, no resto da ALC isso raramente acontece. Os dados relevantes costumam vir de vários órgãos governamentais (como ministérios da educação e do trabalho) e, portanto, estão sujeitos a problemas consideráveis de coordenação. Com efeito, a equipe que preparou este livro encontrou vários exemplos desse problema. Muitos países não coletam esse tipo de informação em absoluto, e alguns optam por não a compartilhar, seja sobre os cursos ou sobre as instituições de ensino superior.

Os governos têm uma vantagem natural na coleta da informações relevantes por terem o poder de exigir que as IESs as compartilhem, e a capacidade de resolver o problema da articulação entre os órgãos. Porém podem optar por não o fazer, talvez por questão de economia política. Pelo menos parte da informação poderia ser coletada por empreendedores privados, por exemplo, por *web scraping*. Além disso, os bons cursos têm todo o incentivo para rastrear e anunciar os resultados de seus egressos — especialmente se as suas receitas dependem das matrículas, como é o caso das instituições privadas. E apesar dos cursos de qualidade inferior terem incentivos para se apresentarem (enganosamente)como bons, isso poderia ser evitado com a exigência de uma auditoria independente da informação autorrelatada (prática já seguida por *boot camps* de programadores nos Estados Unidos). Assim, embora seja possível lançar mão de soluções privadas para a disponibilização de informações, os governos têm uma vantagem insuperável na coleta de informações, e em última análise, precisam delas para fins regulatórios.

Contudo, cabe mencionar que coletar as informações relevantes e torná-las facilmente disponíveis não necessariamente irá afetar as decisões dos alunos. Evidências indicam que quais informações são fornecidas, para quem e de que maneira faz uma grande diferença (Quadro 5.3). Intervenções de pouco contato (*light touch*) como postar informação em um site, mandar um e-mail ou mandar uma mensagem de texto para os alunos não costumam ser capazes de alterar o comportamento dos alunos. São intervenções impessoais que não os envolvem diretamente; a pessoa pode não ver a informação ou não achar que seja útil ou confiável. Por outro lado, intervenções de muito contato (*high touch*), mais diretas e intensivas, afetam as escolhas dos alunos. Sessões frequentes com um orientador são um exemplo desse tipo de intervenção, do mesmo modo que sites interativos (como o *Naviance* nos Estados Unidos) que adaptam as informações para alunos, pais e orientadores específicos. Alunos frequentemente superestimam os retornos dos cursos que escolhem, desconhecem cursos semelhantes com retornos mais elevados, e de modo geral estão mal-informados sobre os retornos de vários

Quadro 5.3 O que sabemos sobre intervenções baseadas em informação?

A maioria das intervenções informativas descritas na literatura tiveram o objetivo de informar possíveis alunos sobre o acesso à universidade. Estudiosos parecem discordar sobre até que ponto intervenções baseadas em informação são capazes de afetar o comportamento dos alunos, mas parte dessa discordância pode vir da falta de concordância sobre o que constitui uma intervenção informativa. As intervenções podem variar em termos das informações que fornecem (como disponibilidade e características dos cursos), quando as fornecem (quanto tempo antes da formatura do ensino médio) e de que jeito: com menos contato ou mais contato. Intervenções *light touch* mandam informações para os alunos por e-mail (Hoxby e Turner, 2013; Guarantz et al., 2021; Bergman, Denning, e Manoli, 2019; Hyman, 2020) ou mensagens de texto (Castleman, Deutschlander, e Lohner, 2020; Oreopoulos e Petronijevic, 2019), ou postam informações em um site (como ocorre com a informação pública (Hurwitz e Smith, 2018; e Baker, 2020). No outro extremo, intervenções *high touch* envolvem um contato direto e intensivo com os alunos, por exemplo por sessões frequentes de orientação educacional (Bettinger e Baker, 2014; Oreopolous e Ford, 2019; Bettinger e Evans, 2019; Mulhern, 2020).

Em geral, as evidências mostram que intervenções de pouco contato não afetam o comportamento (Page e Scott-Clayton, 2016), mas intervenções de muito contato sim. Contudo, algumas nuances merecem ser consideradas.

Embora a simples publicação de informações em um site não seja eficaz, sites interativos que adaptam as informações ao aluno e fazem o papel de orientador são eficazes (como o *Naviance* nos Estados Unidos, estudado em Mulhern, 2021). Além disso, enviar informações por e-mail funciona quando a mensagem é personalizada e direcionada a alunos específicos que a consideram confiável e relevante, e quando também é enviada a "influenciadores" próximos do aluno (como no experimento HAIL na Universidade de Michigan, estudado por Dynarski et al., 2020).

Alguns estudos examinaram o impacto da oferta de informações específicas sobre cursos universitários e cursos superiores de curta duração. Pesquisadores usando um projeto experimental descobriram que as informações levaram os alunos a mudar para opções de retorno mais elevado no Chile (Hastings, Neilson e Zimmerman, 2015) e nos Estados Unidos (veja Conlon, 2019, para cursos universitários de quatro anos, e Baker et al., 2018, para instituições comunitárias de ensino superior). No Chile, o acesso à informação também levou os alunos a persistir mais no ensino superior (Hastings, Neilson e Zimmerman, 2015).

Algumas intervenções recentes na República Dominicana e no Peru disponibilizaram vídeos ensinando o valor e os retornos da educação para alunos do ensino fundamental e médio (veja J-PAL 2017 para o Peru). As intervenções reduziram as taxas de abandono entre alunos de baixo desempenho e afetaram a área de estudo de alunos de alto desempenho. Tais intervenções foram ampliadas no Peru e na República Dominicana, e recentemente foram implementadas também no Chile.

De fundamental importância é a qualidade das informações prestadas. Conforme discutimos no corpo do texto, um sistema de informação ideal manteria um registro atualizado sobre os cursos de ensino superior disponíveis no país e as suas características básicas, como custo e duração. Também faria um acompanhamento de todos os alunos do ensino

(quadro continua próxima página)

Quadro 5.3 O que sabemos sobre intervenções baseadas em informação?
(continuação)

superior — especialmente os que se formaram — seguindo a sua trajetória no mercado de trabalho para poder calcular os retornos médios dos cursos e as taxas de emprego. Idealmente, os países também teriam plataformas de divulgação (por exemplo, sites como www.mifuturo.cl e www.ponteencarrera.pe no Chile e no Peru, respectivamente), que oferecem fácil acesso a informações sobre os cursos. Embora a coleta e disseminação de dados não afetem o comportamento isoladamente, fornecem os insumos necessários para intervenções capazes de afetá-lo.

cursos e áreas de estudo. Mesmo assim mudam de opção em resposta a intervenções bem planejadas, conforme indicam evidências dos Estados Unidos e do Chile.

Em alguns casos até mesmo uma intervenção bem projetada pode ser incapaz de afetar as escolhas dos alunos, que apesar de tudo podem escolher um curso com retornos relativamente baixos por ser perto de casa e oferecer algo de valor (p. ex., horário conveniente, ensino online, creche no local, lugar tranquilo para estudar).[7] Por outro lado, os alunos podem simplesmente não ter outras opções, como é o caso daqueles que vivem em municípios de pequeno ou médio porte (Capítulo 3), ou que não podem bancar um curso mais caro que o atual. Conforme discutimos mais adiante neste Capítulo, garantir que as opções disponíveis sejam boas e que os alunos tenham os meios financeiros para escolher entre elas é, em última instância, um dever da agência de regulação.

Mesmo assim, informações comparativas sobre os cursos são necessárias. Como enfatizamos no início deste capítulo, apesar de não ser a solução para todos os problemas resolve vários deles, principalmente quando a estratégia é combinada com outras, como regulação e financiamento. O primeiro passo é coletar os dados relevantes. A própria necessidade de informação sobre os cursos por parte dos que elaboram as políticas públicas pode impulsionar os esforços pela coleta de dados, já que é impossível monitorar cursos específicos sem saber dos seus resultados. Em termos gerais, o objetivo é criar uma cultura de ensino superior baseada em informação, na qual a informação é fornecida e usada para tomar decisões com consequências, e os provedores, sabendo que estão sendo monitorados por alunos e formuladores de políticas, se esforçam em oferecer um bom produto.

5.3 Financiamento

Formuladores de políticas do públicas do mundo inteiro subsidiam o ensino superior por motivos de eficiência e equidade. Como o ensino superior beneficia a sociedade como um todo, o subsidiam para induzir as pessoas a estudar e assim construir um nível ideal de capital humano para a economia. Também o fazem porque muitos alunos não conseguem pagar um curso superior quando não contam com ajuda externa. Para subsidiar o ensino superior, os governos podem transferir recursos para instituições de ensino superior e alunos, ou interferir no mercado de financiamento estudantil para garantir ou subsidiar empréstimos estudantis. Na ALC, os formuladores de políticas subsidiam as IESs públicas, fornecem pouco ou nenhum subsídio para IESs privadas ou seus alunos e, às vezes, intervêm no mercado de empréstimos estudantis — que é muito pequeno, pelo menos nos países cobertos pela WBSCPS.[8]

Atualmente o financiamento do ensino superior na ALC não é equitativo, e com frequência é regressivo. Não é equitativo nas instituições públicas, onde o subsídio anual por aluno é, em média, menor para CSCDs que para bacharelados (Capítulo 1). A brecha entre os subsídios aumenta ainda mais se considerarmos o subsídio total ao longo da duração total do curso, já que CSCDs são mais curtos que bacharelados.

Essa situação é injusta por vários motivos. Alunos de CSCDs são mais desfavorecidos que os de bacharelados, tendo, portanto, maiores necessidades financeiras. As taxas de abandono de CSCDs são menores que as de bacharelados, com o qual uma proporção maior do subsídio vai para alunos com maior probabilidade de abandonar o curso. Além disso, os alunos de bacharelado que se formam vem de famílias de renda mais alta que os que abandonam o curso, e, portanto, precisam ainda menos do subsídio.[9]

Por outro lado, o financiamento de CSCDs também não é equitativo para os alunos das IESs. Na ALC, esses alunos respondem em média por 48% do total das matrículas em CSCDs, que na maioria das vezes pagam as mensalidades do próprio bolso (Capítulo 1). Embora as IESs públicas sejam altamente atraentes por subsidiar generosamente as mensalidades, muitos alunos podem ter razões legítimas para escolher IESs privadas. Por exemplo, as IESs públicas locais podem ter alunos demais, não oferecer o curso que interessa ao aluno, ou oferecer cursos de baixa qualidade. Consequentemente subsidiar alunos de CSCDs em instituições públicas, mas não privadas cria desigualdades entre os alunos. Crucialmente, considerando que as instituições públicas podem não ter capacidade suficiente para uma possível expansão de CSCDs, as instituições privadas podem ser indispensáveis para absorver o aumento da demanda.[10] Em outras palavras, a qualificação e requalificação em grande escala da força de trabalho exigida na emergência atual só será possível caso os alunos recebam subsídios para estudar tanto em instituições de ensino superior públicas quanto privadas.

Para muitos permanece a preocupação de que o auxílio financeiro público para alunos em instituições privadas possa ser direcionado para cursos de má qualidade. É claro que os recursos públicos podem fluir para cursos de baixa qualidade tanto em instituições públicas quanto privadas. Para evitar que isso ocorra é preciso assegurar complementaridade entre o financiamento e a regulação — com supervisão rigorosa de *todos* os cursos — para identificar os cursos de má qualidade e impedir que recebam recursos públicos.

Dadas as atuais restrições orçamentárias, não seria realista pensar em aumentar o financiamento para o ensino superior. Em vez disso, o aumento de subsídios para alunos do CSCDs requer maior eficiência no gasto público com ensino superior, incluindo uma realocação de financiamento entre os alunos do ensino superior com base em sua renda e tipo de curso. Se restaurar a equidade no financiamento do ensino superior seria importante em qualquer circunstância, é ainda mais importante agora que a pandemia de COVID-19 afetou as pessoas de maneira desigual e aprofundou a já elevada e persistente desigualdade na região.

As restrições orçamentárias e concomitante necessidade de expandir os CSCDs indicam que recursos públicos por si só podem não ser suficientes. A expansão dos empréstimos estudantis — cuja cobertura atual é baixa — poderia fornecer recursos adicionais. Empréstimos vinculados a receitas, fornecidos por entidades públicas ou privadas, são uma opção que vale a pena explorar. Sob essa modalidade de empréstimo o aluno começa a pagar quando começa a trabalhar, mas somente na medida do permitido pelos seus rendimentos. No momento esse tipo de empréstimo quase não existe na ALC,[11] mas provedores de *boot camps* na região já oferecem empréstimos para seus alunos, já que financiam o seu treinamento e só começam a receber o pagamento quando os seus alunos conseguem um emprego.[12]

Outra opção de financiamento seria por meio do sistema de seguridade social. Dada a preocupação atual dos formuladores de políticas com a proteção do emprego, subsidiar empregos sob a condição de que os contratados frequentem um CSCD atenderia tanto as metas de emprego quanto as de capital humano. Seria semelhante aos já bem conhecidos programas de transferência de renda (PTRs), em que as famílias recebem as transferências desde que cumpram certas condições, como enviar os filhos para a escola. PTRs bem projetados e implementados tem tido êxito em aumentar a matrícula e frequência escolar.[13]

De modo geral, a pandemia evidenciou a necessidade de redesenhar os sistemas de proteção social de modo a incluir financiamento para a qualificação profissional, uma vez que ter habilidades é a melhor garantia do futuro.[14] O financiamento de CSCDs poderia servir como ferramenta contracíclica, por exemplo, um estabilizador automático que aumenta em períodos de recessão, quando aumenta o número de pessoas que precisam de qualificação ou requalificação profissional, particularmente as desempregadas. Dado que algumas áreas do conhecimento (como ciência e tecnologia) geram custos mais elevados para os cursos do que outras, o uso eficiente dos recursos públicos asseguraria que o valor do financiamento por aluno variasse de acordo com a área. Como instituições privadas não costumam oferecer CSCDs em áreas de alto custo (Capítulo 3), esse mecanismo poderia servir para expandir a oferta de cursos de alto custo, mas também de alto valor.

Independentemente de como financiam os CSCDs, os formuladores de políticas poderiam cogitar financiar CSCDs apenas caso sejam custo-efetivos. O Quadro 5.4 apresenta alternativas para avaliar a custo-efetividade usando dados comparativos sobre os cursos.

Quadro 5.4 Os CSCDs são custo-efetivos?

Ao definir a alocação de recursos entre projetos, os formuladores de políticas precisam entender se um projeto específico é custo-efetivo, isto é, se os seus benefícios superam ou igualam os custos. Considerem, por exemplo, um formulador de políticas que está cogitando a possibilidade de subsidiar totalmente um curso superior de curta duração pelo menos para alguns alunos. CSCDs são custo-efetivos? Conforme discutimos no Capítulo 2, a resposta a essa pergunta não é simples por dois motivos. Em primeiro lugar, requer informações sobre os custos dos cursos. Em segundo lugar, exige que os benefícios oferecidos pelos cursos sejam medidos do ponto de vista do governo.

Para mostrar como os governos poderiam analisar a custo-efetividade de CSCDs, a análise deste quadro conta com a Pesquisa de Cursos Superiores de Curta Duração do Banco Mundial (WBSCPS), e inclui dados comparativos sobre cursos informados pelos seus diretores (Capítulo 4). Considera-se duas definições de benefícios advindos de CSCDs; aumento na produtividade dos trabalhadores conforme medido pelos salários; e aumento das receitas tributárias devido aos salários maiores auferidos pelos trabalhadores por terem concluído um CSCD.

Para a primeira definição, um curso é custo-efetivo se o aumento médio dos rendimentos do trabalho ao longo da vida devido ao curso (em relação a um diploma do ensino médio) for maior que o custo do curso. Ou seja, o curso é custo-efetivo se fornece um valor presente líquido positivo ou diferencial em relação a um diploma do ensino médio. Os cálculos supõem que os custos de cursos em instituições de ensino superior privadas equivalem às

Tabela B5.4.1 Valor presente líquido dos CSCDs, da perspectiva do formulador de políticas públicas

	Brasil	Colômbia	República Dominicana	Equador	Peru
1. Média do valor presente líquido dos CSCDs	$ 125.551,40	$ 115.623,20	$ 144.872,50	$ 132.518,70	$ 78.272,44
2. Média do valor presente líquido dos diplomas de ensino médio	$ 76.241,70	$ 81.468,18	$ 78.261,04	$ 93.024,07	$ 72.881,87
3. Média do acréscimo proporcionado pelos CSCDs	$ 49.309,70	$ 34.155,02	$ 66.611,46	$ 39.494,63	$ 5.390,57
4. Média do acréscimo proporcionado pelos CSCDs em relação ao EM	64,7%	41,9%	85,1%	42,5%	7,4%

Fonte: Cálculos da equipe com base em dados da Pesquisa de Cursos Superiores de Curta Duração do Banco Mundial (WBSCPS) e SEDLAC (2018).
Nota: O valor presente líquido de um curso é o valor atual descontado dos salários daqueles que concluíram o curso, menos o custo das mensalidades. Na tabela, (3) = (1) − (2); (4) = (3) / (2) * 100. Como os custos das mensalidades nas instituições de ensino superior públicas são subsidiados, atribuímos a elas o custo médio das mensalidades em instituições de ensino superior privadas para representar o quanto custam para o formulador de políticas públicas. Os cálculos supõem que: (a) o aluno conclui o curso no prazo previsto; (b) a taxa de desconto é de 10 por cento; e (c) os valores são descontados aos 18 anos de idade. Todos os valores estão em dólares, PPC de 2019. CSCD = curso superior de curta duração; EM = ensino médio; PPC = paridade do poder de compra.

(quadro continua próxima página)

Quadro 5.4 Os CSCDs são custo-efetivos? *(continuação)*

mensalidades, e que os custos dos cursos oferecidos por IESs públicas podem ser representados pelas mensalidades médias cobradas por cursos *privados* no país. De acordo com esses cálculos, os CSCDs são custo-efetivos, em média, em todos os países analisados pelo WBSCPS (veja a Tabela B5.4.1).

Para a segunda definição, as taxas de impostos são um fator crítico. A título de simplificação, a taxa de imposto adotada foi igual para todos os trabalhadores, independentemente do nível de renda. Por causa da forma como foi projetada, há mais programas custo-efetivos sob essa definição que sob a primeira definição. Por exemplo, se um curso resultar em 30 por cento de aumento nos salários ao longo da vida e a taxa de imposto for de 10 por cento, a receita tributária aumentará apenas 3 por cento. Claramente, é menos provável que um aumento de 3 por cento na receita tributária ultrapasse o custo do curso que um aumento salarial de 30 por cento. Assim, é possível que muitos cursos sejam custo-efetivos em média de acordo com primeira definição, mas não de acordo com a segunda. Contudo, qualquer curso que não fosse considerado custo-efetivo pela primeira definição também não o seria pela segunda definição. A primeira permite aos formuladores de políticas excluir cursos não considerados custo--efetivos do ponto de vista tributário ou da produtividade.

Talvez a principal desvantagem desses cálculos seja que não incluem outros benefícios produzidos pelo curso, como melhoras na saúde do aluno e da sua família, ou efeitos positivos na sua comunidade. Esse tipo de benefício é particularmente difícil de medir. Os cálculos acima podem, portanto, ser considerados como um limite inferior dos retornos líquidos totais do investimento em cursos superiores de curta duração.

5.4 Supervisão e Regulação

Há quem pense que uma vez tendo recebido e processado as informações comparativas sobre os cursos os alunos vão agir como consumidores informados, fazendo "boas" escolhas que irão disciplinar o mercado e eliminar a necessidade de supervisão e regulação. Por mais que soe bem, está errado. O mercado de CSCDs — e o mercado de ensino superior em geral — não é perfeitamente competitivo, já que os provedores geralmente detêm poder de mercado e muitos alunos têm poucas opções, ou não tem opção alguma (veja o Quadro 5.1). Essas "falhas de mercado" são particularmente relevantes nos CSCDs devido aos alunos que atendem. E supor que alunos desfavorecidos como esses disporiam de tempo e capacidade para monitorar os cursos e instituições soa realmente um pouco implausível. Supervisão e regulação são, portanto, fundamentais, não só para assegurar o bom funcionamento do mercado, como também por questão de equidade.[15]

Uma das principais deficiências dos CSCDs é a grande variação na qualidade, o que representa um risco para os alunos e pode responder por boa parte do estigma desses cursos. Regular e fiscalizar os cursos superiores de curta duração para assegurar que cumpram o combinado é fundamental para que tenhamos um mercado competitivo de CSCDs em que só existam cursos de boa qualidade, ou pelo menos onde todos os cursos estejam acima do limiar mínimo de qualidade.

Em princípio, bons sistemas regulatórios e de garantia da qualidade devem realizar as seguintes tarefas:

- Autorizar a entrada no mercado somente de cursos com a esperada alta qualidade. A triagem para a entrada de novos cursos deve ser feita não apenas com base na grade curricular e treinamento que oferecem, mas também de acordo com as atividades que propõem para assegurar a interface com o setor privado, promover o acesso ao mercado de trabalho dos egressos, concorrer com cursos similares, e quem sabe fornecer auxílio financeiro aos alunos. Também deveria basear-se no histórico da instituição com cursos anteriores e nos resultados esperados dos egressos no mercado de trabalho. O objetivo da triagem é evitar que cursos que oferecem perspectivas ruins entrem no mercado.
- Estabelecer padrões mínimos de qualidade para os cursos. Por exemplo, um curso deve fornecer ao aluno a expectativa de um determinado aumento salarial em relação ao que teria recebido sem o diploma, descontando o valor das mensalidades. Coletar dados sobre salários recentes de egressos do curso, bem como sobre o pagamento do empréstimo estudantil, quando for o caso, é fundamental para monitorar o cumprimento dos requisitos. O foco em requisitos mínimos (critério de "primeiro não faças dano") foi proposto recentemente para a responsabilização do ensino superior nos Estados Unidos.[16]
- Supervisionar os cursos periodicamente, não apenas a cada 5 ou 10 anos como costuma ser feito para o credenciamento ou renovação da licença, mas anualmente, para detectar problemas logo no início e permitir que os cursos se ajustem conforme necessário. O monitoramento anual teria foco nos resultados e "sinalizaria" os cursos que não atendessem os requisitos mínimos, de modo a acompanhá-los de perto. Um resultado importante a monitor é o retorno líquido do curso, que busca ver se o custo das mensalidades é muito elevado com relação aos seus resultados.
- Publicar os resultados das avaliações periódicas. Isso ajudaria os alunos de cursos "sinalizados" a tomar decisões bem fundamentadas (de intensificar o esforço por encontrar um emprego, por exemplo, ou de mudar de curso). Também ajudaria os programas não sinalizados a fazer propaganda da sua posição. De forma mais ampla, incentivaria os cursos a ter um bom desempenho todos os anos para o bem da sua própria reputação, o que, por sua vez, atrairia ou manteria os alunos.
- Fechar cursos com baixo desempenho. Isso evitaria a matrícula de alunos nesses cursos e o fluxo de recursos públicos para os cursos.

É importante destacar que os padrões mínimos descritos acima são baseados em resultados. Isso não significa que insumos (como tamanho do corpo docente ou infraestrutura) ou práticas (como assistência na busca de emprego) relevantes precisem ser excluídos de avaliações periódicas ou garantia da qualidade. Em vez disso, reflete um foco no que realmente interessa aos alunos — os resultados esperados — e fornece incentivos para que os cursos ajustem os seus insumos e práticas para alcançar os resultados desejados.

Na escolha de resultados para fins regulatórios, há quem defenda que resultados relacionados ao mercado de trabalho são muito limitados, já que os alunos podem ter outros motivos não pecuniários para escolher um curso específico (veja a Introdução e o Capítulo 2 deste livro). Apesar da legitimidade desse argumento, um foco regulatório em resultados no mercado de trabalho se justifica pelo próprio objetivo dos cursos superiores de curta duração, qual seja, dotar os alunos com as habilidades necessárias para ingressar no mercado de trabalho rapidamente. Ainda mais em se tratando de instituições de ensino superior que recebem financiamento público e/ou atraem alunos desfavorecidos, conforme defendemos a seguir.

Como critério de regulação, o mero estabelecimento de requisitos mínimos pode parecer insuficiente. Ao mesmo tempo, pode ser difícil avaliar os cursos de forma mais granular — por exemplo distinguindo entre os cursos muito bons e os excelentes. Seria mais simples identificar os piores cursos, o que também facilitaria o fechamento de cursos na parte inferior da cauda de distribuição da qualidade — aqueles que prejudicam os alunos e possivelmente sejam os que mais contribuem para o estigma associado aos cursos superiores de curta duração. Para ilustrar o quão impactantes podem ser os requisitos mínimos, considerem a média dos retornos líquidos ao longo da vida obtidos graças aos cursos, conforme relatado no Capítulo 2 para o Chile e a Colômbia. Caso, por exemplo, só os cursos com retornos positivos tivessem autorização para funcionar, uma proporção considerável dos CSCDs (12 e 53 por cento no Chile e na Colômbia, respectivamente) teriam que ser fechados.

Avaliações baseadas em resultados podem parecer injustas para cursos cujos alunos são particularmente desfavorecidos do ponto de vista econômico ou acadêmico. Ao mesmo tempo, abaixar o padrão dos resultados esperados para ajustá-lo à desvantagem dos alunos seria um desserviço aos alunos para os quais os padrões são mais importantes. Padrões mínimos são preferíveis a padrões mais intricados, como padrões baseados em valor agregado, justamente por não precisarem ser ajustados de acordo com as características dos alunos. Com efeito, exigir que um curso não faça dano financeiro ao aluno é razoável independentemente da desvantagem inicial do aluno. Caso seja necessário fazer algum ajuste de acordo com as características dos alunos seria melhor que o curso fosse referenciado em comparação com cursos "semelhantes" — por exemplo, cursos da mesma área acadêmica, na mesma localização geográfica e com alunos de características semelhantes — que é análogo à comparação de cursos com base no seu valor agregado. Avaliações simuladas realizadas nos Estados Unidos mostram que "demografia não é destino", já que mesmo entre os cursos que têm alunos desfavorecidos os resultados variam bastante. Embora esses cursos tenham resultados abaixo da média, alguns deles estão bem acima da média.[17]

Supervisão e regulação são fundamentais quando os cursos recebem financiamento público — seja financiamento direto para instituições de ensino superior ou financiamento indireto por meio de auxílio financeiro aos alunos — para evitar que o dinheiro acabe indo para cursos de baixa qualidade. Também são fundamentais quando os provedores de CSCDs desfrutam de alguma forma de poder de mercado, o que ocorre com frequência. Cursos em municípios pequenos e até de médio porte, onde costuma haver poucas opões disponíveis, tem poder de mercado por enfrentarem pouca concorrência. Cursos com mensalidades subsidiadas pelo governo também obtêm poder de mercado ao eliminar os seus concorrentes e absorver a demanda cativa de alunos que não podem arcar com outras opções. Cursos cujas mensalidades não são subsidiadas e que atendem alunos desfavorecidos, não familiarizados com o ensino superior, também dispõem de poder de mercado, já que podem cobrar mensalidades desproporcionalmente altas. O Quadro 5.5 dá um exemplo de como a regulação (ou a ausência de regulação) de instituições de ensino superior que recebem financiamento público de fato afetou os cursos superiores de curta duração de pior qualidade nos Estados Unidos.[18]

Quadro 5.5 Supervisão e regulação: o caso das instituições com fins lucrativos nos Estados Unidos

Do mesmo modo que na América Latina e Caribe (ALC), muitos cursos de ensino superior dos Estados Unidos apresentam resultados insatisfatórios. Muitos desses cursos são oferecidos por instituições de ensino superior (IESs) com fins lucrativos. Em aras de proteger a quantia considerável de recursos federais investidos em auxílio financeiro para a educação superior, bem como os recursos das famílias e alunos em si, o governo dos EUA vem tentando regular as IESs.[19] As instituições com fins lucrativos têm sido um fator particularmente preocupante, porque apesar de custar mais caro geram rendimentos mais baixos, dívidas mais altas e taxas de pagamento de empréstimos mais baixas que cursos comparáveis em outras instituições, mesmo depois de controlar os possíveis fatores capazes de causar confusão (Cellini e Koedel, 2017; Armona, Chakrabarti, e Lovenheim, 2020; Cellini e Turner, 2019; Gaulke, Cassidy e Namingit, 2019; Cellini e Chaudhary, 2014; Cellini, Darolia e Turner, 2020).

Regulações anteriores conseguiram limitar as atividades de cursos e IESs com baixo desempenho. No início da década de 1990, muitos programas e IESs com baixas taxas de pagamento do financiamento estudantil perderam a elegibilidade para receber auxílio estudantil do governo federal ou foram fechados (Darolia, 2013; Looney e Yannelis, 2019; Cellini, Darolia e Turner, 2020). Os alunos deslocados, por sua vez, transferiram-se principalmente para instituições comunitárias de ensino superior locais (Cellini, Darolia e Turner, 2020).

No início dos anos 2000, a popularização do aprendizado online e a falta de supervisão do governo federal geraram um rápido aumento de IESs com fins lucrativos. Durante a Grande Recessão as matrículas nesses cursos cresceram ainda mais à medida que os trabalhadores eram atraídos pelas propagandas dos cursos e os procuravam para obter uma requalificação online. Buscando mitigar os seus impactos negativos, a meados dos anos 2010 o governo federal penalizou várias instituições e fechou outras. Ademais, restringiu o recrutamento agressivo das IESs com fins lucrativos, criou o site *College Scorecard* para disseminar informações sobre os resultados das instituições, e estabeleceu a regra do emprego vantajoso *(Gainful Employment Rule)* para responsabilizar as instituições de ensino superior.[20] Formuladores de

---

(quadro continua próxima página)

Quadro 5.5 Supervisão e regulação: o caso das instituições com fins lucrativos nos Estados Unidos *(continuação)*

políticas e acadêmicos enfatizaram a importância de fornecer informações para ajudar os alunos a escolher melhor, talvez com ênfase no estabelecimento de padrões mínimos de qualidade e eliminação da cauda inferior da distribuição da qualidade (Deming e Figlio, 2016). O resultado foi que entre 2010 e 2016, as matrículas em instituições com fins lucrativos diminuíram e algumas grandes redes privadas foram fechadas. Embora nunca tenha sido plenamente implementada, a regra do emprego vantajoso pode ter servido como ameaça e levado ao fechamento de muitos cursos de baixo desempenho (Kelchen e Liu, 2019).

Como nos anos seguintes a maioria dessas regulações foi eliminada ou não foi aplicada, o número de matrículas em cursos com fins lucrativos voltou rapidamente ao patamar anterior. Durante a pandemia de COVID-19, as matrículas em cursos com fins lucrativos cresceram 3 por cento em comparação com a queda de 9 por cento nas matrículas em instituições comunitárias de ensino superior. Considerando que antes da pandemia o ensino já ocorria mormente à distância nas instituições com fins lucrativos, elas conseguiram se adaptar facilmente ao ensino totalmente à distância e não sofreram grandes perdas como ocorreu com os cursos presenciais. Além disso, continuam gastando mais que as instituições comunitárias de ensino superior com propaganda (Vazquez-Martinez e Hansen, 2020). De modo geral, a experiência dos Estados Unidos com IESs com fins lucrativos mostra que a supervisão e a regulação podem, de fato, melhorar a oferta de ensino superior, mas apenas na medida em que as normas forem bem projetadas e devidamente aplicadas.

O dinamismo e a "rotatividade" (*churn*) no mercado de CSCDs (Capítulo 3) podem dificultar a responsabilização devido à dificuldade de garantir a qualidade dos cursos ou fornecer informações sobre eles quando abrem, fecham e mudam com frequência. Uma triagem cuidadosa dos cursos que entram no mercado e avaliações anuais detalhadas poderiam ajudar a aliviar esses desafios. Em um contexto diferente, mas igualmente dinâmico, é assim que os autorizadores mais eficazes de escolas charter no Estados Unidos lidam com essas questões.[21] Além disso, uma boa regulação favorece a entrada de novas IESs de boa qualidade. Como as novas instituições de ensino superior não têm reputação precedente, o reconhecimento público de que oferecem um serviço de boa qualidade ajuda a atrair alunos e incentiva a entrada de instituições e cursos de qualidade elevada.

As principais ferramentas regulatórias usadas hoje em dia na ALC para cursos e instituições de ensino superior são em boa medida a garantia da qualidade e o credenciamento. Contudo, embora ambas tenham claramente o seu lugar, particularmente quando bem projetadas e executadas, não devem substituir a supervisão periódica (p. ex., anual) junto com divulgação da informação e disposição de implementar a "primeira linha de ataque", fechando os cursos com pior desempenho sempre que necessário. Se há uma tarefa que o regulador tem a obrigação de cumprir é o fechamento dos piores cursos. Nos últimos anos os países da ALC têm se debruçado sobre questões regulatórias, conforme ilustrado no Quadro 5.6.

Quadro 5.6 Reforma na supervisão e regulação: tentativas recentes na ALC

Nas últimas décadas os sistemas de ensino superior da América Latina e Caribe (ALC) passaram por um acentuado e complexo processo de crescimento (veja o Capítulo 1). As taxas de matrícula praticamente triplicaram nos últimos trinta anos, e muitas novas instituições de ensino superior (IESs) ingressaram no mercado, entre elas instituições que oferecem cursos superiores de curta duração (CSCDs).

Um fator importante por trás desse crescimento na taxa de matrícula foram as iniciativas públicas orientadas a reduzir os encargos financeiros assumidos pelos alunos do ensino superior. Um exemplo dessas iniciativas pode ser visto no Chile. Durante o início dos anos 2000, novos programas de crédito estudantil geraram um rápido crescimento de matrículas no Chile. Porém, com o passar do tempo, surgiu uma grande preocupação devido às taxas de juros elevadas, mecanismos deficientes de garantia da qualidade, e incompatibilidade entre as habilidades produzidas pelo sistema de ensino superior e aquelas demandadas pelo mercado. Para enfrentar o descontentamento generalizado criado por essas questões, em 2016 o governo chileno implementou uma grande reforma no financiamento estudantil, *gratuidad*, no cerne da qual está o ensino superior gratuito (veja o Capítulo 3). Agora que o novo sistema está em funcionamento há alguns anos, os altos custos orçamentários e problemas com o desenho técnico da reforma, junto com problemas pré-existentes não resolvidos pela gratuidade — como problemas com a garantia da qualidade e incompatibilidade entre a oferta e a demanda de habilidades — surgem como barreiras para um sistema de ensino superior inclusivo e de alta qualidade.

Outro fator responsável pelo rápido crescimento do ensino superior em alguns países foi a falta de um marco regulatório moderno e atualizado para IESs. Esse foi a caso de Peru. Durante vários anos, a ausência de um marco regulatório moderno, coeso e eficaz permitiu a entrada rápida e um tanto desorganizada de muitos novos cursos e instituições de ensino superior, vários deles de qualidade questionável. Desde o começo de 2014 o governo vem implementando uma série de reformas com o objetivo de melhorar a qualidade do ensino superior ofertado, como a concessão de licença de funcionamento apenas para IESs que cumpram padrões mínimos, e a implementação de um sistema de credenciamento institucional mais eficaz. A implementação da reforma tem sido um tanto lenta, em parte devido ao grande número de IESs que solicitaram uma licença. O licenciamento das universidades foi concluído em janeiro de 2021, mas o de outras IESs (incluindo provedores de CSCDs) ainda está em andamento. Até meados de 2020 mais de 13 universidades tinham sido fechadas, 37 IESs receberam multas pesadas, e muitas IESs foram penalizadas por oferecer cursos não autorizados.[22] Ainda é muito cedo para avaliar o impacto dessas reformas no longo prazo.

5.5 Caminhos para o Desenvolvimento de Habilidades

Um motivo que pode levar os alunos a não cursar um CSCD é a dificuldade de conseguir transferência para um bacharelado, o que tornaria o CSCD um "caminho sem saída". Por exemplo, embora a maioria dos diretores de cursos entrevistados para a WBSCPS relatem que os seus cursos oferecem créditos para graduações mais longas, dados administrativos mostram que a maioria dos alunos de CSCDs não procura ou termina esse tipo de graduação (Capítulo 1).

A criação de caminhos mais flexíveis entre CSCDs e bacharelados poderia mitigar a percepção dos primeiros como sendo um "caminho sem saída" e reduzir o estigma que carregam. E o que é mais importante, ao mudar o foco de diplomas para habilidades, facilitaria a aprendizagem ao longo da vida. Sob o sistema de caminhos flexíveis o aluno recebe uma credencial quando completa um bloco ou módulo de aquisição de habilidades (como o primeiro ano de um curso universitário de curta duração ou uma série de cursos de TI), completando os blocos de forma flexível conforme permitido pelas suas obrigações de trabalho ou família. Após concluir o portfólio de blocos obrigatórios, torna-se apto a obter o diploma (por exemplo, de tecnólogo ou bacharel). Dessa forma, o próprio CSCD torna-se um bloco no portfólio em direção ao bacharelado.

Porém, criar caminhos flexíveis é mais fácil na teoria que na prática, em que surgem dois principais obstáculos. Primeiro, quando um egresso de um CSCD busca admissão em um curso de bacharelado, este precisará confiar em que o aluno de fato aprendeu tudo o que deveria ter aprendido no CSCD. E segundo, os cursos em questão — CSCDs e bacharelados — podem não ser o suficientemente flexíveis. O primeiro problema pode ser resolvido por meio de exames em que o aluno demonstra estar pronto para cursar um bacharelado. Também pode ser resolvido por arranjos institucionais entre os dois cursos ou IESs. Todavia, um mero acordo não basta. Nos Estados Unidos, muitos estados têm uma equivalência de créditos entre instituições comunitárias de ensino superior e instituições com cursos de quatro anos, mas a transferência de alunos em si só funciona bem em alguns estados — naqueles em que os corpos docentes da instituição que deseja enviar o aluno e a que vai recebê-lo coordenam a transferência adequadamente.[23] Outra solução para o primeiro problema consiste no uso de "descritores" padronizados semelhantes aos usados entre países da União Europeia, que estabelecem parâmetros gerais e resultados esperados de aprendizagem por tipo de curso (por exemplo, CSCD e bacharelado) assegurando assim a aceitação dos diplomas de ambas as instituições.[24]

Provar que o aluno não apenas completou um bloco, mas também adquiriu as habilidades correspondentes, é relativamente simples quando o aluno acumula blocos na mesma instituição ou em instituições relacionadas. Em outros casos, talvez a melhor solução seja verificar a reputação da instituição certificadora (seja uma IES ou empresa privada) e fornecer informações detalhadas sobre as habilidades adquiridas. Nos Estados Unidos existem vários arranjos desse tipo (Quadro 5.7), incluindo credenciais empilháveis, que permitem que os alunos "empilhem" certificados ou diplomas em direção a uma credencial mais avançada, e distintivos digitais, que fornecem uma certificação digital de que aquela pessoa possui uma habilidade específica (por exemplo, habilidades de liderança), mesmo que a não tenha adquirido por meio de treinamento formal. Um arranjo recente é a abordagem do "certificado primeiro", que ensina as disciplinas mais práticas no primeiro ano do curso e outorga um certificado para essas disciplinas, deixando o conteúdo mais geral e teórico para mais tarde. Essa abordagem é um exemplo de como os cursos de bacharelado podem tornar-se mais flexíveis para acomodar os alunos de CSCDs sem perder o rigor ou a profundidade.

Quadro 5.7   Caminhos acadêmicos flexíveis nos Estados Unidos

Caminhos flexíveis são uma característica do sistema de ensino superior dos EUA há várias décadas — pelo menos na teoria. Antes de descrevê-los fazem-se necessárias algumas definições. Uma *credencial* é um documento concedido por um órgão autorizado que atesta que uma pessoa alcançou resultados de aprendizagem e habilidades específicas com relação a um determinado padrão. Este amplo conceito inclui títulos, diplomas, licenças, certificados, distintivos e certificações profissionais ou do setor produtivo. Um *certificado* é uma credencial que "certifica" ou documenta que uma pessoa possui conhecimentos especializados em uma ocupação específica. O curso correspondente geralmente dura entre alguns meses e um ano e pode não fornecer créditos para estudos subsequentes. Embora um *associate degree* também se concentre em ocupações específicas, exige que o aluno curse matérias adicionais sobre o campo além de matérias gerais (por exemplo, matemática, português e ciências), e costuma conceder créditos para cursos mais avançados. Certificados conferem acesso a um campo do saber, ou, para alunos com experiência anterior naquele campo, a conhecimentos especializados adicionais. No campo da radiologia, por exemplo, o certificado de entrada treina o aluno para trabalhar como técnico de raio-X, enquanto o certificado para imagem de ressonância magnética (RM) treina alunos com experiência anterior que buscam se especializar em ressonâncias magnéticas. Em contrapartida, o *associate degree* em tecnologia radiológica fornece qualificações para várias especializações radiológicas, como ressonância magnética e radioterapia, e inclui a prática clínica.

Talvez o caminho mais conhecido seja o de *transferência*s de instituições comunitárias de ensino superior para instituições de quatro anos. Bailey, Jaggars e Jenkins (2015) documentaram que mais de dois terços dos estados dos EUA adotaram políticas para facilitar essas transferências de modo a permitir que os egressos de cursos de dois anos possam entrar em cursos de quatro anos no terceiro ano. Embora em alguns estados as transferências ocorram de forma inconsútil, em outros os alunos transferidos são obrigados a cursar disciplinas do primeiro ou segundo ano porque a universidade que desejam cursar não aceita as disciplinas cursadas na instituição de ensino superior comunitária. As evidências sugerem que não basta formular políticas públicas para que as transferências funcionem, é fundamental que exista coordenação entre os corpos docentes das instituições comunitárias de ensino superior e das instituições com cursos de 4 anos de duração.

A recente abordagem de conceder o *certificado primeiro* decompõe um diploma de bacharelado em certificados e "revira" a grade curricular, invertendo a ordem das disciplinas. Enquanto um currículo tradicional começa com matérias gerais e depois passa para matérias mais específicas e práticas, o currículo invertido começa com as matérias de cunho prático. Os alunos recebem um certificado quando completam as matérias práticas e depois passam para as matérias gerais. Assim, caso o aluno faça uma pausa ou decida encerrar os estudos sem obter o diploma final, poderá ao menos ter obtido uma credencial. Considere, por exemplo, um diploma de bacharelado em tecnologia aplicada. Sob a abordagem do certificado primeiro, o diploma compreende a seguinte sequência de certificados: certificado em programação de computadores, certificado em *front end* na web e certificado em desenvolvimento web. Os dois últimos certificados cobrem matérias gerais e matérias eletivas que normalmente

(quadro continua próxima página)

Quadro 5.7 Caminhos acadêmicos flexíveis nos Estados Unidos *(continuação)*

seriam ministradas no início. Ao concluir o primeiro certificado o aluno recebe uma credencial; ao completar o primeiro e o segundo, tem direito a um *associate degree*; e ao completar os três tem direito ao diploma de bacharelado. Essa abordagem já foi implementada pelas instituições Brigham Young University–Pathway Worldwide, Champlain College e Western Governors University (Gilbert e Horn, 2019).

Credenciais empilháveis são certificados ou credenciais tradicionais que podem ser "empilhados" para construir qualificações e ajudar o aluno a avançar na carreira. Costumam ser concedidas por instituições de ensino superior, mas também podem ser ofertadas pelo setor produtivo. O exemplo mais comum é o de uma pessoa que já possui um certificado ou *associate degree* e volta para o instituição comunitária de ensino superior para obter mais treinamento ou credenciais. Os chamados *associate degrees* empilháveis foram projetados para ser cursados seja de forma tradicional ou pela acumulação sequencial de credenciais específicas. Com relação aos diplomas empilhados no sistema de ensino superior Wisconsin Technical College System, Kiddo (2017) concluiu que as pessoas que escolhem a opção de empilhamento e obtém um certificado primeiro têm uma probabilidade maior de completar o curso e obter o diploma final do que aqueles que escolhem a opção tradicional. O *Tennessee Transfer Pathways* cria caminhos bem definidos em várias áreas, permitindo que os alunos recebam certificados de instituições comunitárias de ensino superior ou do setor produtivo enquanto avançam em direção ao bacharelado ou *associate degree*. Bailey e Belfield (2017) examinaram os retornos de certificados empilháveis e não encontraram efeitos. No entanto, usando dados de após a Grande Recessão Meyer, Bird e Castleman (2020) fornecem evidências mais recentes de que uma segunda credencial para adultos no estado de Virginia tem tido grandes e positivos efeitos no emprego e nos salários. Até o momento, 17 estados já alocaram recursos financeiros para o desenvolvimento de credenciais empilháveis por parte de instituições de ensino superior, e muitos estados já implementaram esse caminho.

Distintivos digitais são semelhantes aos diplomas tradicionais de papel, mas usam tecnologias digitais e costumam representar competências ou conhecimentos especializados que não aparecem no histórico escolar, como habilidades de coleta de dados ou trabalho voluntário. Por isso às vezes são conhecidos como "microcredenciais". Metadados associados a um distintivo digital descrevem o conteúdo das habilidades, como por exemplo habilidades de liderança, e fornecem o nome da autoridade certificadora. O distintivo pode ser postado online, em plataformas de emprego virtuais ou em redes sociais. Distintivos podem ser outorgados por instituições, organizações ou pessoas físicas em parceria com uma organização encarregada de exibir e verificar os distintivos. Open Badges da IMS Global e Acclaim Platform da Credly são alguns exemplos de distintivos digitais.[25]

O uso de distintivos digitais tem sido motivado sobretudo pela necessidade de encontrar mão de obra compatível para as empresas com base em habilidades, e não diplomas. Às vezes funcionam como credenciais empilháveis e podem contar como créditos para um diploma. Motivado por inúmeras conversas com empregadores locais sobre o déficit de competências, o sistema da Colorado Community College oferece distintivos digitais para habilidades como utilização de furadeira de bancada, usinagem manual e torneamento de controle numérico computadorizado, que podem ser acumulados para obter um *associate degree*. A IBM emite

(quadro continua próxima página)

Quadro 5.7 Caminhos acadêmicos flexíveis nos Estados Unidos *(continuação)*

distintivos digitais (para habilidades como *design thinking*, análise de dados e gerenciamento de programas) que podem ser usados para obter certificados e diplomas na Northeastern University, inclusive de bacharelado e mestrado. Além disso, a IBM entrou em parceria com a University of Louisville para estabelecer a IBM Skills Academy, que se concentra em aprendizado digital e habilidades tecnológicas.[26]

Quanto ao segundo obstáculo aos caminhos flexíveis, a rigidez dos cursos em questão, os CSCDs são com frequência considerados os principais culpados por não facilitar a entrada no mercado de trabalho nem a continuação para o bacharelado. Porém na realidade é possível que os CSCDs não sejam o problema, mas sim os cursos de bacharelado, que podem não ser flexíveis o bastante para acomodar alunos de CSCDs com uma estrutura modular ou "abordagem baseada em certificados", conforme descrito acima. A experiência de tornar os CSCDs o mais flexíveis possível foi testada por instituições comunitárias de ensino superior dos EUA e considerada deficiente. Na verdade, alunos de instituições comunitárias costumam optar por disciplinas que possibilitem a transferência para instituições com cursos de quatro anos, já que 80 por cento dos que ingressam em instituições comunitárias expressam a intenção de pedir transferência. No entanto, apenas 31 por cento dos alunos que entram são transferidos, e menos da metade deles conclui o bacharelado.[27] Entre os 69 por cento restantes, muitos deixam o instituição comunitária sem um diploma, depois de acumular matérias que teriam sido úteis se tivessem sido transferidos, mas de resto tem pouco valor de mercado.

A grande flexibilidade do currículo modular (estilo buffet) das instituições comunitárias de ensino superior, que permite que os alunos escolham e acumulem disciplinas como quiserem, parece não funcionar muito bem para os alunos. Efetivamente, algumas das instituições comunitárias de ensino superior mais bem-sucedidas dos Estados Unidos propositadamente evitam essa abordagem, optando em disso por oferecer "caminhos guiados" semelhantes aos que costumam ser usados por CSCDs na ALC (Capítulo 3).[28] Além disso, evidências da WBSCPS sugerem que o treinamento e grade curricular estruturados dos CSCDs contribuem de forma positiva para a formatura dos alunos (Capitulo 4), e talvez sejam responsáveis pelo maior número de alunos que conclui um CSCD que um bacharelado na região. À luz dessas ponderações, e considerando o sucesso agregado dos CSCDs, a implementação de caminhos flexíveis seria facilitada tornando os cursos de bacharelado mais flexíveis, e não os CSCDs. Na verdade, nem todos os cursos precisam do mesmo nível de flexibilidade, e uma abordagem de "tamanho único" pode não ser a mais conveniente nesse quesito.

A discussão sobre vias de acesso entre cursos costuma estar centrada na saída de CSCDs em direção ao bacharelado, mas o caminho oposto também deve ser considerado, particularmente para alunos que não completam o bacharelado. Nessa situação CSCDs poderiam funcionar como uma "rampa de saída", concedendo um diploma de conclusão do ensino superior de curta duração ao invés de deixá-los sair sem nenhum tipo de credencial. Como o mercado de trabalho é melhor para egressos de CSCDs que para os que abandonam o bacharelado, a ideia da "rampa de saída" parece particularmente promissora (Capítulo 1).

Para promover aprendizagem ao longo da vida, os cursos precisam não só ser flexíveis, mas também curtos. Do jeito que estão, alguns cursos podem simplesmente ser longos demais. Considerando particularmente a urgência que temos hoje em formar capital humano qualificado, a simplificação dos programas — com um novo desenho e menor duração — é uma forma simples e barata de tornar o ensino superior mais flexível e atraente. O Quadro 5.8 ilustra algumas inovações recentes no desenho curricular.

Quadro 5.8 O que deve ser ensinado e como?

À medida que o foco do ensino superior muda de diplomas para habilidades, surge uma nova questão — de que modo os cursos podem identificar as habilidades especificas que devem ensinar? Como podem ensinar as habilidades de forma eficiente e eficaz para que os egressos possam ter um desempenho máximo nos seus empregos? Uma resposta a essa pergunta vem da Pesquisa de Cursos Superiores de Curta Duração do Banco Mundial (WBSCPS). Diretores de cursos relataram ter trabalhado junto com empresas para avaliar as suas necessidades, inclusive cooperado com algumas no desenho curricular e avaliação dos alunos. Outra resposta vem dos Estados Unidos, onde algumas instituições comunitárias de ensino superior aplicam uma estrutura de "caminhos guiados" em suas grades curriculares.[29] Isso envolve o "mapeamento do curso", identificando as competências necessárias para que os egressos tenham sucesso no mercado de trabalho ou em estudos futuros; mapeando essas competências para transformá-las em habilidades; e finalmente projetando os cursos, métodos de ensino e atividades para que transmitam essas habilidades. Nessa abordagem as disciplinas não são vistas como elementos independentes, mas como passos ao longo de um percurso coerente. O corpo docente passa menos tempo apresentando conteúdo e mais tempo liderando atividades que fortalecem a motivação dos alunos e focam nessas competências (por exemplo, aprendizagem baseada em projetos e ensino baseado em casos). A aprendizagem baseada em projetos é um exemplo específico de "aprendizagem experiencial" na qual a *Northeastern University* foi pioneira por meio do seu modelo *"co-op"*. Nesse modelo, os alunos dividem o seu tempo entre a sala de aula e o trabalho com grande fluidez entre os dois componentes, fazendo com que um impacte o outro de forma deliberada.[30]

Na mesma linha, a *McKinsey Generation* aplica uma abordagem direcionada e baseada em tarefas a seus programas de desenvolvimento funcional.[31] Sob essa abordagem identifica-se as atividades mais importantes exigidas em cada trabalho visando a formulação de um currículo para o ensino das habilidades necessárias, assegurando assim que sejam desempenhadas no mais alto nível. É importante destacar que são essas as atividades que separam os alunos com bom desempenho acadêmico dos que tem um desempenho ruim; os que alcançam sucesso no mercado dos que fracassam. Tomemos o exemplo de um desenvolver web, cuja tarefa, na essência, é desenvolver interfaces de fácil utilização. Isso requer habilidades técnicas, como codificação Java e gerenciamento de banco de dados, e habilidades comportamentais, como avaliar as necessidades do usuário, receber feedback e entregar versões iterativas pontualmente. Assim, com um treinamento baseado em tarefas o aluno treina repetidamente as habilidades até dominá-las plenamente.

5.6 O Estigma dos CSCDs

Cursos superiores de curta duração carregam o estigma de ser a opção menos desejável com relação aos cursos de bacharelado. É muito raro que um aluno sonhe em se graduar de um CSCD, ou que uma mãe sonhe em ver o seu filho se graduar de um CSCD. CSCDs são considerados a opção que sobra quando a melhor opção — um bacharelado — não está disponível.

Dadas as evidências apresentadas neste livro, será que esse estigma é justo? Em outras palavras, será que reflete a realidade? Este capítulo ressaltou alguns motivos de peso para que os cursos superiores de curta duração sejam vistos favoravelmente; todos levam a crer que o estigma é injusto. Ao mesmo tempo, CSCDs têm deficiências que poderiam justificar o estima. Além disso, os alunos podem achar os CSCDs limitados devido ao foco em ocupações especificas, contrastando com o suposto treinamento teórico mais amplo dos cursos de bacharelado. Essa preocupação aumenta quando o aluno acredita ser essa a sua única chance de cursar o ensino superior ou estudar em nível avançado.

Considerando que muitos alunos avaliam os cursos de acordo com o seu público, o estigma pode estar relacionado ao fato de que CSCDs costumam ser a opção de alunos relativamente desfavorecidos. Alunos mais avantajados poderiam interpretar isso como evidência de que CSCDs são menos desafiadores e compensam menos que bacharelados, sendo, portanto, a opção inferior. Existe ainda a possibilidade de que políticas públicas tenham contribuído para o estigma, particularmente em países com fácil acesso a cursos de bacharelado gratuitos em instituições de ensino superior públicas, onde os alunos naturalmente tendem a escolher esses cursos. Em outras palavras, as políticas de financiamento e admissão para cursos superiores de curta duração e bacharelados em instituições públicas podem incentivar os alunos a escolher os segundos em vez dos primeiros. Ao concentrar mais recursos e atenção nos cursos de bacharelado, os formuladores de políticas podem ter contribuído para a percepção de que os CSCDs são a opção inferior.

As políticas descritas neste capítulo devem ajudar a mitigar o estigma que paira sobre os CSCDs. Entre as estratégias que podem ajudar estão a disponibilização de informações para os alunos sobre CSCDs e bacharelados e ajuda para que processem corretamente as informações; restauração da equidade no financiamento do ensino superior; facilitação de caminhos acadêmicos e aprendizagem ao longo da vida; e regulação dos CSCDs para garantir a oferta de cursos de qualidade. Porém, conforme destacam Ferreyra et at. (2017), talvez precisemos também de uma nova mentalidade com relação ao ensino superior, que valorize a variedade das ofertas para que cada aluno encontre a melhor opção para si mesmo. Os formuladores de políticas públicas não devem objetivar a maximização do número de bacharéis, mas sim a maximização do número de pessoas altamente qualificadas, seja mediante bacharelados ou cursos superiores de curta duração. Da mesma forma, os alunos não devem ter por objetivo a obtenção do diploma de bacharel a qualquer custo, mas sim a graduação do curso que melhor atenda às suas necessidades, preparo acadêmico, interesses e objetivos.

O setor privado pode desempenhar um papel fundamental na eliminação do estigma dos CSCDs, afirmando firmemente a sua necessidade das habilidades desenvolvidas por esses cursos. O Quadro 5.9 ilustra como a participação do setor privado em campanhas de comunicação pública pode tornar um determinado tipo de diploma mais desejável. Além disso, nos últimos anos pode ter surgido um aliado inesperado dos CSCDs: o crescente desinteresse dos alunos por cursos longos. Muitos dos diretores de cursos entrevistados para a WBSCPS enfatizaram que os alunos não se interessam mais em longos anos treinamento, preferindo credenciais obtidas no curto prazo com empregabilidade imediata. Considerando essas novas preferências, os cursos superiores de curta duração podem vir a ser uma opção interessante para um segmento bastante mais amplo e variado da população do que os alunos que têm hoje.

Em última instância, nada ajudará mais a eliminar o estigma dos CSCDs que um estrondoso sucesso. A crise atual pode ser exatamente a oportunidade que os CSCDs precisavam para que o sucesso se realize.

Quadro 5.9 Combatendo o estigma de um diploma: a experiência da Alemanha

Em 1999, 31 países europeus assinaram uma declaração em Bolonha intitulada "O Espaço Europeu de Ensino Superior" visando estabelecer um sistema compatível de titulações e graus de ensino superior na Europa até 2010, e ao mesmo tempo aumentar a qualidade dos cursos para melhorar a empregabilidade dos egressos. O "Processo de Bologna" introduziu uma estrutura de dois ciclos no ensino superior (graduação e pós-graduação). Existem bacharelados e mestrados em quase todos os campos do saber e áreas de estudo, em geral com duração de seis e quatro semestres, respectivamente.

Na Alemanha, a reforma foi implementada para que tanto as universidades tradicionais quanto as escolas profissionais, conhecidas como "universidades de ciências aplicadas", pudessem oferecer os dois tipos de cursos. Os bacharelados foram concebidos para fornecer habilidades relevantes para o mercado de trabalho europeu. O problema, contudo, foi que os bacharelados ficaram estigmatizados e passaram a ser percebidos como inferiores aos mestrados.

O setor produtivo desempenhou um papel importante na luta contra o estigma. Para ajudar a removê-lo, em 2004 a Associação Alemã de Comércio e Indústria, o Centro para o Desenvolvimento do Ensino Superior, e a Confederação das Associações de Empregadores Alemãs lançaram a iniciativa conjunta "Bem-vindos Bacharéis", com o objetivo de apresentar os bacharelados como uma boa opção profissional, capaz de dar acesso a bons primeiros empregos e carreiras promissoras. Mediante uma declaração conjunta, essas organizações apoiaram a reforma introduzida pelo Processo de Bologna e buscaram elevar o status dos cursos de bacharelado salientando a sua orientação prática, duração mais curta, e relevância internacional. A declaração original foi assinada pelos diretores de recursos humanos de 15 empresas líderes do mercado, tendo sido reafirmada e ampliada nos anos seguintes. Em 2012, 62 grandes empresas alemãs assinaram uma nova declaração denominada "Bologna@Germany" reiterando o seu compromisso de colaborar com as instituições de ensino superior (IESs) para expandir os cursos de bacharelado, e defendendo o fortalecimento do conteúdo prático com ampliação do acesso para um grupo diversificado de alunos.

5.7 Conclusões

Há motivos para otimismo com relação aos cursos superiores de curta duração, mas também motivos para cautela. Políticas públicas bem projetadas podem mitigar as deficiências dos CSCDs e ajudar a realizar o seu potencial. Exemplos dessas políticas incluem o fornecimento e divulgação de informações, correção das desigualdades no financiamento, responsabilização dos cursos com base nos seus resultados, fechamento dos cursos com pior desempenho, e facilitação de caminhos acadêmicos flexíveis.

Os cursos superiores de curta duração ingressaram no cenário da educação superior da ALC relativamente tarde, e não atingiram um papel de destaque em uma região onde os cursos de bacharelado foram sempre vistos como a melhor chave para a mobilidade social e econômica — e talvez a única. No entanto, os CSCDs podem revelar-se extremamente úteis, não só para superar a crise gerada pela pandemia de COVID-19 no mercado de trabalho e na produção, como também para preparar as pessoas para o mundo do trabalho nos dias de hoje — um mundo cuja chegada foi acelerada pela pandemia. O sucesso nesta conjuntura pode mudar a percepção pública sobre CSCDs — que de opção inferior passariam a ser vistos como a opção certa para muitos em um momento de grande necessidade. Chegou a hora dos cursos superiores de curta duração. Se não agora, quando?

Notas

1. Angelica Sanchez e Gabriel Suarez merecem reconhecimento por sua excelente assistência à pesquisa.
2. Em outro contexto, os melhores autorizadores de escolas charter nos Estados Unidos adotaram uma filosofia semelhante, removendo os motivos válidos que levam algumas pessoas a detestar esse tipo de escola (Pearson, S. 2020. "5 Things We Learned in D.C. about How to Advance Charter Schools." Blog, Education Next, September).
3. Ferreyra et al. (2017); Carranza e Ferreyra (2019); Ferreyra et al. (2020).
4. Minaya e Scott-Clayton (2019) e Riehl, Saavedra e Urquoila (2019).
5. Deming e Figlio (2016) fornecem evidências de como sistemas institucionais de classificação, particularmente os produzidos pelo *U.S. News and World Report*, conduzem a respostas estratégicas por parte das instituições e afetam os pedidos de admissão dos alunos.
6. Inicialmente, antes do lançamento do *College Scorecard*, o governo Obama tinha a intenção de usar a informação para classificar os instituições de ensino superior e alocar recursos orçamentários com base no desempenho. Considerações como as que apresentamos aqui fizeram com que o governo descartasse a ideia inicial e optasse simplesmente por lançar o *College Scorecard*.
7. Veja Carrell e Kurlaender (2019) e Hastings, Neilson e Zimmerman (2015) para evidências sobre a importância dos atributos não pecuniários de cursos nos Estados Unidos e no Chile, respectivamente.
8. O Chile é uma exceção porque subsidia alunos de IESs privadas e tem um grande mercado de crédito estudantil.

9. No documento de referência para este relatório, Ferreyra et al. (2017), Carranza e Ferreyra (2019), e Ferreyra et al. (2020) apresentam a variação nas taxas de abandono por faixa de renda e preparo acadêmico.

10. Nos Estados Unidos, por exemplo, os governos estaduais e locais fornecem transferências para IESs públicas. Além disso, o governo federal oferece auxílio financeiro para alunos de todas as IESs — públicas e privadas — mediante doações diretas e empréstimos.

11. Os empréstimos *Ingresa* do Chile e ICETEX da Colômbia são as exceções. No entanto, o último cobre uma fração muito pequena da população de alunos de CSCDs (veja o Capítulo 1).

12. Veja, por exemplo, https://www.soyhenry.com/ e https://www.laboratoria.la/en.

13. Veja a avaliação de Baird et al. (2014), e as referências da mesma publicação.

14. Veja Beylis et al. (2020) e Silva et al. (2021).

15. Ferreyra e Liang (2012), Deming e Figlio (2016).

16. Veja um proposta para a responsabilização do ensino superior em Matsudaira e Turner (2020). Existe a preocupação de que uma política de padrões mínimos poderia criar um problema de seleção adversa, pelo qual alguns cursos dos quais se espera uma qualidade elevada deixariam de abrir por medo de serem fechados no futuro, enquanto outros de baixa qualidade esperada abririam para obter lucros antes de serem fechados pela agência reguladora. Uma triagem cuidadosa dos cursos antes de autorizar a sua entrada no mercado deve conseguir mitigar esse problema. É assim que funcionam as escolas *charter* eficazes, por exemplo. Para uma discussão sobre o Conselho de Escolas Charter Públicas do Distrito de Columbia, veja Ferreyra e Kosenok (2018), e https://dcpcsb.org/.

17. Matsudaira e Turner (2020).

18. Seria interessante saber se os resultados dos CSCDs melhoram com a presença de disposições regulatórias como padrões mínimos. Evidências empíricas novas e robustas sobre a questão exigiriam informação longitudinal e uma taxonomia das regulações para o país inteiro. No momento esses dados não estão disponíveis. Contudo o estudo dá evidências sobre retornos que poderiam ser usados no futuro para analisar a questão.

19. Boa parte deste quadro vem de Matsudaira e Turner (2020) e Cellini (2020).

20. O *College Scorecard* é uma ferramenta online com informações comparativas sobre os custos e resultados das diferentes instituições (https://collegescorecard.ed.gov/). A regra do emprego vantajoso (*Gainful Employment Rule*) identifica cursos que resultam em rendimentos do trabalho que inviabilizam o pagamento de empréstimos estudantis.

21. Por exemplo, o *Public Charter School Board* em Washington, DC, é o único autorizador de escolas desse tipo na cidade (https://dcpcsb.org/). Para solicitar a abertura de uma escola charter o interessado deve submeter um plano acadêmico e de negócios detalhado e participar de várias entrevistas com o autorizador. Somente um terço dos pedidos de abertura são aprovados. A cada ano o autorizador realiza uma avaliação anual de cada escola de acordo com diretrizes bem definidas contidas no Marco de Avaliação de Desempenho. Além disso, o órgão de licenciamento visita as escolas várias vezes ao ano. Com base nessa avaliação classifica as escolas charter em três níveis e pública a classificação.

22. Veja https://www.sunedu.gob.pe/sunedu-seis-anos-reforma-universitaria-servido -para-construir-sistema-universitario-diferente-ordenado-sin-ilegalidad/

23. Bailey, Jaggars e Jenkins (2015).

24. Veja http://ecahe.eu/w/index.php/Dublin_Descriptors bem como o Capítulo 1.

25. Para saber mais sobre distintivos digitais, veja, por exemplo, https://internal.cccs.edu /academic-affairs/academic-initiatives/digital-badges/.

26. Veja, por exemplo, https://internal.cccs.edu/academic-affairs/academic-initiatives/digital -badges/ e https://www.forbes.com/sites/michaeltnietzel/2019/05/06/four-reasons -why-the-university-of-louisvilles-ibm-skills-academy-is-a-very-smart-move /?sh=7e02715c14f5.

27. Veja https://ccrc.tc.columbia.edu/Community-College-FAQs.html

28. Bailey et al. (2015).

29. Bailey, Jaggars e Jenkins (2015).

30. Veja https://www.northeastern.edu/experiential-learning/.

31. Veja https://www.mckinsey.com/about-us/new-at-mckinsey-blog/15000-lives -transformed-and-counting. Esses são cursos curtos que não são considerados CSCDs.

Referências

Armona, L., R. Chakrabarti, and M. Lovenheim. 2020. "Student Debt and Default: The Role of For-Profit Colleges." Staff Report No. 811, Federal Reserve Bank of New York.

Bailey, T. R., and C. Belfield. 2017. "Stackable Credentials: Do They Have Labor Market Value?" CCRC Working Paper No. 97, Community College Research Center, Columbia University, New York.

Bailey, T., S. Jaggars, and D. Jenkins. 2015. Redesigning America's Community Colleges: A Clearer Path to Student Success. Cambridge, MA: Harvard University Press.

Baird, S., F. H. Ferreira, B. Özler, and M. Woolcock. 2014. "Conditional, Unconditional and Everything in Between: A Systematic Review of the Effects of Cash Transfer Programmes on Schooling Outcomes." Journal of Development Effectiveness 6(1): 1–43.

Baker, D. J. 2020. "'Name and Shame': An Effective Strategy for College Tuition Accountability?" Educational Evaluation and Policy Analysis 42 (3): 393–416.

Baker, R., E. Bettinger, B. Jacob, and I. Marinescu. 2018. "The Effect of Labor Market Information on Community College Students' Major Choice." Economics of Education Review 65: 18–30.

Becerra, M., J. Alonso, and M. Frias. 2021. COVID-19 Response. Latin America and the Caribbean: Tertiary Education. The World Bank, Washington, D.C.

Bergman, P., J. T. Denning, and D. Manoli. 2019. "Is Information Enough? The Effect of Information about Education Tax Benefits on Student Outcomes." Journal of Policy Analysis and Management 38 (3): 706–31.

Bettinger, E. P., and R. B. Baker. 2014. "The Effects of Student Coaching: An Evaluation of a Randomized Experiment in Student Advising." Educational Evaluation and Policy Analysis 36 (1): 3–19.

Bettinger, E. P., and B. J. Evans. 2019. "College Guidance for All: A Randomized Experiment in Pre-College Advising." Journal of Policy Analysis and Management 38 (3): 579–99.

Beylis, G., R. Fattal-Jaef, R. Sinha, M. Morris, and A. Sebastian. 2020. Going Viral: COVID-19 and the Accelerated Transformation of Jobs in Latin America and the Caribbean. World Bank Latin American and Caribbean Studies. Washington, DC: World Bank.

Carranza, J. E., and M. M. Ferreyra. 2019. "Increasing Higher Education Access: Supply, Sorting, and Outcomes in Colombia." Journal of Human Capital 13 (1): 95–136.

Carrell, S. & Kurlaender, M. (2019). Estimating the productivity of community colleges in paving the road to four-year college success. In Hoxby, C. and Stange, K. (eds.), Productivity in Higher Education. University of Chicago Press.

Castleman, B. L., D. Deutschlander, and G. Lohner. 2020. "Pushing College Advising Forward: Experimental Evidence on Intensive Advising and College Success." National Education Working Paper Series No. 20326, Annenberg Institute, Brown University, Providence, RI.

Cellini, S. R. 2020. "The Alarming Rise in For-Profit College Enrollment." Brookings, Brown Center Chalkboard Blog Post, www.brookings.edu/blog/brown-center-chalkboard/2020/11/02/the-alarming-rise-in-for-profit-college-enrollment/.

Cellini, S. R., and L. Chaudhary. 2014. "The Labor Market Returns to a For-Profit College Education." Economics of Education Review 43: 125–40.

Cellini, S. R., R. Darolia, and L. J. Turner. 2020. "Where Do Students Go When For-Profit Colleges Lose Federal Aid?" American Economic Journal: Economic Policy 12 (2): 46–83.

Cellini, S. R., and C. Koedel. 2017. "The Case for Limiting Federal Student Aid to For-Profit Colleges." Journal of Policy Analysis and Management 36 (4): 934–42.

Cellini, S. R., and N. Turner. 2019. "Gainfully Employed? Assessing the Employment and Earnings of For-Profit College Students Using Administrative Data." Journal of Human Resources 54 (2): 342–70.

Conlon, J. J. 2019. "Major Malfunction: A Field Experiment Correcting Undergraduates' Beliefs about Salaries." Journal of Human Resources 0317-8599R2.

Darolia, R. 2013. "Integrity versus Access? The Effect of Federal Financial Aid Availability on Postsecondary Enrollment." Journal of Public Economics 106: 101–14.

Deming, D. J., and D. Figlio. 2016. "Accountability in US Education: Applying Lessons from K-12 Experience to Higher Education." Journal of Economic Perspectives 30 (3): 33–56.

Dynarski, S., C. J. Libassi, K. Michelmore, and S. Owen. 2020. "Closing the Gap: The Effect of a Targeted, Tuition-Free Promise on College Choices of High-Achieving, Low-Income Students." Working Paper 25349, National Bureau of Economic Research, Cambridge, MA.

Ferreyra, M. M., C. Avitabile, J. Botero Álvarez, F. Haimovich Paz, and S. Urzúa. 2017. At a Crossroads: Higher Education in Latin America and the Caribbean. Washington, DC: World Bank.

Ferreyra, M., A. Franco, T. Melguizo, and Angelica Sanchez. 2020. "Estimating the Contribution of Short-Cycle Programs to Student Outcomes in Colombia." Policy Research Working Paper 9424, World Bank, Washington, DC.

Ferreyra, M. M., and G. Kosenok. 2018. "Charter School Entry and School Choice: The Case of Washington, D.C." Journal of Public Economics 159: 160–82.

Ferreyra, M. M., and P. J. Liang. 2012. "Information Asymmetry and Equilibrium Monitoring in Education." Journal of Public Economics 96 (1-2): 237–54.

Gaulke, A., Cassidy, H., & Namingit, S. (2019). The effect of post-baccalaureate business certificates on job search: Results from a correspondence study. Labour Economics, 61, 101759.

Gilbert, C. G., and M. B. Horn. 2019. "A Certificate, Then a Degree." Blog Post, https://www.educationnext.org/certificate-then-degree-programs-help-tackle-college-completion-crisis/.

Gurantz, O., J. Howell, M. Hurwitz, M., C. Larson, M. Pender, and B. White. 2021. "A National-Level Informational Experiment to Promote Enrollment in Selective Colleges." *Journal of Policy Analysis and Management* 40 (2): 453–79.

Gurantz, O., M. Pender, Z. Mabel, C. Larson, and E. Bettinger. 2020. "Virtual Advising for High-Achieving High School Students." Economics of Education Review 75: 101974.

Hastings, J., C. A. Neilson, and S. D. Zimmerman. 2015. "The Effects of Earnings Disclosure on College Enrollment Decisions." No. 21300, National Bureau of Economic Research, Cambridge, MA.

Hoxby, C., and S. Turner. 2013. "Expanding College Opportunities for High-Achieving, Low Income Students." Discussion Paper, 12, 014, Stanford Institute for Economic Policy Research, Sanford, CA.

Hurwitz, M., and J. Smith. 2018. "Student Responsiveness to Earnings Data in the College Scorecard." Economic Inquiry 56 (2): 1220–43.

Hyman, J. 2020. "Can Light-Touch College-Going Interventions Make a Difference? Evidence from a Statewide Experiment in Michigan." Journal of Policy Analysis and Management 39 (1): 159–90.

J-PAL. 2017. "Decidiendo para un futuro major," https://www.poverty-action.org/sites/default/files/DFM-Policy-Brief.pdf.

Kelchen, R., and Z. Liu. 2019. "Did Gainful Employment Regulations Result in College and Program Closures? An Empirical Analysis." Working Paper, https://kelchenoneducation.files.word- press.com/2019/11/kelchen_liu_nov19.pdf.

Kiddoo, S. 2017. Exploring Associate Degree Outcomes of Stacked Credential Models at Two-Year Colleges. PhD dissertation, The University of Wisconsin–Madison. ProQuest Dissertations Publishing.

Looney, A., and C. Yannelis. 2019. "The Consequences of Student Loan Credit Expansions: Evidence from Three Decades of Default Cycles." Working Paper No. 19-32, Federal Reserve Board of Philadelphia, Philadelphia, PA.

Matsudaira, J. D., and L. J. Turner. 2020. "Towards a Framework for Accountability for Federal Financial Assistance Programs in Postsecondary Education." Economic Studies at Brookings, Brookings Institution, Washington, DC.

Meyer, K., K. A. Bird, and B. L. Castleman. 2020. "Stacking the Deck for Employment Success: Labor Market Returns to Stackable Credentials." EdWorking Paper No 20-317, Annenberg Institute, Brown University, Providence, RI.

Minaya, V. and J. Scott-Clayton. 2019. "Labor market outcomes and postsecondary accountability: Are imperfect metrics better than none?" In C. Hoxby, and K. Stange, (eds.), Productivity in Higher Education. University of Chicago Press.

Mulhern, C. 2020. "Beyond Teachers: Estimating Individual Guidance Counselors' Effects on Educational Attainment." Unpublished manuscript, RAND Corporation.

Mulhern, C. 2021. "Changing College Choices with Personalized Admissions Information at Scale: Evidence on Naviance." Journal of Labor Economics 39 (1): 219–62.

Oreopoulos, P., and R. Ford. 2019. "Keeping College Options Open: A Field Experiment to Help All High School Seniors through the College Application Process." Journal of Policy Analysis and Management 38 (2): 426–54.

Oreopoulos, P., and U. Petronijevic. 2019. "The Remarkable Unresponsiveness of College Students to Nudging and What We Can Learn from It." No. 26059, National Bureau of Economic Research, Cambridge, MA.

Page, L. C., and J. Scott-Clayton. 2016. "Improving College Access in the United States: Barriers and Policy Responses." Economics of Education Review 51: 4–22.

Riehl, E., J. E. Saavedra, and M. Urquiola. 2019. "Learning and Earning: An Approximation to College Value Added in Two Dimensions." In C. Hoxby and K. Stange (eds.), Productivity in Higher Education. University of Chicago Press.

Silva, J., Sousa, L., Packard, T., and Robertson, R. Crises and Labor Markets in Latin America and the Caribbean: Lessons for an Inclusive Recovery from the COVID-19 Pandemic. 2021. Washington, D.C., World Bank (forthcoming).

Vasquez-Martinez, A., and M. Hansen. 2020. "For-Profit Colleges Drastically Outspend Competing Institutions on Advertising." Brookings, Brown Center Chalkboard Blog Post, https://www.brookings.edu/blog/brown-center-chalkboard/2020/05/19/for-profit-colleges-advertising/.